la vida española

John W. Kronik
ADVISORY EDITOR IN SPANISH LANGUAGE AND LITERATURE

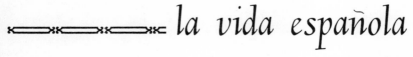 *la vida española*

THIRD EDITION

Diego Marín
UNIVERSITY OF TORONTO

Exercises by James F. Burke (*University of Toronto*)

APPLETON-CENTURY-CROFTS
EDUCATIONAL DIVISION
MEREDITH CORPORATION NEW YORK

preface

When this book was first published in England some twenty years ago, its aim was to provide students with a picture of Spanish life and manners which would emphasize the more typical and permanent features rather than the passing fashions of the day. However, many changes both large and small have since occurred in Spain to justify a thorough revision which would bring the text up to date. The upheaval of the Civil War in the thirties and the rapid growth of the country in the following years of peaceful reconstruction have affected some standards, attitudes, and habits of the people. Under a fairly quiet surface, Spanish society is undergoing a profound transformation in keeping with the accelerated tempo of the times. Old customs are being discarded and new ones adopted, often under outside influences, with greater ease than in the past. Yet many traits and values remain constant under the superficial changes in daily living. It is hoped that they are still reflected in this book.

On its contents, approach, and measure of success, Professor Neale H. Tayler wrote in a preface to the American edition (1954) as follows: "In selecting the material, [the author] has provided a great deal of vital information concerning the way of life in Spain not only in the large cities, but also in the small towns where traditional habits find their deepest roots. Spain still retains many of her old regional peculiarities, especially in country life, which has made certain generalizations necessary. The selection made of three rural districts (in the north, east, and south) is therefore meant to illustrate, not to exhaust, this diversity. . . . The result is a realistic impression of Spanish life, without over-emphasis on its more picturesque aspects, which should appeal to adults as well as to young readers."

Although the text remains substantially the same, a good many corrections and additions have been made concerning practices no longer common, or which have appeared of late under new circumstances. As a teaching tool, it is still "designed primarily for those students who have completed an elementary course in Spanish," and "although the style is clear and concise throughout, a special attempt has been made in the earlier chapters to avoid certain linguistic difficulties." But here too the book has been adapted to the more recent trends in linguistic methods by emphasizing the monolingual approach (with explanatory footnotes in Spanish and an end vocabulary), and by means of new exercises based on structural principles with a variety of drills in sentence construction, pattern recognition, and active vocabulary building, for both oral and written work.

Each set of drills attempts to reinforce for the student difficult vocabulary as well as certain grammatical constructions which appear in the text. Special attention has been given to the use of the subjunctive in a number of exercises since students often find it the most perplexing facet of Spanish. It is hoped that the student, by working completely within the context of the language, will develop more quickly a fluency and familiarity with it.

The new exercises have been prepared by Prof. James F. Burke, whose valuable contribution I gratefully acknowledge. For his past cooperation, I renew my gratitude to Neale H. Tayler, whose present duties as Department Chairman and Acting Dean of Waterloo Lutheran University have prevented his assistance in this new edition. I am also indebted to my late colleague Gordon C. Patterson for his useful remarks on many English renderings, and to Professor John W. Kronik for welcome criticisms and suggestions with regard to the revisions made in this volume.

D. M.

índice

en la ciudad

1 ⟫❂⟪▭⟫❂⟪▭⟫❂⟪▭⟫❂⟪▭⟫❂⟫ *la diversidad*

Es difícil describir las cosas de España sin señalar, en primer lugar,
su diversidad: sus fuertes contrastes de paisaje, de clima, de carácter,
y de costumbres. Por el norte, como Europa; por el sur, como África.
Las montañas más altas de Europa (después de los Alpes) junto a
5 llanuras sin límite. Vida alpina en un sitio y subtropical en otro.
Ciudades lujosas y viviendas de barro. Aquí hombres graves y
reservados, allí locuaces y vivarachos. Es decir, que la península
forma un continente en miniatura. Ya los romanos hablaban de
«las Españas», y en muchos aspectos esto es todavía cierto, a pesar
10 de la influencia unificadora del Estado, del idioma y de los medios
de comunicación modernos. Como es natural, la vida del pueblo
en el campo conserva más rasgos tradicionales y, por tanto, más
diferencias locales. La España rural se está modernizando, pero
muy lentamente. Por debajo de signos superficiales de progreso,
15 como la radio y algunos autos y televisores, la vida campesina conserva su ritmo antiguo y lento.
    En la ciudad notamos más el efecto igualador de la civiliza-
ción moderna. Los viejos caserones destartalados[1] han sido sustituidos por sólidos edificios de oficinas y pisos; las calles se han ido
20 enderezando,[2] y en lugar de piedras informes o adoquines hay

---

[1] **caserones destartalados** *unsightly big houses*
[2] **se han ido enderezando** *have been gradually straightened*

3

Valle de Tena (Huesca), Pirineo

pavimentos de asfalto por los que pasan autobuses modernos de uno o dos pisos, pequeños automóviles de fabricación nacional y algunos tranvías antiguos que van desapareciendo por la congestión del tráfico. La rapidez con que han crecido y se han industrializado muchas de estas ciudades en los últimos veinte años ha contribuido a darles ciertos rasgos comunes. Las tiendas compiten en vistosidad lujosa; los cines céntricos se esfuerzan por parecer dignos clientes de Hollywood, con sus espectaculares carteles de anuncios y su brillante iluminación nocturna. Pero a pesar de todo las ciudades

5

4

españolas conservan aún su fisonomía peculiar, una especie de estilo propio que las distingue entre sí. El fenómeno de la diversidad, pues, es aplicable también a estas ciudades, y la visita a cada una de ellas ofrece el interés de algo nuevo, inesperado.

La ciudad moderna

5   La gran ciudad moderna, como Madrid y Barcelona, con unos tres millones de habitantes y en aumento constante,[3] presenta los usuales caracteres cosmopolitas. El mismo afán de modernizarse adoptando los últimos adelantos de la técnica urbana, como los aparcamientos subterráneos y los pasos elevados; el continuo éxodo
10   de la población que abandona los campos en busca de los mejores salarios del comercio y de la industria; el movimiento ruidoso de las calles durante el día y gran parte de la noche; el griterío de los vendedores de periódicos, de lotería, de piedras de mechero,[4] de juguetes mecánicos y otras muchas cosas «bonitas y baratas», más
15   o menos útiles; imponentes edificios de clubs plutocráticos desde cuyos ventanales contemplan el bullicio callejero unos señores también imponentes; y finalmente algún pequeño rascacielo, además del Metro.[5]
        Pero aun entre estas dos ciudades modernas existen diferencias.
20   Madrid, el antiguo pueblo elevado a capital burocrática por Felipe II en el siglo XVI es una gran ciudad europea que todavía conserva rasgos tradicionales. A un corto paseo del centro, con sus amplias avenidas, sus fuentes, estatuas y arcos de triunfo al estilo de París,[6] se encuentra uno de pronto en los barrios bajos, con sus
25   estrechas, pintorescas callejuelas y sus casas de vecindad[7] en cuyos patios comunales los madrileños castizos viven al margen del

---

3 Su población se ha duplicado en quince años.
4 **piedras de mechero**   *cigarette-lighter flints*
5 **Metropolitano**   *subway*
6 Fueron los Borbones, dinastía francesa que empezó a reinar en España el año 1700, quienes renovaron y embellecieron la capital en el siglo XVIII.
7 La casa de vecindad (*tenement house*) es el tipo antiguo de casa de vecinos (*tenants*), con dos o tres plantas. Las viviendas modernas, más altas y cómodas, se llaman edificios de pisos (*apartments*).

esplendor moderno. Resulta difícil darse cuenta de que Madrid ha adquirido en este siglo numerosas industrias de metalurgia, electricidad y productos químicos, y que más de la tercera parte de su población activa son obreros. Más bien parece una ciudad de oficinistas donde las torres de las iglesias predominan sobre las chimeneas de las fábricas. Y el aire fresco de la sierra de Guadarrama al norte suele conservar puro el azul de su cielo, aunque ya no consigue hacer lo mismo con su atmósfera contaminada de tanto petróleo.

Sin ser una ciudad notable por sus monumentos o situación — se halla en medio de un llano árido, bañada por un riachuelo insignificante [8]—, Madrid posee un encanto único, indefinible, que seduce a cuantos lo visitan y que hace exclamar a los madrileños, siempre tan orgullosos de serlo [9]: «¡De Madrid al cielo!» Es quizá la irregularidad típica de una ciudad que ha crecido por partes, sin un plan total, dejando deliciosos contrastes de lo viejo junto a lo nuevo. Encanto aumentado por la simpatía de sus habitantes, siempre atentos y dispuestos a desplegar ese ingenio que el aire vigorizador de la sierra mantiene despierto.

Si el espíritu de Madrid es lo que nos seduce ante todo, Barcelona nos conquista con su cuerpo. Como ciudad bien construida y mejor situada, es probablemente la más bella de España y una de las más hermosas del Mediterráneo. Desde la falda de un monte se extienden junto al mar las líneas perpendiculares de sus calles y los apretados grupos de sus claros edificios. La que Cervantes llamó «flor de las bellas ciudades del mundo» no ha perdido su atractivo a pesar de las chimeneas y los tornos. Barcelona, el mayor centro comercial de España, es un ejemplo de cómo una ciudad industrial puede conservar su belleza. Las avenidas, rectas y espaciosas, rebosan de gente apresurada, recordándonos que Barcelona es una ciudad de trabajo. Pero sus plazas y paseos, bien provistos de árboles, de bancos, de puestos de flores y de pájaros, nos recuerdan también que los barceloneses conocen el placer de pasear. Y ¿qué mejor descanso mental para el atareado barcelonés que un

---

8 El río Manzanares, eterno objeto de epigramas satíricos, como el de «aspirante a río con más puentes que agua», aunque hoy día su aspecto ha mejorado mucho al ser canalizado en la capital.

9 **de ser**   *madrileños*

paseo por las Ramblas,[10] al caer la tarde,[11] dejándose llevar por la corriente densa de otros paseantes que ríen, gesticulan, y se miran con la naturalidad de una reunión familiar? La temperatura siempre templada, los cafés al aire libre, la intensa vida de noche con sus *cócteles* y sus marineros, las hermosas avenidas perfumadas de acacia por las cuales se entrevé el Mediterráneo en calma: todo parece dar la ilusión de hallarnos en un enorme casino, pero en un casino donde no cesan de palpitar un momento las máquinas de numerosos talleres.

La ciudad vieja

En contraste con este tipo de ciudad moderna, ávida de progreso y novedad, está la ciudad de provincias, de aire arcaico y vida lenta. Ella también aspira a renovarse, pero los adornos modernos no armonizan con las piedras venerables de sus monumentos. Son las ciudades de nombres ilustres, cargadas de historia, como Salamanca, Toledo o Granada. En ellas vive aún el pasado, imponiendo un silencio respetuoso desde sus palacios y sus catedrales. Aunque no falta la nota estridente de lo moderno —coches y motos, altavoces de radio y televisores en los cafés—, es la tradición lo que domina el ambiente. Abundan en ellas los rincones olvidados, donde parece recogerse todo el silencio y la austeridad que caracterizan a estos pueblos grandes. Hay que ver tales rincones a la hora de la siesta, cuando no hay en ellos más ser viviente que algún perro que cruza rápido la calle abrasadora; o por la noche, cuando la luna baña en suave esmalte las viejas fachadas, mientras rompe el silencio la nota aguda de un *cantaor* [12] desde una taberna próxima.

Durante el día recorremos despacio sus callejuelas empinadas y estrechas, tan estrechas a veces que hemos de pegarnos a la pared para dejar pasar al burro cargado de botijos [13] o de leña. Inevita-

[10] las **Ramblas**   *a main avenue of Barcelona*
[11] **al caer la tarde**   *late in the afternoon*
[12] Pronunciación vulgar de **cantador.** Se aplica especialmente al que canta flamenco (véase pág. 137, n. 17).
[13] El **botijo** (*earthen jar with a spout and a handle*) sirve para conservar el agua fresca en verano, la cual se bebe a chorro, o sea vertiéndola en la boca sin tocar el pitorro (*spout*).

Córdoba, calle típica
[COURTESY SPANISH NATIONAL TOURIST OFFICE]

blemente nos detenemos ante el viejo escudo de piedra de alguna
mansión señorial o ante la reja delicadamente labrada, hasta en-
contrarnos de pronto con la soberbia masa de una iglesia gótica o
un palacio plateresco.[14] Andamos un poco más y no tardamos en
hallarnos fuera de la ciudad, en pleno campo. La transición del   5
poblado al despoblado es casi siempre súbita. Si hay río, vemos
desde el puente la larga hilera de mujeres que lavan la ropa y

[14] **plateresco** (*plateresque*) es un estilo arquitectónico español del siglo XVI que
   por su ornamentación rica y delicada parece imitar el arte del platero
   (*silversmith*).

8

cantan alegres en la orilla. Detrás se destaca el perfil de la ciudad contra un cielo claro. Cuando el sol crepuscular cubre de oro la piedra de sus edificios, sentimos todo el íntimo encanto de estas viejas y nobles ciudades de provincias.

2 ⟨⟩⟨⟩⟨⟩⟨⟩⟨⟩ los trabajos

La leyenda de la pereza española no ha desaparecido todavía. Es una de las muchas impresiones falsas, por superficiales,[1] que los turistas nos cuentan, pero que ningún buen conocedor del país cree. Cuando el viajero ve grupos de trabajadores sentados al sol, tiende a sonreír con aire de superioridad recordando lo que ha leído sobre la pereza española. Es parte de la tradición romántica creada en torno a España, y se acepta como contribución al encanto turístico del país. Sin embargo, basta contemplar la historia española, con su larga serie de guerras de independencia, guerras de conquista, y guerras civiles; o bien recordar los numerosos aventureros, conquistadores, misioneros y fundadores[2] que España ha producido, para comprender que esto no es la obra de un pueblo perezoso. Si buscamos en la literatura los tipos más representativos del carácter español, sin duda que pensaremos en Don Quijote, el infatigable aventurero, siempre luchando por un ideal de gloria, y en Sancho Panza, no menos infatigable en pos de su ambición material. Incluso los místicos españoles se han dedicado a la vida activa tanto como a la contemplativa.

[1] **por [ser] superficiales** *because they are superficial* **Por** con el infinitivo suele expresar causa.

[2] **fundadores** (*founders*) de órdenes y casas religiosas, como Santo Domingo de Guzmán, fundador de la Orden Dominicana (1215), San Ignacio de Loyola, creador de los Jesuitas (1533), o Santa Teresa de Jesús, fundadora de las Carmelitas Descalzas y de numerosos conventos (siglo XVI).

Este activismo que caracteriza al español sólo se manifiesta cuando éste encuentra un incentivo suficiente. Es un afán de hacer algo que él considera valioso, de entregarse a la acción con la proverbial "furia española" o impaciente vitalidad que en el pasado
5 llevó a la creación de un vasto imperio. Modernamente se encauza sobre todo por la vía del ³ trabajo en busca de mejoras materiales, y sólo se paraliza ante la relativa escasez de oportunidades en un país poco desarrollado. De aquí la tradicional emigración de trabajadores españoles a Hispanoamérica y recientemente a los
10 países más industrializados de Europa.⁴ Hay actualmente unos cuatro millones de emigrantes (es decir, un trece por ciento de la población), y donde han ido se han destacado por su capacidad de trabajo y su seriedad. En cambio, los españoles que se quedan en su país dan a menudo la impresión de una vitalidad sin aplicación
15 adecuada, como en espera de una ocasión digna de emplearse a fondo y de "poner en ella toda el alma," según suele decirse. Literalmente el español ve la vida como una lucha, un enfrentamiento con el mundo exterior en el que hay que vencer para vivir bien. Así lo denotan ciertas frases familiares de saludo: "¿Cómo va la
20 lucha (la vida)?" "Vamos luchando",⁵ o "Se defiende uno" (indicando que las cosas van bastante bien).

También es cierto que el español tiende a obrar por impulsos, y que a una fase de exaltación y actividad puede seguir otra de completa apatía. Sin embargo, bajo el estímulo de la ilusión crea-
25 dora es capaz de una enorme paciencia y tenacidad. Podemos recordar como ejemplos de labor concienzuda, perseverante, las típicas verjas de hierro labrado que cruzan las enormes naves de las catedrales españolas y que parecen hechas de fino encaje más que de metal; o los complicados bordados de filigrana que todavía
30 hacen las mujeres españolas en las horas lentas de la tarde, sentadas a la puerta de sus casas. Mas si le falta el estímulo para el esfuerzo, por sentirse ⁶ mal empleado o mal recompensado, entonces pierde interés y trabaja lo menos posible.

Al mismo tiempo hay que añadir que el español prefiere ver

³ **por la vía del** *into*
⁴ Principalmente a Francia, Alemania y Suiza
⁵ **"Vamos luchando"** *Struggling along*
⁶ **por sentirse** *because he feels*

el trabajo como un medio más que como un fin en sí. Trabaja para
luego disfrutar de la vida, y su ideal sería trabajar sólo lo indispensable para satisfacer unas cuantas necesidades o gustos simples,
prefiriendo pasarse [7] sin lujos que matarse a trabajar [8] por ellos.
Hasta la opinión pública recela un poco del hombre que se enri-   5
quece demasiado rápidamente. Su mayor respeto moral no es para
el ricachón, sino para el austero señor venido a menos.[9] Por desgracia las difíciles condiciones de vida no le permiten muy a
menudo esta actitud. Y los mayores incentivos del progreso material
(el coche, el refrigerador, el piso propio, etc.) contribuyen también   10
al fenómeno moderno del pluriempleo,[10] con jornadas de unas doce
horas. Tal es el caso del funcionario que enseña por las noches o
lleva la contabilidad de una tienda; del catedrático que trabaja
como abogado o médico después de sus clases; del barbero que
pone [11] inyecciones o repara relojes y radios además de cortar el   15
pelo.
    Pero ahora veremos cómo viven y trabajan algunos habitantes
típicos de la ciudad.

El oficinista

    La vida de trabajo del oficinista se distingue poco de [12] la de
un oficinista en cualquier otro país. Suele pasar en la oficina unas   20
siete horas, generalmente de nueve a una por la mañana y de tres
a seis por la tarde. La duración de la jornada depende de la clase
de oficina, siendo mayor en las particulares que en las oficiales,
donde no es extraño, a veces, trabajar sólo medio día. Pero esta
reducción de horas para ciertos funcionarios públicos lleva consigo   25
la consiguiente diferencia en salario, que les obligará a buscarse otra
ocupación complementaria. Recientemente se ha introducido la
jornada intensiva en muchas oficinas públicas, suprimiendo el intervalo de mediodía, con lo cual el funcionario puede dedicarse más

---

7 **pasarse**   *to get along*
8 **a trabajar**   *working*
9 **venido a menos**   *down on his luck*
10 Ocupación de más de un puesto de trabajo (*moonlighting*)
11 **pone**   *gives*
12 **se distingue poco de**   *is not very different from*

fácilmente a su segundo empleo y el Estado evita la subida de sueldos.

A mediodía el oficinista sigue la costumbre de irse a comer a casa, por lo que el almuerzo conserva todo su carácter familiar y su solidez. Y el que tiene la suerte de no vivir demasiado lejos (cosa cada vez más difícil) sigue yendo al café, tras la comida, para pasar [13] los "horrores de la digestión" charlando con los amigos y auxiliado por la taza de café, la copita de coñac y el puro.

En este intervalo de descanso colectivo no quedan excluidas las tiendas, que también cierran desde la una hasta las tres o las cuatro. Medida prudente, especialmente en el verano, porque a nadie se le ocurrirá ir de compras [14] en plena siesta. Como compensación, en cambio, las tiendas están abiertas hasta eso de las ocho, con escaparates brillantemente iluminados de noche.

Los salarios de estos oficinistas, sobre todo de los funcionarios públicos, son modestos, por lo que la palabra oficinista es casi sinónima de estrechez. Pero de estrechez patética, porque estos empleados tienen que luchar con las pesetas [15] para salvar las apariencias.[16] Esclavos de las apariencias, el oficinista y su familia han de sacrificar a menudo ciertas comodidades, y aun necesidades de puertas adentro,[17] para satisfacer con orgullo el deber social de presentarse respetablemente en los sitios obligados —el café, el casino, el teatro, el baile, etc. En esta lucha heroica suele ser la mujer quien lleva la parte más abnegada, haciendo milagros con la aguja y el puchero para economizar el último céntimo del presupuesto doméstico.

Aunque la expansión económica del país en años recientes ha abierto más y mejores posibilidades en la industria y el comercio, todavía sigue existiendo la *empleomanía,* es decir, el afán de entrar en algún escalafón de funcionarios. Aquí encuentra el joven de la clase media sin ambiciones mercantiles ni intelectuales la seguridad de un empleo fijo, con salario modesto, pequeños ascensos por años de servicio y una pensioncita a la vejez. La competencia es mucha

---

[13] **pasar** *to get (tide) over*
[14] **a nadie se le ocurrirá ir de compras** *nobody will think of going shopping*
[15] **las pesetas** i.e., *money problems*
[16] **salvar las apariencias** *keep up appearances*
[17] **de puertas adentro** *within the home*

y el ingreso difícil. Los periódicos están siempre llenos de anuncios de oposiciones de todas clases y de academias preparatorias. Y por todo el país se encuentra el tipo del opositor sempiterno, en espera optimista de ganar alguna oposición el día menos pensado,[18] cosa que a veces ocurre gracias al esfuerzo, a la suerte o a la recomen- 5
dación.

El profesor

Dentro de la categoría de funcionarios públicos entran los profesores de enseñanza secundaria y universitaria, así como los maestros de escuela. Para llegar a ser profesor hay que pasar la consabida oposición, que en las universidades está abierta sólo a 10
los que poseen el grado de doctor. Estas oposiciones son públicas, y los ejercicios orales constituyen a veces un espectáculo intelectual al que acude la gente como quien va a oír un sermón o un discurso; sobre todo estudiantes, para quienes es un placer especial ver cómo se examinan los profesores. Uno de los ejercicios es un dramático 15
torneo de sabiduría en que dos candidatos rivales se cruzan preguntas y respuestas ante el tribunal examinador, con el propósito de demostrar la ignorancia del adversario.

Después de esto, el catedrático de Instituto,[19] como el universitario, se limita a dar unas pocas clases por semana, en las cuales 20
explica la lección del día y hace algunas preguntas a los estudiantes sobre las lecciones anteriores. Terminada la clase, se apresura a desaparecer del edificio, donde no tiene cuarto propio sino sólo una sala de profesores para colgar el abrigo y fumar un cigarrillo. El resto del día está a su disposición para dedicarlo a trabajos de 25
investigación, si le interesan, o a otros quehaceres particulares con que incrementar su salario. El profesor de Medicina trabajará en su consulta privada, el de Derecho en su bufete de abogado, el de Ingeniería en alguna empresa industrial. El Estado no pone límite a estas actividades de sus profesores por saber que no les paga 30
bastante, pero procura estimular la dedicación completa a la cátedra y a la investigación por medio de sueldos suplementarios. No obs-

---

[18] **el día menos pensado** *some fine day* (*the least expected day*)
[19] Instituto de Enseñanza Media (*secondary school*)

tante, la Universidad cuenta con figuras muy destacadas en la esfera intelectual y profesional, atraídos por el prestigio que da la cátedra. Los estudiantes tienen así el beneficio de escuchar a estos hombres famosos, como en las universidades antiguas. Basta citar a
5 educadores insignes como Giner de los Ríos,[20] científicos eminentes como Ramón y Cajal,[21] filósofos de fama universal como Unamuno u Ortega y Gasset,[22] eruditos de la lengua como Menéndez Pidal,[23] y poetas de primer orden como Dámaso Alonso o Jorge Guillén.[24] Tales hombres forman la minoría selecta del profesorado, pero una
10 minoría que ha crecido notablemente en este siglo a pesar de las deficiencias del sistema, y que ha tenido considerable influencia en el clima cultural del país.

En la pequeña universidad de provincias no son extraños los casos de absentismo de catedráticos a quienes la política u otras
15 ocupaciones llevan con frecuencia a la capital. Por el mismo principio antes citado, el Estado no prohibe tal conducta, si el catedrático deja debidamente atendida su clase. En previsión de tales ausencias del titular, existían hasta hace unos años los profesores auxiliares, uno para cada cátedra, con la única misión de sustituir
20 al catedrático ausente. Hoy han sido reemplazados por los profesores asociados y adjuntos, al estilo norteamericano, con notable mejoría

[20] FRANCISCO GINER DE LOS RÍOS (1840–1915) fue catedrático de Filosofía del Derecho en la Universidad de Madrid, y en 1876 fundó la Institución Libre de Enseñanza para poder desarrollar sus ideales educativos en un ambiente de libertad intelectual y tolerancia, al margen del Estado y la Iglesia. El experimento ha sido una de las más profundas y saludables influencias en la educación española.

[21] SANTIAGO RAMÓN Y CAJAL (1852–1934) fue catedrático en la Facultad de Medicina de Madrid e histólogo de fama mundial que ganó el Premio Nobel de Medicina en 1906.

[22] MIGUEL DE UNAMUNO (1864–1936), catedrático de Griego en la Universidad de Salamanca, autor de ensayos filosóficos además de poeta, novelista y dramaturgo. JOSÉ ORTEGA Y GASSET (1883–1955), catedrático de Metafísica en la Universidad de Madrid y fundador de la *Revista de Occidente,* de mucha influencia intelectual en todo el mundo hispánico.

[23] RAMÓN MENÉNDEZ PIDAL (1869–1968), catedrático de Filología en la Universidad de Madrid y presidente de la Real Academia de la Lengua, es el patriarca de la escuela filológica española.

[24] DÁMASO ALONSO (n. 1898), catedrático de Filología en la Universidad de Madrid, distinguido crítico y poeta. JORGE GUILLÉN (n. 1893) catedrático de Literatura en diversas universidades de España y otros países, entre ellos los Estados Unidos.

en su situación económica y académica. El ínfimo tramo del profesorado universitario corresponde a los ayudantes, de número variable según la importancia de la cátedra o el prestigio del catedrático. Son jóvenes licenciados que se encargan de dirigir clases prácticas, seminarios, etc., sin ninguna retribución. Su incentivo principal es prepararse para la futura oposición a cátedras o el privilegio de colaborar con un distinguido profesor.

El estudiante

Dos hechos generales distinguen la vida estudiantil en España. Primero, la ausencia de una vida escolar íntegra, que absorba la mayor parte de las actividades juveniles, tanto académicas como sociales. El estudiante asiste a las clases y nada más. El resto de su vida se desarrolla al margen del centro escolar. El segundo hecho es que, aparte de la edad, no existe apenas diferencia entre la vida del estudiante de bachillerato y la del universitario. El mismo nombre de estudiante se aplica al muchacho que asiste al Instituto de los once a los diecisiete años que al estudiante de Universidad. Y el nombre revela la semejanza de métodos educativos en ambos grados de la enseñanza.

Existen Institutos de Enseñanza Media en cada capital de provincia [25] y ciudades principales, sostenidos por el Estado y organizados como pequeñas universidades. Es decir, que su misión no es la educación del carácter y la inteligencia del joven, sino sólo la explicación de unas asignaturas, la celebración de exámenes y la concesión de títulos oficiales. Lo mismo en el Instituto que en la Universidad, las clases suelen ser tan numerosas que el profesor no tiene tiempo de conocer personalmente a sus estudiantes en las pocas horas de clase semanales. El estudiante asiste a la clase para ser preguntado por el profesor la lección del día anterior y escuchar una nueva lección. Esta explicación constituye toda la información que el estudiante necesitará el día del examen, dándose por entendido [26] que un profesor no tiene derecho a examinar más que de

[25] Hay cincuenta provincias en España.
[26] **dándose por entendido** *it being understood*

aquellas lecciones explicadas en el curso. Estas deficiencias de la enseñanza secundaria del Estado, común para ambos sexos y barata, explica la abundancia de colegios privados, en su mayoría pertenecientes a las órdenes religiosas, donde se paga más pero los alumnos reciben mayor atención personal y una disciplina moral.

La labor del estudiante se simplifica hasta cierto punto por medio del libro de texto, una de las peores calamidades del sistema educativo español. El libro de texto es, en teoría, el mínimo de conocimientos exigido del estudiante para aprobar la asignatura; pero de hecho es también el máximo, pues pocos son los estudiantes que se molestan en ampliar sus lecturas sabiendo que no lo necesitan para aprobar. Y como frecuentemente el programa de examen [27] para cada asignatura coincide literalmente con el índice del libro de texto oficial (a menudo escrito por el propio catedrático), resulta que el estudio se convierte muchas veces en pura rutina, sin ningún estímulo intelectual, y el éxito en los exámenes depende sólo de la cantidad de memoria del estudiante. No faltan, claro está, loables excepciones a esta práctica rutinaria, especialmente en los estudios científicos.

La vida social del estudiante se distingue poco de la de los jóvenes no estudiantes (aparte de aquellos que viven en colegios de internado, la mayoría de los cuales están regidos por religiosos). Es cierto que ha habido notables cambios en este siglo: se han generalizado los campos de deporte y las cafeterías; Madrid tiene una magnífica Ciudad Universitaria en la mejor zona verde, tan agradable para estudiar como para pasearse; en varias universidades se han creado Colegios Mayores o residencias de estudiantes tanto masculinas como femeninas; y en los últimos años se han construido por todo el país las más modernas y lujosas Universidades Laborales para el entrenamiento técnico de jóvenes obreros. Pero el hecho dominante es todavía la falta de una vida comunal completa, como existe en Norteamérica y existió antiguamente en España.

Entre clase y clase, los estudiantes juegan por los pasillos y patios, o forman grupos ruidosos en la calle, frente al edificio escolar, o se van a pasear al sol. Después de las clases de la mañana

---

[27] **programa de examen** (*examination paper*) cuestionario general del curso que el estudiante trae al examen y del que son escogidas las preguntas al azar.

van a comer a casa, con la propia familia o en la casa de huéspedes.[28] Por las tardes, más clases, un rato de estudio en la biblioteca y, al anochecer, a pasear por la plaza o calle principal, como las dependientas y los oficinistas. Cuando el estudiante se halla en fondos,[29] o sea, a primeros de mes, puede pasear menos y frecuentar más el café, el teatro o el cine.

En tiempos de agitación política, el estudiante suele tener un papel notorio como vanguardia de la oposición. Sus medios de acción varían mucho: desde la ridiculización en público del gobernante impopular hasta la huelga y aun la pistola. Las sociedades estudiantiles tienden a tomar un marcado color político, correspondiente al de los principales partidos rivales.[30] Y la Universidad ha sido, en épocas de crisis, un buen indicador de la temperatura política del país.

Hay dos tipos especiales de estudiantes, los cadetes y los seminaristas, que entran a estudiar desde muy jóvenes en la academia militar o el seminario, y permanecen allí segregados del resto de la juventud escolar. Este aislamiento es más lamentable en el caso de los seminaristas, pues al menos los cadetes tienen horas libres en que se mezclan con todo el mundo. Los seminaristas, en cambio, viven y se educan en un ambiente cerrado, culturalmente muy limitado, y sin oportunidad de conocer y comprender mejor a los demás jóvenes de su generación.[31]

La mujer

La mujer española de hoy trabaja en condiciones muy parecidas a las del hombre. Tiene acceso a todas las profesiones liberales y a

---

[28] La descripción clásica (aunque ya anticuada) de la vida estudiantil en una **casa de huéspedes** (*boarding-house*), se encuentra en *La casa de la Troya* (1915), novela de Alejandro Pérez Lujín.

[29] **se halla en fondos** *has funds available*

[30] La creación de un sindicato único y obligatorio para todos los estudiantes universitarios (el SEU) bajo el régimen de Franco ha tenido poca fortuna por su control gubernativo. A su lado han surgido asociaciones libres y representativas que al fin han sido reconocidas por el gobierno.

[31] Hasta el siglo xix, sin embargo, los futuros sacerdotes se educaban en las universidades y compartían la vida de los demás estudiantes. Irónicamente, fueron los liberales quienes los segregaron con el deseo de disminuir la influencia de la Iglesia, perdiendo así la única oportunidad de influir ellos en la educación del clero.

Vejer de la Frontera (Cádiz), patio típico
[COURTESY SPANISH NATIONAL TOURIST OFFICE]

las oficinas, tanto públicas como privadas. Abundan las taqui-
mecanógrafas, o *taquimecas,* que, junto a las secretarias y a las
dependientas, forman el tipo usual de trabajadora refinada. Ellas
dan la nota femenina dominante en calles y paseos, con sus vestidos
muy a la moda, a menudo hechos por sí mismas. En las ciudades   5
industriales, las fábricas absorben buen número de obreras, cuya
vida de trabajo se diferencia poco de la del hombre.

La asimilación de la mujer a estas actividades ha sido rápida e
insensible. Sin protestas ni luchas de sufragistas, la mujer española
ha ido entrando en las esferas profesionales y políticas tradicional- 10
mente reservadas al hombre. Ha aumentado el número de muchachas que van a los Institutos de Enseñanza Media y a las
Universidades (aunque en éstas su proporción es sólo de un veinte
por ciento). Entran por oposición en la administración pública,
ejercen como médicos o abogados, son inspectoras de enseñanza   15
primaria, etc. Hasta han disfrutado del voto electoral (desde 1933)
y han llegado a ser diputadas a Cortes [32] y ministros. El número de
escritoras que ganan premios literarios en competencia con los
hombres crece significativamente en un país donde el término
"literata" puede ser aún peyorativo. ¡Ni siquiera se le han cerrado   20
las puertas del toreo [33] o de la diplomacia! Todo ello con más o
menos éxito, pero sin resistencia masculina.

En cambio están desapareciendo algunos oficios típicos y tradicionales de la mujer, sobre todo en las grandes ciudades, como el
de modista, costurera, planchadora o peinadora, que por poco   25
dinero iban a trabajar en casa del cliente. Incluso la lavandera está
siendo sustituida por las máquinas de lavar, que se fabrican ya en
el país. En los pueblos, sin embargo, todavía se suele hacer el lavado
a mano, bien a domicilio, en el río, o en algún lavadero público.
Labor dura para la lavandera, generalmente mujeres pobres con   30
hijos, y barata para la señora. El servicio doméstico también está
dejando de ser el empleo más común de las mujeres españolas,[34]
aunque es todavía la forma más fácil de encontrar colocación y

---

[32] **diputadas a Cortes** *parliamentary representatives*
[33] Actualmente sólo se les permite torear a caballo.
[34] A mediados de siglo había todavía más de 300.000 criadas, o sea un dos y
medio por ciento del total de mujeres.

alojamiento para las muchachas que dejan el campo por la ciudad. Pero la competencia de otros empleos mejor pagados y más independientes está reduciendo y encareciendo el servicio, como atestiguan las constantes quejas de las amas de casa. Hoy día la criada, que siempre formó parte obligada de la familia de clase media, por modesta que fuese,[35] se ha convertido en un lujo. A ello contribuye también la emigración de sirvientas al extranjero, donde pueden ganar más y ayudar a su familia. Es un fenómeno nuevo de nuestra época, semejante al de los obreros que buscan mejores trabajos en las fábricas de otros países.

Uno de los centros tradicionales de acción social femenina es el convento, pues la vida monástica en España no ha sido nunca puramente contemplativa. Diariamente las monjas salen, silenciosas y eficaces, a cuidar enfermos en los hospitales y a domicilio [36]; o dan clase gratuita a los niños pobres; o recogen a los niños abandonados y a los ancianos.

Algo más lentamente que en otros países de Occidente ha ido desapareciendo el prejuicio que impedía a las señoritas "bien" [37] trabajar a sueldo. Sin embargo, el matrimonio es aún la ocupación ideal de la mayoría de las españolas, y son relativamente pocas las que siguen trabajando después de casarse (excepto entre la clase obrera, obligadas por la necesidad).

Lo que la española no ha perdido, trabaje o no,[38] es su feminidad tradicional: la sencillez y distinción natural, común a todas las clases sociales, el andar sosegado y garboso, la decorosa dignidad al sentarse, siempre consciente de ser observada. Y su piel morena conserva esa calidad algo metálica que un escritor francés [39] llamó con admiración romántica "palidez dorada". Todo ello unido a un fuerte sentido tradicional de la castidad en la mujer soltera, sin la cual disminuyen considerablemente sus posibilidades matrimoniales. En esto aun la española más modernizada se siente siempre distinta de las extranjeras, a quienes rodea cierta reputación de liviandad por el hecho de vivir y moverse libremente.

[35] **por modesta que fuese**   *however modest it might be*
[36] La mayoría de las enfermeras españolas son monjas.
[37] **"bien"**   *genteel, well-bred*
[38] **trabaje o no**   *whether she works or not*
[39] Théophile Gautier (1811–1872)

El obrero

En la ciudad industrial el obrero trabaja en condiciones relativamente buenas. En tiempos de normalidad política y económica, cuando se encuentra protegido por las leyes sociales y por sus sindicatos, el obrero vive satisfecho, aunque con un nivel de vida muy inferior al del obrero de otros países occidentales. Suele 5
trabajar de ocho a diez horas diarias, y a menudo horas extraordinarias con más paga. El salario medio es, en general, adecuado para épocas normales, pero no para tiempos de carestía y de inflación, como los que viene sufriendo el país desde la Guerra Civil (1936– 10
1939).
En tales crisis, el obrero tiene que duplicar sus esfuerzos, combinando dos o más ocupaciones para sostenerse a flote.[40] Sólo la frugalidad típica del español le permite arreglarse con tan poco. La casa es, más que sobria, escasa en comodidades elementales, aunque generalmente limpia y cuidada. El cuarto de baño es un 15
lujo raro de hallar en las viejas viviendas obreras, aunque es ya normal en los pisos modernos. El único vicio común del obrero es el tabaco, vicio en realidad nacional. Un tabaco picado, negro y duro, en cuya producción y venta no hay competencia por ser monopolio del Estado, explotado por una compañía concesionaria, 20
la famosa Tabacalera. Debido a este monopolio el tabaco rubio, que es importado, resulta un lujo para el fumador modesto y es más bien propio de las señoras y los hombres de mundo.
Aunque parezca extraño en un país de vino abundante y barato, la bebida no es un hábito muy arraigado entre la gente obrera. No 25
hay restricción de horas ni de lugar para la venta de bebidas y, sin embargo, el obrero no suele abusar de la taberna. Es poco frecuente el espectáculo callejero del borracho,[41] aunque sí hay broncas tabernarias cuando el vino se sube a la cabeza y la discusión pasa de las palabras a las manos.[42] La taberna es para el obrero lo que el café [43] 30
para la clase media: su lugar de reunión después del trabajo. Lugar

40 **sostenerse a flote**   *to keep himself afloat*
41 **el espectáculo callejero del borracho**   *the sight of a drunkard in the street*
42 **de las palabras a las manos**   *from words to blows*
43 **lo que el café**   *what the café is*

de conversación y de desahogo, donde el beber es más bien un
pretexto que un fin en sí.

En los tiempos modernos las oportunidades recreativas y edu-
cativas del obrero han aumentado notablemente. Ya a fines del
siglo pasado empezaron los obreros a organizarse para mejorar sus
condiciones de vida, logrando crear dos grandes sindicales, una de
carácter socialista y otra anarquista. Las dos organizaciones iniciaron
una intensa labor educativa entre sus afiliados, creando Casas del
Pueblo y Ateneos Obreros [44] que muy pronto se convirtieron en
importantes clubs proletarios. Allí tenía el obrero libros, periódicos,
discusiones, mítines políticos, así como bares, salas de juegos, bailes,
y otros esparcimientos.

La labor cultural de estos centros tenía que resultar limitada
y tendenciosa, pero era la única al servicio de una clase hasta
entonces casi desprovista de instrucción. La enseñanza primaria era,
y es, voluntaria en la práctica, por falta de escuelas o por tener
que empezar a trabajar desde niño para ayudar a la familia. Por
esto el obrero aprovechó con ahinco la primera ocasión que se le
ofrecía de aprender algo. Seguro de su creciente poder social, vio
la necesidad de educarse para mejor lograr sus fines. Y así surgió el
tipo del obrero *consciente,* de cultura superficial pero con sentido
de responsabilidad, que al cabo de unos años había de llegar a
gobernar el país.[45]

Posteriormente parte de esta labor cultural ha estado a cargo
de los «sindicatos verticales», organizados por el régimen de Franco
con carácter obligatorio en sustitución de los sindicatos anteriores.
También han contribuido a dicha labor los grupos de Acción
Católica [46] con su activo servicio editorial, de bibliotecas, cursos y
discusiones.

La más impresionante contribución en años recientes a la

---

[44] Estas organizaciones obreras de carácter político fueron suprimidas por el
régimen de Franco.

[45] había de   *was to*   En varios gobiernos de la República (1931–1939) figuraron
ministros de la clase obrera, algunos incluso anarquistas.

[46] Organización mundial de apostolado seglar, introducida por la Iglesia
Católica en España a fines del siglo pasado, para contrarrestar la tendencia
anticlerical y laica, especialmente entre la clase obrera. Es precursora del
movimiento cristiano-demócrata moderno.

educación y entrenamiento del obrero son las Universidades Laborales, donde se da enseñanza gratuita para jóvenes mecánicos,
agricultores y pescadores. Repartidas por diversas provincias, su
número se iguala ya casi con la docena de universidades tradicionales, y las excede en la esplendidez de sus instalaciones, con campo   5
de deportes, teatro, piscina, etc. Allí tiene el muchacho proletario
su primera, y quizá última, experiencia de la vida burguesa. Todo
lo cual ha sido posible por los enormes fondos de que disponen
los sindicatos oficiales, gracias a las contribuciones obligatorias de
sus miembros, que son todos los trabajadores.   10

Algunos tipos curiosos

EL LIMPIABOTAS. Una de las figuras habituales del café, en
las grandes lo mismo que en las pequeñas ciudades, es el limpiabotas. Apenas sentados a una mesa, se nos acerca el hombrecillo del
betún, señala con un gesto expresivo el polvo de nuestros zapatos
y se nos arrodilla [47] sin que podamos impedirlo.[48] Y como en este   15
polvoriento país probablemente nos hará falta un cepillado,[49] es
difícil negarse en público a observar este rito ineludible del café. El
limpia es, por tanto, un hombre muy atareado que trabaja con
rapidez vertiginosa. Es un verdadero virtuoso del cepillo, el cual
salta de una mano a otra sin cesar. Cuando menos lo esperamos,   20
sentimos un golpecito en el pie y la exhibición está concluida. Todo
por unas pocas pesetas.

EL VENDEDOR AMBULANTE [50] También en el café o por
las calles céntricas nos asedia el vendedor de útiles pequeñeces. El
vendedor de corbatas, que nos invita a escoger una de las que lleva   25
colgadas [51] del brazo, siempre a «precios de ganga» [52]; el vendedor de
gomas [53] para los paraguas, hojas de afeitar y piedras de mechero; la

---

47 **se nos arrodilla**   *kneels down in front of us*
48 **sin que podamos impedirlo**   *without our being able to prevent him*
49 **probablemente ... cepillado**   *we probably need a shine*
50 **vendedor ambulante**   *hawker*
51 **lleva colgadas**   *he carries hanging*
52 **a «precios de ganga»**   *at bargain prices*
53 **gomas**   *rubber rings*

vendedora de lotería, que nos ofrece el número de la suerte [54]: «¡Mire, señorito, el 54345, un capicúa [55]; el último billete que me queda, no se lo pierda, que le va a tocar!» [56] O bien es el ciego con la lotería especial en beneficio de su gremio (en vez de la antigua costumbre de mendigar), vendiendo tiras de números colgadas del pecho, que suele anunciar con el insistente grito de «iguales» para indicar que tiene varias series del mismo número, el cual puede resultar así más provechoso. A veces estos números de lotería reciben nombres convencionales que deben de ser un tanto enigmáticos para el extranjero, como «San José» (el 19, día de este santo), «los dos patos» (el 22), «la niña bonita» (el 15).

EL BARQUILLERO. El barquillero es el ídolo de la gente menuda. Con su barquillera roja al hombro, recorre jardines y paseos concurridos o se sienta en un banco a tomar el sol como cualquier señor. Sus deliciosos barquillos tienen para el chico el incentivo de la ruleta que lleva sobre la tapa de la barquillera. ¡Con qué emoción hace girar el niño la rueda para ver cuántos barquillos le tocan por su *pela!* [57] La oportunidad de probar fortuna es tentadora, y los muchachos mayores suelen convertir la barquillera en garito, donde el éxito depende de la maestría en el manejo de la rueda. Hasta que aparece un guardia y se dispersa el grupo.

EL REVENDEDOR DE ENTRADAS. Quizá al llegar a la taquilla de la plaza de toros, del teatro o del campo de fútbol, horas antes del espectáculo, encontraremos un cartelito que dice: «No hay billetes», Pero no tenemos que preocuparnos demasiado. Si nos acercamos a la taquilla, probablemente nos dirán: «Pruebe uted la reventa». Este es un negocio bien organizado, con sus oficinas propias, donde los retrasados pueden hallar casi siempre entradas con un recargo de precio variable según la demanda. En los días de buenas corridas, el recargo llego a exceder varias veces el precio original.

---

[54] **número de la suerte**   *lucky number*
[55] **capicúa**   (*palindrome*) número que se lee igual por la derecha que por la izquierda; derivado del catalán «cap i cua» (*head and tail*)
[56] **que le va a tocar**   *because it's going to win*   **Que** se usa aquí como conjunción causal, equivalente a **porque.**
[57] **pela**   *peseta (coll.)*

¿Que [58] esto supone una explotación inicua del retrasado por falta de tiempo lo mismo que del perezoso? ¡Ah —dirán los revendedores— pero como sin la reventa se quedarían seguramente sin entradas, pues todos tan contentos!

EL SERENO. Aunque la antigua misión del sereno —anunciar las horas de la noche y el estado del tiempo— ha desaparecido de las ciudades, aún representa éste una importante institución nocturna. Con su gorra de empleado municipal, su chuzo [59] y el manojo de llaves, vigila las calles contra posibles ladrones y abre la puerta al vecino trasnochador. La puerta de la calle se cierra a las once, el portero se acuesta y, para entrar, hay que llamar al sereno con fuertes palmadas que rompen el silencio de la noche. Hasta que desde un extremo de la calle responde como un eco la voz del sereno: «¡Va-a-a!», o se oyen unos golpes de su bastón al borde de la acera. El sereno se cerciora de que la persona vive en la casa, recibe su pequeña propina y enciende la luz o, si es preciso, facilita una cerilla para abrir la puerta del piso. A veces puede servir también de guardacoches, diciéndole que hemos aparcado a la vuelta de la esquina y aumentando la propina.

En algunos pueblos el sereno conserva aún su antigua función de anunciar las horas y el tiempo para beneficio de los labradores, repitiendo su monótona cantinela: «Las dos y sereno-o-o», «las tres y media y lloviendo-o-o». Pero como el cielo suele estar despejado, su pregón más frecuente —*sereno*— es el que le quedó por nombre.[60]

Los de uniforme

España posee muchos militares. Tantos que a menudo parecen ser los militares quienes poseen a España. Hasta en tiempos de paz se ven soldados por las calles ya que hay servicio militar obligatorio y los cuarteles están estratégicamente distribuidos por

---

[58] Conjunción que presupone un verbo principal, como «se dirá», e introduce la cláusula subordinada siguiente. No se traduce.

[59] Hoy un bastón o palo (*stick*), pero antiguamente con un pincho y utilizable como arma.

[60] **el que...nombre** *what remained as his name*

las ciudades principales, a título de guarnición protectora. En pequeñas ciudades de provincias, como Toledo o Segovia, donde existe una academia militar, los cadetes dan la nota saliente.[61] Ellos animan la hora del paseo por la plaza o el parque, después de un
5 día de rígida disciplina de cuartel. Ellos animan también el comercio local y las esperanzas de las mamás con hijas casaderas.

El «caballero cadete», como ceremoniosamente le llaman en la academia, es casi siempre un joven de la clase media que busca en las armas una carrera relativamente fácil, sin grandes sueldos
10 pero con seguridad y posición social. Excepto en tiempo de guerra, los ascensos son lentos. Se puede muy bien llegar a los cuarenta años de capitán, con familia numerosa y un sueldo bastante modesto. Pero el oficial tiene sus compensaciones. Puede vivir con la familia en pabellones anejos al cuartel; comprar sus provisiones
15 en el economato del cuartel, más baratas que en el mercado; y posee otras ventajas, más o menos cuantiosas según la influencia que tenga [62] el ejército en el gobierno del país.

El oficial vive bastante aislado de la población civil. Aunque no tiene espíritu de casta superior, por venir de la clase media en
20 su mayoría, sí desarrolla [63] un fuerte espíritu de cuerpo, con una mentalidad peculiar e intereses especiales. Como tal cuerpo, se considera depositario del «honor» de la nación y árbitro del patriotismo, con derecho a emplear su fuerza contra los gobiernos que no cumplan con su deber, según lo entienden los militares.
25 El cuerpo militar lo forman realmente estos oficiales profesionales, muy abundantes en proporción al número de soldados. Algunos soldados se quedan voluntarios y llegan, a veces, a oficiales. Son los llamados vulgarmente *chusqueros,* indicando que su graduación se basa en años de servicio y mucho chusco o pan de
30 cuartel. Pero la mayoría de la tropa son reclutas forzosos, cuyo servicio suele durar uno o dos años en tiempo de paz. Aunque las condiciones de la vida militar no son malas, los jóvenes ven con natural repugnancia esta interrupción forzosa de sus ocupaciones.

[61] **dan la nota saliente** *are the most conspicuous element*
[62] Se usa el subjuntivo por ser indefinido el antecedente del pronombre relativo que precede al verbo.
[63] **sí desarrolla** *he does develop*

Para muchos campesinos, sin embargo, la *mili* [64] es una experiencia útil. No sólo tienen ocasión de ver algo de mundo, sino de aprender a leer y escribir y hasta de adquirir algún oficio.

Junto al soldado existen varios cuerpos de policía organizados también militarmente. El más notorio es el de la Guardia Civil, creado el siglo pasado para acabar con el bandolerismo del campo. Gracias a su rígida disciplina y poderes sin límite, la Guardia Civil impuso orden en los caminos, ganándose el título de *Benemérita*. Es una estampa típica de las calles y, sobre todo, de los caminos y fronteras de España. Siempre en parejas, a pie o a caballo, en bicicleta o en *jeep,* con sus tricornios de charol reluciente y la carabina al hombro, son la más imponente personificación de la autoridad. Serios, severos, incorruptibles, los *civiles*

> pasan, si quieren pasar,
> y ocultan en la cabeza
> una vaga astronomía [65]
> de pistolas inconcretas,

como ha cantado García Lorca,[66] el poeta que mejor ha interpretado el temor popular hacia ellos.

Pero además de los *civiles* hay una pintoresca variedad de guardias para la debida protección de los españoles. Para el orden público dentro de las ciudades están los guardias de Seguridad, con su pistola al cinto, y los de la Policía Armada, más conocidos como los *grises* por el color de su uniforme, que sirven de fuerza de choque para disolver manifestaciones políticas. Hay además los agentes de la policía secreta, vestidos de paisano y dedicados a descubrir criminales, agitadores políticos y otros individuos considerados indeseables por el gobierno de turno.[67]

Todo este complicado aparato policíaco depende del Estado. Pero las ciudades tienen también sus guardias urbanos con casco y guantes blancos, para regular la circulación e imponer multas a los infractores de la misma; sus vigilantes de mercados; sus al-

---

[64] el servicio militar (*coll.*)
[65] Metáfora alusiva al firmamento, con su multitud de estrellas
[66] FEDERICO GARCÍA LORCA (1898–1936) en el "Romance de la Guardia Civil Española" (*Romancero gitano,* 1928)
[67] **de turno**   *of the day*

guaciles para ejecutar un desahucio judicial o castigar al infractor de órdenes como la que reza en algunas fachadas: «Se prohibe blasfemar.»

Un poco agobiado por el peso de toda esta fuerza armada, que tan cara le cuesta,[68] no es extraño que el ciudadano español se pregunte a veces, por lo bajo: «Pero ¿quién vigila a tanto vigilante?» [69]

Medios de transporte

España ha sido uno de los primeros países de Europa en emplear medios eléctricos de transporte, desde principios del siglo actual. Debido a la baja calidad del carbón español y al alto coste del extranjero, se empezó a desarrollar muy pronto el potencial hidroeléctrico de los ríos, electrificándose en pocos años buen número de ferrocarriles y todos los tranvías.

El tranvía ha sido el vehículo típico de las ciudades españolas y todavía se ven algunos viejos y pintorescos modelos, tan ruidosos como incómodos. Las dos plataformas van [70] a menudo llenas, aunque haya sitio en el interior, pues a nadie se le obliga a sentarse. Se puede viajar de cualquier forma: en el estribo, cogido a una ventanilla o colgado del brazo de otro pasajero que lo permita. Sólo una cosa no se permite, según el aviso que dice: "Prohibido hablar con el conductor."

El autobús apareció más tarde en las grandes ciudades, pero por ser más caro no se popularizó tanto como el tranvía. Hoy, sin embargo, la creciente congestión del tráfico está eliminado rápidamente a éste en favor del autobús, con la grata desaparición de los cables que afeaban las calles pero con gran aumento de gases detestables.

Tanto Madrid como Barcelona construyeron muy pronto Metros que acreditan su rango de [71] capitales modernas. Su utilidad ha ido aumentando a medida que se alargaban las distancias con el

[68] Aproximadamente la mitad del presupuesto nacional se dedica a las fuerzas armadas.
[69] **a tanto vigilante**   *so many watchers*
[70] **van**   *are*
[71] **acreditan su rango de**   *qualify them to rank as*

crecimiento urbano y la circulación se hacía más difícil por las calles. Es el único medio de locomoción rápido, si no el más cómodo por ir casi siempre abarrotado de pasajeros. Y muchísimas personas hallaron otra utilidad inesperada en las estaciones del Metro al ser convertidas en refugios antiaéreos durante la guerra civil de 1936–1939.

Todavía quedan en poblaciones pequeñas algunos coches de caballo, especialmente en las estaciones de ferrocarril, pero lo que ya abundan más son los taxis, que resultan bastante baratos y evitan las frustraciones de sacar el coche propio y no encontrar donde aparcar, o de esperar en la cola interminable del tranvía o del autobús. El taxista suele ser además un hombre atento y servicial que nos dará cuantos informes necesitemos.

Pero el ir a pie [72] es todavía la forma más agradable de moverse dentro de la ciudad, al menos en la ciudad provinciana sin un tráfico excesivo. Las calles parecen hechas para pasear por ellas, y las distancias y el buen tiempo permiten a menudo ir andando de casa a la oficina o al café. En algunas ciudades viejas, de calles estrechas y empinadas, es desde luego la única forma de hacerlo, lo cual constituye una de sus delicias.

Para que nada falte en la España moderna, hay servicios regulares de avión entre las principales ciudades, en competencia creciente con los trenes. En vez de tardar un día entero de Barcelona a Madrid, el hombre de negocios puede desayunar en su casa barcelonesa, gestionar asuntos burocráticos en la capital y volver a la Ciudad Condal [73] para cenar. Por otro lado, los millones de turistas que visitan anualmente el país lo hacen, en su mayoría, por avión, dando a sus aeropuertos un tono internacional.

[72] **el ir a pie** *walking*
[73] Título tradicional derivado del **condado** (*earldom*) de Barcelona en la Edad Media.

3 ═══════════ la familia

La familia es una de las pocas instituciones sólidas y respetadas en España. La cohesión de sus miembros hace de la familia una verdadera sociedad de ayuda mutua que suple las deficiencias del seguro social. El pariente necesitado suele hallar acogida en casa de familiares más afortunados. Y la vida tiene aún cierto sentido patriarcal, especialmente en la España rural, donde a menudo los hijos casados siguen viviendo con sus padres. Por lo común, las hijas solteras permanecen con los padres toda la vida, aunque trabajen. Aun entre hermanos, la idea de mutua obligación es igual que entre padres e hijos. En ausencia del padre, el hermano mayor se convierte en protector moral de las hermanas, a quienes debe sostener y, si es preciso, vigilar. El honor de la familia, aparte del sentimiento fraterno, lo exige así, aunque la mayor independencia económica de la mujer ha debilitado mucho este lazo tradicional.

La madre

Base principal de esta solidaridad familiar es el respeto y autoridad moral de la madre. Autoridad que se extiende a veces a los hijos casados y, sobre todo, a las hijas. Lo más curioso es el contraste entre este alto prestigio de la mujer como madre de familia y su inferioridad legal y social como esposa. La ley coloca

31

a la mujer casada en la misma categoría jurídica que al menor o al demente para el ejercicio de ciertos derechos civiles, como el hacer compraventas [1] o testamentos. Por el contrato matrimonial, el esposo se obliga a sostener y proteger a la mujer, y ésta a obedecer al marido. En cambio, la ley protege a la mujer soltera menor de edad contra posibles abusos de la autoridad paterna. Si una joven desea casarse y sus padres o guardián se oponen arbitrariamente, puede buscar la protección del juez.

El código moral es también más severo con la esposa que con el marido. De este modo, el padre aparece como un pequeño dictador, aunque benévolo. Su autoridad paterna es suprema, pero la suele ejercer con suavidad, mientras no sea discutida. La misma libertad de que goza fuera del hogar, le inclina a ser condescendiente con los hijos y a delegar su autoridad en la esposa. Esta es, por ello, quien lleva de hecho el gobierno [2] de la casa, y el marido no se mete en cuestiones de cocina,[3] como suele el hombre llamar a los quehaceres domésticos. Estos son una carga exclusiva de la mujer, pero ella la acepta, no como penoso deber sino como honroso privilegio de su sexo. El interés central de su existencia es el hogar, del cual se siente reina, aunque trabaje en él como esclava. Ella es la primera en no consentir que el marido pise la cocina. Su mayor orgullo estriba en tener la casa impecable y reluciente «como una taza de plata».

Esta devoción doméstica de la mujer, unida a su sumisa aceptación de la autoridad marital, es lo que da a la madre su gran ascendiente sobre la familia y el alto puesto de veneración y respeto que ocupa en el sentir popular. Veneración que halla una expresión simbólica en el ardiente culto a la Virgen, es decir, a la Madre de Dios, que es una de las imágenes religiosas más populares del país.

La vivienda

En las ciudades, las familias viven en casas de pisos. Los antiguos caserones, con su estrecha y penosa escalera y su patio interior, están siendo sustituidos por pisos modernos de amplios

---

[1] **compraventas** *contracts of buying and selling*
[2] **lleva de hecho el gobierno de la casa** *actually has the management*
[3] **no se mete en cuestiones de cocina** *he does not meddle in the kitchen*

ventanales y azoteas, ascensor, cuartos de baño, calefacción central y otras comodidades. A falta de jardín, que sólo suelen tener las mansiones señoriales, la azotea sirve lo mismo [4] para tomar baños de sol que para tender la ropa.

El interior luminoso y cómodo de estos edificios modernos contrasta con la oscuridad e incomodidad de las casas viejas, aún predominantes en los barrios bajos y en provincias. Casas construidas para protegerse del calor más que del frío. En verano, los balcones de estos viejos edificios permanecen entornados, con las persianas echadas, en tal oscuridad que se necesita luz eléctrica en pleno día; una precaución conveniente contra el calor como contra las moscas, esa plaga nacional que lo invade todo, excepto la oscuridad. Pero en invierno hay días bastante fríos, incluso en el sur, y en muchos pueblos la calefacción principal es todavía el económico y poco higiénico brasero[5] colocado bajo la mesa camilla,[6] en torno a la cual pasa las horas la familia comiendo, leyendo, hablando, jugando a las cartas. El brasero tiene un atractivo peculiar por la intimidad que crea a su alrededor. Durante el invierno es el centro de la vida familiar, pero ¡qué escalofrío al tener que ir a cualquier otra sala, fría como una nevera! Hoy día, sin embargo, la estufa de butano, también barata y más eficaz, está sustituyendo al brasero en gran número de hogares españoles.

En las ciudades de Andalucía, donde basta una calefacción rudimentaria para hacer frente al templado invierno, la casa tradicional se construye en torno a un patio de baldosas, al cual dan las salas de los dos pisos. Con su toldo para el sol, las macetas de flores y el pozo de brocal decorativo, el patio irradia frescura por toda la casa aun en pleno verano. La familia ocupa en verano el piso bajo y pasa en el patio la mayor parte del día. Por la noche, si hay tertulia,[7] se recibe a los amigos en el patio, donde se bebe

---

[4] **lo mismo . . . que** *both . . . and*

[5] **brasero** (*brazier*), pieza redonda de metal, como un gran plato hondo, donde se quema picón (*charcoal*). Se coloca en una tarima (*wooden stand*) baja y se cubre con una alambrera (*wire cover*). En una habitación cerrada, el tufo (*fumes*) del brasero puede ser fatal, y los accidentes son bastante frecuentes.

[6] **mesa camilla,** mesa redonda cubierta con un paño grueso de lana que llega hasta el suelo para conservar el calor del brasero.

[7] Estrictamente, la **tertulia** (*conversational gathering*) es una reunión periódica de amigos en la casa de uno de ellos o en el café con el objeto de conversar.

manzanilla [8] o simplemente agua fresca del botijo, y se canta, se
baila, se ríe y se habla, se habla . . . En invierno, la familia se sube
al piso superior, en cuya galería, por la que entra el grato sol, las
mujeres cosen y los niños juegan. Mientras tanto, abajo, el patio
permanece silencioso y vacío.   5

Las comidas

Desde el punto de vista digestivo, la comida española tiene
tres características principales: se condimenta demasiado, se come
demasiado y se cena muy tarde. El aceite es la base de la cocina
española. Al freírlo, su olor inunda la atmósfera y nos persigue por
la calle. Para el estómago no acostumbrado, puede llegar a producir   10
pesadillas en que la masa de alimentos parece flotar en mares de
aceite. Pero tales inconvenientes tienen la compensación de unos
platos apetitosos, variados y abundantes. La cantidad, más que la
calidad, es la máxima de toda comida española. Al menos en las
comidas de cumplido, donde es costumbre ofrecer al invitado plato   15
tras plato hasta hartarle [9] sin que el invitado pueda rechazar
ninguno para no ofender a la señora de la casa.
El desayuno es, por excepción, una comida ligera; tanto que
ni siquiera recibe el nombre de comida. Basta el café con leche y
un panecillo, solo o con mantequilla. A veces es chocolate, en el   20
que se mojan unos buñuelos calientes, recién comprados en el
puesto del mercado o en la buñolería. Pero el chocolate, un tiempo
alimento favorito de los españoles, que hasta los médicos prescribían
a los convalecientes, ha cedido en popularidad al café.
La comida se toma entre la una y las tres de la tarde, casi   25
siempre en casa. Uno de los platos tradicionales es el *cocido,* que
más que un solo plato representa una comida entera. Su confección es simple: se cuecen en un puchero único la carne de vaca,
el trozo de tocino, la morcilla, el chorizo, las patatas, la verdura
y los garbanzos, este último el más típico ingrediente del cocido.   30

---

8 **manzanilla**   en un vino seco y dorado, algo parecido al jerez (*sherry*) pero
más corriente por tener menos alcohol y ser más barato.
9 **hasta hartarle**   *until he is stuffed*

Toledo, Casa del Greco, cocina

Después se sirve cada cosa por separado [10]: el caldo como sopa, los garbanzos con la carne y las patatas, y luego las otras menudencias, más o menos variadas según los recursos de la familia. En los últimos tiempos, sin embargo, el alto coste de la carne ha hecho
5 menos popular el cocido como plato familiar. En realidad la carne ha llegado a ser un lujo para las clases modestas.

Notable también es la tortilla española, a base de huevos y patatas, gruesa y nutritiva como una comida entera. Es el fiambre

[10] **por separado** one at a time

35

usual cuando se va al campo o de viaje, resultando la tortilla entonces aún más sólida que en estado caliente.

La diversidad regional del país se observa también en los platos peculiares de cada región, algunos de los cuales se exportan ya a otros países. He aquí los más típicos:

En Valencia, la *paella* de arroz con variedad de trozos de pollo, chorizo, almejas, cangrejos, pimientos, etc.

En Galicia, el *pote,* un cocimiento de carne, patatas y verduras parecido al cocido.

En Asturias, la *fabada,* a base de alubias con abundante tocino y morcilla, plato tan económico como fuerte.

En Vizcaya, el *bacalao a la vizcaína,*[11] apetitoso guiso de este pescado con salsa de tomate, servido en cazuela de barro.

En Andalucía, el *gazpacho,* la más ligera y vegetariana de estas comidas, especie de sopa fría hecha con agua, aceite y vinagre en que flotan trocitos de pan, ajo y cebolla. Es comida ideal para un día de calor y poco apetito, y a menudo el único alimento del campesino andaluz.

La merienda se toma, cuando se toma, de cinco a seis de la tarde. Es una simple comida consistente en una taza de café con leche y una ensaimada o bocadillo que los hombres suelen tomar en el café. El té es un refinamiento propio de la gente elegante, tomado en algún distinguido salón público o en las casas de buen tono. Los demás sólo lo toman cuando no se sienten bien.

La cena es la segunda comida importante, parecida a la de mediodía, pero un poco más ligera. Se toma de nueve a diez de la noche, después de la sesión teatral de la tarde y antes de la sesión nocturna. Terminado el teatro o el cine, después de las doce, hay quienes van de nuevo al café para tomar el último bocado antes de acostarse: café y tostada, chocolate con picatostes o hasta un buen filete calentito.

Los niños

Los niños parecen llenar las calles españolas con sus juegos, sus voces y sus risas. Son niños francos y vivarachos, a quienes los

[11] **bacalao a la vizcaína**   codfish Basque style

La Alberca (Salamanca), plaza típica

mayores tratan con amabilidad e indulgencia. Hasta entre las clases
pobres se observa esta amabilidad hacia el niño. Sólo en casos de
verdadera necesidad, harán los padres trabajar a sus hijos. Rara vez
por afán de lucro. Si a una madre española se le dice [12] que en el
extranjero hay sociedades contra la crueldad a la infancia, le
resulta difícil entenderlo. Su comentario más probable será: «¡Qué
brutos deben de ser por esos países!»

Todo extranjero ha observado esta cordialidad que rodea al

---

[12] **se le dice**   is told

niño en España. Nada impresionó tanto a Chesterton como las efusivas muestras de cariño entre padres e hijos; el espectáculo, por ejemplo, de ver a un niño correr por la calle al encuentro de su padre y el radiante gozo de éste al cogerle en brazos. Es una de las pocas ocasiones en que el español abandona en público toda reserva afectiva.

En este ambiente expansivo es natural que el niño muestre sus afectos en público con toda naturalidad y espere verse correspondido [13] con un beso o una palabra amable. En cuanto a los padres, no hay medio más seguro de ganarse su simpatía que alabar la hermosura de su hijo.

Mas a pesar de este trato benévolo los niños están bien criados, y hasta los más humildes saben respetar a sus mayores. El niño más travieso se quitará la gorra para hablarnos y tal vez añadirá, al decirnos su nombre: «para servir a Dios y a usted». Ello se debe más a la familia que a la escuela, pues aunque la enseñanza primaria es obligatoria en teoría, no puede serlo en la práctica por la falta de escuelas y de maestros. La Iglesia y el Estado proporcionan escuelas para la mayoría, pero aún son muchos, sobre todo en el campo, los que se quedan sin instruir.

El juego favorito del pasado —la «corrida de toros»— es hoy menos popular que el fútbol, al que juegan en cualquier sitio, hasta con pelotas de trapo. Si se cansan de correr, juegan al frontón, contra la pared de cualquier casa, para desesperación del dueño de las ventanas. La *pídola* es otro juego siempre popular en que se salta sobre un jugador encorvado —el *burro*— a distancias realmente acrobáticas. Más pacífico es el juego de las *bolas,* con las que a menudo entretienen el camino de la escuela a casa.

Otros pasatiempos tienen el consabido carácter bélico, como la matanza de indios al estilo de las películas del Oeste; o son propias de un país donde el animal está poco protegido, como lanzar piedras con tirador de goma a los vencejos [14] que vuelan en bandadas alrededor del campanario, o poner trampas para cazar gorriones. Casi todo niño español ha cogido alguna vez grillos, que guardan en jaulitas de alambre y alimentan con lechuga.

Las niñas también juegan por la calle, el paseo o en el

[13] **verse correspondido**   *to see (his affection) returned*
[14] **lanzar . . . vencejos**   *shoot swifts with a slingshot*

zaguán de la casa. Unas veces, con los chicos y como los chicos, se
persiguen a todo correr [15] jugando al escondite o a las cuatro
esquinas, entre muchos gritos y no pocas caídas cuando algún
muchacho abusa de su fuerza. Otras veces, las chicas solas se dedican
pacíficamente a sus muñecas, saltan a la comba o cantan a voz en
cuello [16] alguna vieja canción popular.

De visita

Una de las pocas ocupaciones sociales de la mujer es visitar a
las amistades. Lo típico de tales visitas es su carácter inesperado,
el elemento de sorpresa que tanto parece agradar al visitado. A
media tarde, después de la siesta, mamá e hija se ponen de calle [17] y
van a pasar un rato de conversación con alguna amiga. Este hábito
del visiteo, como el ir de tiendas, viene a ser el equivalente femenino del café de los hombres.

Gracias a la hospitalidad española, nada más fácil que obtener
acceso a una tertulia acompañando a un conocido. La regla en
tales casos es que «los amigos de mis amigos son mis amigos». Una
vez presentado, el recién llegado es tratado como amigo de toda
la vida,[18] y muy pronto se acude al *tuteo* [19] para marcar la mutua
confianza y amistad. Y ¿qué se dice en una de estas visitas de
señoras? Algo así, supongamos que en Madrid:

DOÑA MARÍA (*a la criada que se asoma por la mirilla* [20] *de la
puerta al oír el timbre*): ¿Están los señores? [21] . . . Anuncie a la
señora de Fernández con su hija y una amiga.

LA CRIADA: El señorito [22] no ha vuelto aún, pero la señorita
está en su alcoba con la modista. Si quieren esperar un momento,
la avisaré . . .

---

[15] **se persiguen a todo correr**   they chase after each other at full speed
[16] **a voz en cuello**   at the top of their voices
[17] **se ponen de calle**   dress up for going out
[18] **amigo de toda la vida**   *lifelong friend*
[19] **tuteo**   *familiar form of address, using* tú *instead of* usted
[20] **se asoma por la mirilla**   *looks out the peephole*
[21] **¿Están los señores?**   *Are Mr. and Mrs. — in?*
[22] **El señorito**   *Mr. —* (*the master of the house*). Diminutivos empleados a
menudo por los criados con respecto a sus señores.

Dᴬ. Mᴀʀíᴀ: No hará falta esperar.[23] Dígale quién somos y nos hará pasar. Hay confianza.[24] (*A la amiga*) ¡Y con las ganas que tenía de conocer a la modista de Rosarito! Dicen que tiene manos divinas para [25] la aguja.

Rosᴀʀɪᴏ: ¡Hijas, perdonadme la facha, pero no quise haceros esperar demasiado! Si no os importa,[26] le diré a la modista que termine la prueba aquí.

Dᴬ. Mᴀʀíᴀ: Encantadas, mujer; ya sabes que no somos de cumplido. Pero sentiría haber llegado en mal momento . . .

Rosᴀʀɪᴏ: ¡Por Dios, ni hablar! [27] Siempre en vuestra casa.[28]

Dᴬ. Mᴀʀíᴀ: Te quiero presentar a Laura Díaz, que acaba de llegar de Sevilla. Su marido viene destinado al Ministerio.[29]

Rosᴀʀɪᴏ: Tanto gusto, Laura.

Lᴀᴜʀᴀ: El gusto es mío. Encantada.

Rosᴀʀɪᴏ: Y ¿han encontrado ustedes casa ya?

Lᴀᴜʀᴀ: Hasta ayer hemos estado buscando. Por fin dimos con un piso en la Guindalera, pero no se desocupa hasta el mes que viene.

Rosᴀʀɪᴏ: Pues, hija, ya es suerte [30] en estos tiempos. Y tú, Paquita, ¿cómo estás, querida? Siempre tan guapa, por supuesto. Pero (*sonriendo a la mamá*), de tal palo, tal astilla [31] . . .

Dᴬ. Mᴀʀíᴀ: (*riéndose*): ¡Eso de palo me gusta,[32] mujer! Y ¿qué hay del veraneo? [33] ¿Otra vez a Benidorm? [34]

Rosᴀʀɪᴏ: ¡Ay, no! Aquello está imposible de turistas, y además se pasa más calor aún que aquí. Yo prefiero San Sebastián,[35] aunque esté algo pasado de moda. Siempre hace fresco, y si llueve queda el

---

[23] **No hará falta esperar** *There will be no need to wait.*
[24] **Hay confianza.** *We are old friends (there is confidence between us).*
[25] **tiene manos divinas para** *she is very clever with*
[26] **Si no os importa** *If you don't mind*
[27] **ni hablar** *not at all*
[28] **Siempre en vuestra casa** *You are always welcome*
[29] **viene destinado al Ministerio** *is coming to work for the Government*
[30] **Pues . . . suerte** *Well, dear, it certainly is fortunate*
[31] **de tal palo, tal astilla** *a chip off the old block*
[32] **Eso de palo me gusta** *Your reference to a stick flatters me (ironical)*
[33] **¿qué hay del veraneo?** *what about your summer vacation?*
[34] pueblo del Mediterráneo (Alicante), famoso por su playa
[35] importante ciudad de veraneo en el golfo de Vizcaya (País Vasco), tradicional residencia veraniega del Gobierno

Torremolinos (Málaga), playa

recurso del casino. Pero las cosas se están poniendo tan caras que mi marido insiste en que nos quedemos este año en la sierra.[36]

Dᵃ. Maríᴀ: ¿Por qué no haces como nosotros? Economiza hasta el último céntimo. Suprime un postre hoy y otra cosa mañana; despide a una de las criadas; vende algún mueble antiguo . . .

Rosario: Tienes razón. Tendré que hacer algo. Todo menos quedarme otro verano sin San Sebastián.

Y sigue saltando [37] la conversación, animada, franca, cordial, sobre los temas usuales; carestía de la vida,[38] precios de escándalo,

---

[36] La sierra de Guadarrama, próxima a Madrid
[37] **sigue saltando**   *goes on by leaps and bounds*
[38] **carestía de la vida**   *high cost of living*

el mal estado del servicio doméstico, los últimos modelos de París,
el sarampión del niño pequeño y los progresos escolares del mayor,
el baile del Casino, la próxima junta de las Damas Azules,[39] la
última película americana, el soberbio partido que le ha salido a
Fulanita,[40] el bebé que espera en breve Menganita, etc., etc. Hasta   5
que llega la despedida:

LAURA: ¡Jesús! ¡Si [41] son casi las nueve! Y mi marido que
quiere cenar temprano esta noche . . .

ROSARIO: ¡Qué lástima! Pero tú, María, no tienes prisa ¿verdad?

Dᴬ. MARÍA: Sí, hija, ya te hemos dado bastante la lata.[42] Ha   10
sido una tarde deliciosa. No dejes de venir a vernos pronto.

ROSARIO: Descuida.[43] (*Se van besando todas* [44] *en ambas mejillas*) Adiós, niña. Encantada de haberla conocido, Laura, y ya
sabe dónde deja su casa.[45]

LAURA: Muy amable. De momento en Carmen 12, primero   15
derecha, A, nos tiene a su disposición.[46]

Dᴬ. MARÍA: ¡Vaya, con Dios! Recuerdos a tu marido.

ROSARIO: ¡Hasta la vista, todas!

Lo cursi

La palabra *cursi* aparece tan a menudo en la conversación
española y tiene aplicaciones tan diversas que bien merece párrafo   20
aparte. En general sirve para criticar cosas y personas que aspiran
a parecer elegantes y lujosas, pero se quedan en un mal gusto
vulgar. Unos cuantos ejemplos nos darán mejor idea del amplio
significado de la *cursilería* y de paso nos mostrarán algo del agudo
sentido español del ridículo.   25

[39] Sociedad benéfica imaginaria
[40] **soberbio partido . . . Fulanita** *superb match So-and-so has made (the se-
quence Fulano, Mengano, Zutano, or its diminutives, is similar to Tom, Dick
and Harry.)*
[41] **Si** se usa aquí sólo para dar más énfasis.
[42] **ya te hemos dado bastante la lata** *we have bored you long enough*
[43] **Descuida** *I won't* (lit. *don't worry*)
[44] **Se van besando todas** *They all kiss each other*
[45] **ya sabe . . . casa** *do come back any time* (lit. *consider this house as your
own*) Esta cortesía de "ofrecer la casa" se hace la primera vez que se recibe
en ella a alguien.
[46] **nos tiene a su disposición** *you'll find us (at your service)*

Valencia, falla en la Plaza de la Merced
[COURTESY SPANISH NATIONAL TOURIST OFFICE]

Cursi es palabra moderna, de origen dudoso. Una de las explicaciones, más curiosa que probable, la relaciona con ciertas señoritas de Cádiz llamadas Sicur, notorias por su afán de parecer más elegantes y lujosas de lo que eran. El ingenio popular, para
5 reírse de su ridícula pretensión, les invirtió el nombre, llamándolas «las Cursi». La nueva y útil palabra se extendió rápidamente a todo

43

lo que es vulgar o de mal gusto con pretensiones de distinción y refinamiento.

Cursi es la persona que se viste y se adorna ostentosamente, pero no con extravagancia original, sino con vulgaridad convencional. Es la persona que quiere impresionar, pero produce sonrisas en vez de admiración.

Cursi es, también, el que tras mucho hacerse rogar [47] por los concurrentes, accede a cantar un aria triste poniendo los ojos en blanco [48] y apretándose el corazón.

Cursi es quien recita poesías sentimentales que nadie quiere oír; o quien insiste en contarnos sus emociones estéticas una noche de luna; o quien habla con afectación y busca palabras exquisitas para decir simplezas.

Los oradores son particularmente propensos a las frases cursis, como el patriota superficial y palabrero que habla siempre de «las inveteradas y sacrosantas instituciones de la augusta madre patria»; o el intelectual pedante que define su posición en un debate diciendo: «en esta asamblea existe una línea horizontal con la que disiento y una línea vertical con la que coincido».

Cursis pueden ser, también, la novela sentimental que ve el mundo color de rosa,[49] la película en que canta tangos tristes un gaucho atildado y llorón, la comedia donde los actores dicen refinadas simplezas, visten los últimos modelos, toman el té y juegan al polo, como hacen los elegantes.

En resumen, lo cursi es un caso de mediocridad mental con ilusiones de superioridad, vanidad inofensiva que los españoles condenan con un implacable sentido del ridículo.

[47] **tras mucho hacerse rogar**   *after having to be entreated a great deal*
[48] **poniendo los ojos en blanco**   *showing the whites of his eyes*
[49] **color de rosa**   *in rosy colors*

4 ⇥⇥⇥⇥⇥ *las devociones*

Como es sabido, en España hablar de religión equivale a hablar de catolicismo. Esta es la religión oficial del Estado y la única que se puede practicar en público.[1] Pero esto no significa que exista persecución de otras religiones, puesto que apenas las hay. Los españoles
5 dejan de ser católicos para hacerse agnósticos o indiferentes, pero rara vez protestantes o ateos. Y hasta se ha dicho[2] que el ateo español cree en Dios tanto como el creyente, porque necesita creer para poder combatirle.

Nada revela mejor este fondo religioso[3] del español que la
10 anécdota de cierto revolucionario que presenciaba el incendio de una iglesia. Era la iglesia de su barrio y nuestro hombre veía satisfecho cómo las llamas destruían aquel «antro de oscurantismo». De pronto, se oye el grito angustiado de una mujer: «¡Que se va a quemar el Santísimo!» Y, al oírlo, el fiero anticlerical se lanza
15 instintivamente al fuego para salvarlo. El sentimiento pudo más que[4] sus doctrinas.

Aunque en España, como en otras partes, haya disminuido hoy el número de los que practican su religión, ésta hace aún impor-

---

[1] Oficialmente ha habido sólo un período de igualdad de cultos en este siglo, bajo la Segunda Repúbiica (1931–1939), que trató de limitar la influencia de la Iglesia Católica.
[2] **hasta se ha dicho** *it has even been said*
[3] **fondo religioso** *underlying religious spirit*
[4] **pudo más que** *was stronger than*

tante papel en la vida española. Sobre todo en la vida rural, donde las devociones conservan más rasgos tradicionales.

Cada creyente tiene su imagen favorita, que es la mejor por ser la más eficaz para él. A ella dirige todo su fervor religioso, y la sonrisa o los ojos de la imagen parecen devolverle un mensaje consolador. Al poner toda su fe en una imagen, ésta se convierte en abogado personal del creyente en el cielo y, por lo mismo, en su principal estímulo moral en la tierra.

Así comprendemos a la mujer del pueblo que decía: «Sólo puedo rezar al Cristo de la Piedad. Todos los demás no son más que palos para mí. No puedo pasar delante del Cristo de la Piedad sin arrodillarme, y veo en sus ojos si va a concederme mi ruego o no, pero no puedo rezar a los otros.» Y esto es así, no porque crea que esa imagen es otra cosa que una estatua, pues ella sabe que «Cristo está en el cielo con su Madre, pero rezo al Cristo de la Piedad y siempre me oye. Ningún otro es igual para mí.» [5]

Lo interesante es que este culto por ciertas imágenes no es creado por el clero, sino por el fervor e imaginación del pueblo. A menudo es un milagro o visión sobrenatural lo que da origen al prestigio de ciertas imágenes. Así, San Isidro Labrador, el campesino que dejaba el arado para rezar mientras los ángeles araban por él, se convierte en el santo patrono de los madrileños. Y la Virgen del Pilar se convierte en heroína nacional por su patriótica ayuda a los defensores de Zaragoza contra los soldados de Napoleón.[6]

Esta admiración por la imagen favorita toma siempre una expresión personal e ingenua.[7] Se viste a la imagen con lujosos mantos y ricas joyas. Los creyentes la contemplan orgullosos de su esplendor. Cuando sale a la calle en procesión, les encanta verla tan hermosa y la alaban como si fuese un ídolo de hermosura. Pero estas riquezas son la única forma concreta en que el pueblo puede

[5] Cit. por Rafael Shaw, *Spain From Within* (London, 1910), págs. 57–58
[6] Esta famosa imagen de la Virgen y el Niño debe su nombre al pilar (*pillar*) de jaspe sobre el cual la Virgen María en persona se le apareció una noche al apóstol Santiago (*St. James*) cuando éste pasaba por Zaragoza (año 40 d.C.). En 1940 se celebró el centenario de la aparición con gran solemnidad en toda España, como corresponde a una Virgen que posee varias condecoraciones militares y es "generala" de los ejércitos.
[7] toma . . . ingenua   *is always expressed in a personal and ingenuous way*

demostrar su fervor religioso, ofreciendo a la divinidad aquello que el mundo más aprecia.

La intimidad familiar de esta clase de devoción puede parecer, a veces, irrespetuosa. Cuando, por ejemplo, en los días de procesión,
5 las puertas de la iglesia se abren de par en par y la gente entra y sale alborozada, como si estuviera aún en la calle; o se sienta en el suelo a esperar el espectáculo y habla en voz alta, mientras los muchachos corretean, las mujeres se abanican sofocadas [8] y los hombres sudan en mangas de camisa. Pero ello no indica irreverencia,
10 sino la confianza ingenua de un pueblo creyente que ve en la casa de Dios su propia casa y se encuentra a gusto en ella.

En la iglesia

La iglesia tiene siempre un aire acogedor. La magnífica ornamentación de sus altares, sillerías y verjas, el silencio de sus naves enormes, el suave olor a incienso, su oscuridad y frescura en verano,
15 todo hace de la iglesia un lugar ideal donde hallar un momento de quietud. Pero la misma iglesia a la hora de la misa o de otra ceremonia se transforma. La dama elegante ocupa su reclinatorio propio, tal vez al lado de una pobre mujer con mantoncillo raído. Hay misas populares, a hora temprana, en que predominan las
20 mujeres humildes; y misas distinguidas, a eso de las once de la mañana o por la tarde, a las que acuden las señoras de postín y la mayoría de los hombres que van a misa. Estos se suelen quedar atrás, en pie, siempre dispuestos a ofrecer con gesto galante a alguna dama un dedo mojado en agua bendita para santiguarse.
25 Como acontece en las diversiones profanas, al creyente español le gusta hacer sus rezos por sí solo, aunque rodeado de mucha gente. Por eso, en la iglesia no hay himnos ni oraciones colectivas. Él prefiere sentirse a solas con Dios y no diluir su individualidad en un coro de feligreses.
30 Por las altas naves de las iglesias resuenan a todas horas los pasos rápidos de los monaguillos, con sus sotanas rojas manchadas

---

[8] **se abanican sofocadas** *fan themselves in a state of suffocation*

de cera, encendiendo y apagando velas o transportando grandes misales.

De vez en cuando se desliza la figura silenciosa de una beata, con su velo negro y el rosario colgando entre los dedos. La beata es figura familiar en cada iglesia, a cuyo servicio pone todo su tiempo y energía por pura devoción. Ella se encarga de cuidar las ropas de las imágenes, de bordar y lavar los paños del altar, de sentarse a las mesas petitorias para hacer colectas. Algunos son oficios distinguidos, como el de camarista de la Virgen. La camarista suele ser alguna dama principal, encargada de vestir a la imagen en el camarín y, a veces, de custodiar las sagradas joyas y vestimentas en su propia casa. Es éste un honor máximo que obliga moralmente a conservar [9] la imagen en toda su espléndida belleza y aun a aumentarla con alguna nueva prenda.

Aunque con menos frecuencia que antes, estas beatas —y otras mujeres que no lo son— llevan un austero vestido morado o negro con cordón colgado de la cintura. Es el hábito que ofrecen llevar en pago de la ayuda divina recibida durante una enfermedad u otro momento de peligro para ella o para alguno de los suyos.[10] El hábito, como el luto, indica una renuncia a toda diversión, y puede llevarse por unos meses o por varios años, incluso por toda la vida. Pero, sobre todo, este feo hábito de larga falda y sin talle es sin duda el mayor sacrificio que la coquetería femenina puede hacer en agradecimiento del favor divino.

Otro testimonio de gratitud a la ayuda providencial de una Virgen o santo son los *exvotos,* figuritas de cera colgadas por las paredes del templo que, al pronto, nos dan la sensación desagradable de un laboratorio de anatomía. Estos *exvotos* muestran distintas partes del cuerpo: piernas, brazos, dedos, cabezas, corazones y hasta cuerpecitos desnudos de niños con un lazo de color al cuello. Cada uno representa la parte del cuerpo que se tuvo enferma,[11] salvado por la intercesión del santo a quien se encomendaron el paciente o sus familiares.

9 **obliga moralmente a conservar** *imposes the moral obligation of keeping*
10 **los suyos** *her relatives*
11 **se tuvo enferma** *was afflicted*

La Semana Santa

De todos los espectáculos religiosos, ninguno tan brillante, tan emotivo y tan popular como las procesiones de Semana Santa. Aunque común a todas las ciudades y pueblos del país, las procesiones adquieren más esplendor cuanto más al sur se va,[12] culminando en la sin par Semana Santa de Sevilla.

Desde el Domingo de Ramos hasta el Domingo de Resurrección, la población entera se entrega a vivir el festival dramático de la pasión y muerte del Señor. Durante día y noche, desde el Jueves Santo, están saliendo pasos de las iglesias principales. El paso es una plataforma de madera sobre la que van montadas unas figuras de tamaño natural[13] representando alguna escena de la Pasión, como «La oración del huerto de Getsemaní», «El escarnio de Jesús atado a la columna», «La Crucifixión», o bien la imagen de una Dolorosa o un Cristo célebres. Las estatuas son de un realismo impresionante: los feroces sayones que torturan a Jesús, el Nazareno con pelo auténtico y túnica morada, la Virgen con lágrimas como perlas cayéndole por las mejillas. Muchos de estos pasos son obra de imagineros célebres de la escuela española del siglo XVII, como Martínez Montañés, que se especializaron en esta clase de escultura dramática y realista tan del gusto[14] español. Sevilla, Valladolid y Murcia son las ciudades que poseen las mejores imágenes de esta clase.

No obstante su enorme peso (algunos de más de mil kilos), estos pasos son transportados a hombros por los costaleros, ocultos a veces bajo las colgaduras. De ahí el movimiento lento y vacilante que hace aumentar el patetismo de las figuras, mientras que los faroles y cirios de los costados arrojan una luz dramática sobre las imágenes y destacan el paso como una luminaria en la noche, por encima de la multitud.

El momento de salir del templo un paso célebre, sobre todo por la noche, es siempre conmovedor. El gentío se aprieta por las calles y balcones del contorno. De pronto se oye un sordo murmullo

[12] **cuanto más al sur se va**   *the farther south one goes*
[13] **de tamaño natural**   *life-size*
[14] **tan del gusto**   *so much to the taste*

de admiración. Después, silencio. En el pórtico de la iglesia, trabajosamente, aparece un enorme paso del Calvario. Las tres cruces
vacilan en el aire y las efigies desnudas parecen animadas de vida
extraña. Cuando el paso está ya en la calle, surge de súbito por
entre la muchedumbre el lamento de una *saeta*. Como su nombre   5
indica, es una canción breve, aguda, dirigida con vibración de flecha
a la imagen que pasa. Su melodía tiene cierto aire oriental que
recuerda la nota modulante y dramática del *cante jondo*,[15] con
palabras adaptadas al tema religioso:

> Míralo por donde viene
> *clavaíto* en la cruz,
> con el costado sangrando
> y el rostro lleno de luz.

Durante este intervalo musical, la gente guarda emocionado silencio   10
y la procesión se detiene respetuosa (hay ruidosas protestas si la
procesión trata de pasar por alto a un cantador). Al terminar, el
público no puede reprimir los murmullos ni las voces de aprobación
para la saeta bien cantada.

A ambos lados de la calle, desfilan en dos largas hileras los   15
penitentes, con su túnica negra o morada, alta capucha cónica que
sólo deja ver los ojos, y en la mano un grueso cirio. Estos encapu-
chados son siempre hombres, y en otros tiempos fueron auténticos
disciplinantes que marchaban descalzos, azotándose, por las calles,
en penitencia de sus pecados. Hoy todavía salen algunos descalzos   20
o arrastrando cadenas, pero junto a ellos es frecuente ver brillar
hebillas de plata en los zapatos de penitentes ceremoniales.

Más que acto de humilde contrición, la procesión parece alarde
de esplendidez. Cada penitente es miembro de una hermandad
encargada de costear unos pasos y de organizar la procesión cor-   25
respondiente. Aunque estas hermandades son sólo las sucesoras de
los antiguos gremios de artesanos, hoy es una distinción pertenecer
a ellas y contribuir a sus gastos. Son estas cofradías legas,[16] más

---

[15] **cante jondo** (-hondo, *deep song or singing*), tipo de canto flamenco propio de
los gitanos de Andalucía. Sus temas son siempre melancólicos y su base musical
la repetición insistente de una nota a lo largo de la escala, sin más límites que
el poder vocal del "cantaor" (*singer*).
[16] **Son estas cofradías legas**   *It is these lay brotherhoods*

que el clero, quienes llevan la iniciativa en las procesiones. Ellas las que les dan su brillantez, pues cada cofradía aspira a ser más espléndida que las demás, engalanando sus pasos para causar la máxima sensación.

Las procesiones continúan incesantes desde por la tarde hasta la madrugada. El público no hace otra cosa que ir de una calle a otra o asomarse a algún balcón bien situado para ver el mayor número posible de ellas. No se duerme ni se come en paz esos días. Para el extraño, toda esta sucesión interminable de pasos y penitentes y cruces y bandas de música llega a resultar [17] cansada y monótona. Es la misma monotonía que el extraño encuentra en la corrida de toros y en otras diversiones del país. Una vez vistas dos procesiones, como luego de vistos [18] dos o tres toros en la plaza, todas las demás parecen repetir la misma idea. El aficionado español, sin embargo, encuentra en cada fase un interés especial. Él percibe sus menores variaciones de detalle, comparando unas procesiones con otras y las de este año con el pasado: si la imagen estrena corona; si el manto de esta Virgen es más rico que el de aquélla; si este paso ha sido mejor conducido [19] que aquél; si los penitentes de una hermandad llevan mejores túnicas que los de otra, y así sucesivamente.

El público no se limita a presenciar todo este espectáculo, sino que toma también parte activa en él. Desde el Domingo de Ramos, los balcones aparecen adornados con ramos de palmera.[20] La gente sale a paseo con sus mejores trajes y llena el ambiente de flores y alegría. Cuando las procesiones comienzan, las casas a lo largo de la carrera se decoran con luminarias, y se cuelgan ricos tapices, mantones de Manila [21] o, simplemente, colchas de seda en los bal-

---

[17] **llega a resultar** *finally becomes*

[18] **como luego de vistos,** *as after one has seen*

[19] El dirigir a los costaleros (*bearers*), ocultos bajo las colgaduras que llegan al suelo, es un arte difícil. El peso es tal que han de pararse a menudo para descansar, asomando entonces sus cabezas sudorosas para respirar y recibir tal vez un vaso de vino de algún espectador compasivo.

[20] **ramos de palmera** *palm branches.* Estas palmas se sacan en la procesión que conmemora la entrada de Jesús en Jerusalén. Muchos las ponen después en el balcón hasta el año siguiente. Antiguamente, antes de haber pararrayos (*lightning conductors*), se creía que tales palmas protegían la casa contra el rayo.

[21] **mantones de Manila** *Manila shawls (with colorful embroidery and long fringes)*

cones. El Jueves y Viernes Santo parte del tráfico se paraliza. Las
mujeres se ponen mantilla [22] negra. No se ríe a carcajadas. En los
bares se prohibe cantar y tocar discos. Los cines y bailes se cierran.
Las emisoras de radio y televisión suprimen todo lo profano en sus
programas. Reina una sensación de tristeza y de luto en la ciudad.   5
¡El Señor ha muerto! El viernes por la noche sale la procesión del
Santo Entierro. La banda militar toca una marcha fúnebre. Todos
parecen sentir la tragedia del Gólgota como si acabase de suceder [23]
allí mismo.

Pero llega el Sábado de Gloria y ¡qué contraste de la noche a   10
la mañana! El luto se transforma en apoteosis de contento. Todas
las campanas tocan a vuelo, llenando el aire de indescriptible
alegría. Las mujeres sacan mantillas blancas y claveles rojos. Los
velos morados que cubrían los altares se descorren con estrépito en
las iglesias. La gente siente una extraña necesidad de hablar y de   15
reír. Ya ha terminado la abstinencia de Cuaresma y aquí están el
roscón de Pascua [24] y la botella de vino añejo para celebrarlo.

[22] **mantilla**   *large veil covering woman's hair and shoulders*
[23] **como si acabase de suceder**   *as if it had just taken place*
[24] **roscón de Pascua**   *Easter cake (an iced, ring-shaped cake made with eggs and fruit)*

5 ⊏━━━×━━━×━━━×━━━× *las diversiones*

Las diversiones tienen un destacado papel en la vida española. La llegada del día de fiesta es siempre un acontecimiento colectivo que se disfruta intensamente. La diversión para el español significa actividad, bien en los juegos atléticos de los campesinos, en los
5 bailes populares o en el interminable pasear por la calle o plaza principal. Nada revela tanto el lado activo de los españoles como sus diversiones.

Abundan los días de fiesta en el calendario español. Hay fiestas religiosas y fiestas cívicas, para conmemorar algún santo o alguna
10 revolución; fiestas nacionales y locales; fiestas de un día y de varios días; fiestas diurnas y nocturnas. La fiesta es la manera usual de celebrar un suceso importante. Por ello, algunos días festivos cambian según las circunstancias políticas. Pero el espíritu de la fiesta varía poco, lo mismo si se trata de celebrar el día del santo
15 patrono que un aniversario patriótico.

Lo más curioso es la mezcla del elemento religioso y profano en estos días festivos, que a menudo empiezan con una misa o una procesión devota y terminan con una corrida de toros. La Semana Santa, por ejemplo, es tanto ocasión de devoción como de diversión
20 callejera. Y el último día de la Semana Santa se celebra con la primera corrida del año. Pero no hay irreverencia en esta conducta. Lo que ocurre es que el día de fiesta conserva su doble sentido de

festividad religiosa y secular, en el que la alegría es compatible con la devoción.

Las fiestas tienen un marcado sabor popular. Se celebran en las calles y plazas o en las afueras de las poblaciones, y en ellas se mezclan todas las clases sociales. Ricos y pobres, señoritos y obreros, todos se codean en estas ocasiones con democrática naturalidad. A la hora de divertirse, todos los españoles se sienten iguales, y la simpatía o la gracia de la persona pueden [1] más que las distinciones de clase.

El secreto del éxito en toda fiesta es la animación; es decir, que ha de haber mucha gente, dispuesta a pasarlo bien [2] y a compartir su alegría con los demás creando bullicio y movimiento. Pero aunque el pueblo se divierte de esta forma colectiva y ruidosa, la diversión es siempre individual, espontánea. Al español le gusta divertirse en medio del gentío, pero por su cuenta, sin que nadie le dirija. La fiesta no es más que el marco para la libre expansión del humor individual y lo inesperado es su mayor aliciente. Si se sabe de antemano todo lo que va a pasar, la fiesta pierde interés.

A pesar de su carácter jovial y bullicioso, la fiesta no suele pecar de grosería o vulgaridad. El pueblo sabe divertirse con decoro, y a ello contribuye [3] sin duda la sobriedad española. La bebida no es nunca el atractivo principal, sino más bien un agradable pretexto para animar la conversación. La presencia de un borracho o de un bufón grosero ofende la dignidad que los españoles sienten en público. Sentimiento que nos explica la pomposa solemnidad de todo espectáculo, lo mismo si es una ceremonia religiosa que un desfile militar o una corrida de toros.

El paseo

Empezaremos por la diversión cotidiana más simple: el paseo en la calle o plaza céntrica, costumbre común a la gran ciudad y a la remota aldea. Tiene lugar a ciertas horas fijas —al anochecer y, en verano, después de cenar— en el sitio de costumbre, aunque

---

[1] **pueden**   *mean*
[2] **a pasarlo bien**   *to have a good time*
[3] **a ello contribuye**   *is conducive to it*

éste puede variar según la moda. El sitio en cuestión se pone de
bote en bote [4] y hay que andar despacio y apretados, mientras el
resto del paseo se queda vacío. Como el objeto principal de los
paseantes es verse unos a otros, circulan en direcciones opuestas, o
se sientan en las sillas que el ayuntamiento previsor coloca allí
para facilitar la contemplación.

Madrid, como antigua capital de los desocupados y pretendientes en Corte,[5] hizo en otro tiempo un verdadero arte del paseo.
Hasta el siglo pasado, el paseo favorito se llamaba Salón del Prado,
y a él acudían los elegantes como si en efecto fuesen a un salón
de sociedad. El paseo existe todavía, con sus árboles y sus bancos
de piedra, pero flanqueado por avenidas para vehículos que pasan
sin cesar perturbando la quietud del ambiente. Al final del paseo
se ha construido ya el primer paso elevado para facilitar el tráfico,
signo de la rápida modernización de la capital bajo la influencia
del automóvil todopoderoso.

En este paseo se halla el Museo del Prado, uno de los más
famosos del mundo y centro obligado de visita para el turista. El
edificio mismo es una obra de arte, sobrio y armonioso, en el estilo
neoclásico del siglo XVIII,[6] donde se exhiben las colecciones de
cuadros reunidos por los monarcas españoles cuando la corte in-
vitaba a los pintores más célebres de Europa. Contiene más de dos
mil pinturas, entre ellas numerosas obras maestras de la escuela
española, flamenca, italiana, holandesa y francesa.[7] Un cuadro entre
tantos magníficos es tal vez el más inolvidable: *Las Meninas* de
Velázquez. Está solo, en una salita algo oscura, con un espejo al
fondo, que parecen formar parte del cuadro mismo. Ante este
milagro de realismo, nos parece ver incluso el aire y sentir la vida
detenida por sorpresa cuando la Infanta Margarita de Austria

[4] **se pone de bote en bote**   *becomes full of people*
[5] **pretendientes en Corte**   (*office seekers*), aspirantes a puestos públicos y sine-
curas en la capital del reino (hoy desusado)
[6] Es obra del arquitecto Juan de Villanueva (1787), quien lo concibió para
museo de Historia Natural. En 1819 fue inaugurado oficialmente como museo
nacional de pintura.
[7] Los datos siguientes pueden dar idea de la importancia artística de este
museo: contiene actualmente 2.270 cuadros, entre ellos 830 de la escuela
española (Goya, 77; Velázquez, 64; Ribera, 58; Murillo, 43; El Greco, 24).
Escuela flamenca, 659 (Rubens, 66; Brueghel, 53; Van Dyck, 21). Escuela
italiana, 426 (Tiziano, 42; Tintoretto, 34; Veronés, 21; Rafael, 10).

jugaba con sus meninas y enanos mientras Velázquez pintaba a los reyes.

Antes en Madrid no sólo se paseaba a pie sino también en coche. En el parque del Retiro perdura aún [8] el *paseo de coches,* donde solían desfilar los carruajes de la alta sociedad, luego susti- tuidos por autos fastuosos que trataban de ir tan despacio como los caballos de antaño para que sus ocupantes tuvieran tiempo de observarse. Hoy esta costumbre también ha desaparecido ante el tremendo aumento de coches, que hace escapar de la ciudad a la gente en busca de aire puro y calma dominical en el campo.

En provincias el paseo suele ser por [9] la plaza Mayor, donde los paseantes forman la *noria,*[10] en dos círculos concéntricos, uno de hombres y otro de mujeres, desde que anochece hasta la hora de cenar. Y si es verano, también después de cenar. Tan importante es el paseo en estas tranquilas ciudades provincianas que no se suspende ni en los días de lluvia. El paseo sigue bajo los soportales de la plaza, iluminados por los escaparates de las tiendas y animados por los cafés, siempre llenos de gente.

El café

El café es el otro entretenimiento diario del español. También muy barato, pues basta una taza de café para pasar varias horas, sirve de refugio ideal al desocupado y al soltero sin hogar. Pero el café, ante todo, es el club de los españoles, su centro principal de reunión, de discusión y de información. Y aunque sea una ocupa- ción sedentaria, también aquí hay una forma peculiar de actividad. En el café se discute de todo, se critica a todo el mundo, se cierran tratos, se divulgan los secretos políticos que la censura no deja publicar en la prensa; sobre todo, se habla mal del gobierno. El café es la válvula de seguridad de la opinión pública cuando no tiene otros medios de libre expresión.

En los últimos tiempos, sin embargo, el ritmo más acelerado

8 **perdura aún**   *there is still*
9 **suele ser por**   *usually takes place in*
10 **noria**   *draw well*   Aquí se emplea por analogía con las vueltas del animal alrededor del pozo para sacar agua (véase pág. 135)

de la vida impuesto por el pluriempleo y la continua obra de reconstrucción urbana han traído consigo la desaparición de muchos viejos cafés, sustituidos por bares y cafeterías al estilo americano que ocupan menos espacio y rinden más. En los pocos cafés que
5 van quedando se reúne aún, por la tarde o por la noche, la tertulia de amigos en torno a alguna figura célebre de la política, las letras o el toreo. La discusión se acalora fácilmente y las opiniones son siempre terminantes. Más que un intercambio de opiniones resulta una serie de monólogos en que cada individuo expone su criterio
10 empezando con un rotundo «yo», sin causarle la menor impresión lo que digan [11] los demás. Toda esta enérgica conversación tiene por fondo un incesante rumor de voces, cucharillas, fichas de dominó golpeadas furiosamente contra el mármol de las mesas, y un aire espeso y amarillento que nadie parece interesado en dejar
15 salir.

Aquí se halla la universidad popular española, el ateneo científico, literario y artístico, donde se ventilan cuestiones de peso que nadie tiene la paciencia de leer en los libros. Aquí se ejercita el ingenio en el torneo de la discusión, se adquiere información
20 sobre temas de actualidad y se forman opiniones definitivas acerca del último vuelo espacial, las consecuencias de la guerra en Oriente, el drama recién estrenado,[12] los méritos y defectos del torero de moda, o la perspectiva del próximo partido de fútbol, según las aficiones de los contertulios.

25 El café es una institución muy democrática. Junto a la mesa del famoso político o literato, hasta de algún que otro conde o marqués, se sienta el oscuro oficinista o el estudiante, y el camarero parece ser íntimo amigo de todos ellos. La mujer, sin embargo, no suele ir al café, a menos que sea literata o que la acompañe el
30 novio. Y el obrero prefiere su tasca, donde puede comer y beber bien por mucho menos dinero. Porque al café no se va a comer sino a tomar un café, una cerveza, una copita de coñac,[13] o un vermut [13]; a jugar una partida de dominó, y sobre todo a pasar el rato de conversación.

[11] Se usa el subjuntivo después del pronombre relativo por ser indefinido el antecedente (**lo**).
[12] **drama recién estrenado** *latest play*
[13] Pronunciado **coñá** (*cognac*) y **vermú** (*vermouth*).

UNA TERTULIA. Son las siete de la tarde. Las apretadas mesas del café están repletas. Los grandes espejos aumentan la sensación de hacinamiento. Al fondo se ve el televisor. Pasamos en busca de mesa y nos siguen las miradas de algunos consumidores. Esa mirada fija, descarada, a la que hay que acostumbrarse en España. Como la mirada franca del niño, no significa grosería sino mera curiosidad. Nos sentamos al fin. Los más próximos a nosotros nos observan a gusto un momento y después reanudan su charla. Como el camarero nunca tiene prisa por servir, le podemos esperar oyendo la conversación de nuestros vecinos. Es seguro que al que habla no le importará [14] ver aumentado el número de sus oyentes. Es un señor gordo con puro y gafas oscuras, como tanta gente lleva hasta de noche por la curiosa vanidad de disimular la mala vista. Parece satisfecho de la vida.

—Convénzanse ustedes [15] —dice—. Al paso que van las cosas, el gobierno tiene que tomar medidas firmes o dimitir. Con escrúpulos legales no hay manera de meter en cintura a los revoltosos. Mano dura, mucha mano dura es lo que necesita este pueblo ingobernable.

—Pero ¿más todavía, don Antonio? —le interrumpe un joven de pelo largo, sin corbata—. ¡Si aquí no se puede ya ni respirar! Las reivindicaciones obreras son justas y la huelga es la única arma frente al capitalista. Pero el gobierno se contenta con llamar revolucionario al huelguista y mandarlo a la cárcel. Es inicuo. Afortunadamente el obrero se está preparando, sabe que el futuro le pertenece y espera su hora.[16] No hay que dudarlo.[17] Es una ley histórica inevitable, como dice...

—¡Hombre, Paco, —interrumpe un señor de barba blanca y traje raído— no nos coloques tu disco,[18] que ya lo sabemos! Tu dichosa ley histórica no es más que una dictadura de los de abajo en vez de los de arriba. Total, la misma intolerancia. Ningún respeto para los inviolables derechos del hombre... Yo lo que quiero es que el Estado sea para el individuo y no éste para el Estado.

[14] **al que habla no le importará**   *the one who is talking will not mind*
[15] **Convénzanse ustedes**   *Believe me*
[16] **espera su hora**   *bides his time*
[17] **No hay que dudarlo**   *There is no doubt about it*
[18] **no nos coloques tu disco**   *don't start your record for us*

—¡Claro está! [19] —interviene el señor gordo, tras el espeso humo del habano—. Por eso no debe dársele al país una democracia que no le va [20] y que acaba teniendo efectos contraproducentes. ¡Nada, hombre, nada! Es lo que yo digo. Un pueblo anárquico como éste necesita mucha disciplina para poder trabajar en paz y disfrutar de pan y toros... Y a propósito de toros, D. Antonio, ¿va usted a la corrida mañana? Buen cartel. *Cañitas y el Estirao* mano a mano.[21] Y con Miuras [22]... ¡La tarde promete!

—No sé... *Cañitas* es un poco fullero. Al fin y al cabo es gitano y, si se siente supersticioso, no se arrima al toro ni aunque le ahorquen.[23] Claro que cuando se lanza no hay otro [24]...

En este momento me doy cuenta de que todavía no he pedido nada. El camarero parece interesado en la discusión de una de las mesas. Doy unas palmadas, según es costumbre, me mira desde lejos y se me acerca despacio, con la servilleta bajo el brazo.

—¿Qué va a ser? —me pregunta con cierta indiferencia.

—Café con media tostada.[25]

—¿Sólo?

—No, con leche —replico sin notar el equívoco.[26]

—Digo que [27] si no quiere nada más —me aclara sonriente.

—¡Ah...! No, por ahora no.

La conversación de mis vecinos continúa entretanto. El joven he empezado a censurar los toros, como espectáculo estúpido, anti-económico y bárbaro. Los otros defienden su belleza, su emoción y el valor de los toreros. La discusión de otros muchos asuntos sigue interminable, acalorada, como si todos estuviesen seriamente ofendidos. Pero llega el momento de irnos a cenar. Damos unos golpes en el mármol con una moneda, y el camarero acude algo

---

[19] **¡Claro está!** *Of course!*
[20] **no le va** *doesn't suit it*
[21] **mano a mano** *in competition (with two instead of the usual three matadors)* Estos nombres son apodos típicos, aunque ficticios.
[22] Toros de la ganadería de Eduardo Miura, fundada en 1848, famosos por su bravura y poder.
[23] **ni aunque le ahorquen** *even if they hang him*
[24] **no hay otro** *he has no equal*
[25] **media tostada** *a piece of toast* Se llama "media" por hacerse con la mitad de un panecillo (*roll*)
[26] **equívoco** (*pun*) entre el adv. «sólo» (*only*) y el adj. en «café solo» (*black coffee*)
[27] **Digo que** *I mean*

más de prisa esta vez. Conmovido por la propina, nos despide calurosamente: «¡Que usted lo pase bien y hasta la próxima!» [28]

Los toros y el deporte

LA CORRIDA DE TOROS.[29] Como es sabido, la corrida de toros sigue siendo la *fiesta nacional* por excelencia. La plaza de toros es un rasgo típico de toda ciudad española, con su gran mole circular, descubierta por arriba, y sus pequeños arcos de herradura como único elemento decorativo. Austera y hermética, como un convento o un cuartel, por fuera; deslumbradora de luz y color, por dentro. Los toreros son una especie de héroes nacionales admirados por su valor y maestría. Y la corrida, más que una diversión o un deporte, es una función pública, solemne y espectacular, que refleja cualidades típicas o admiradas del español: su hombría, su indiferencia ante el dolor, su gravedad, su sentido trágico de la vida. La corrida es también un arte popular que, como todo el *folklore* español, combina la cruda plebeyez con el refinamiento más exquisito —la cruel agonía del toro y el delicado paso de *ballet* del torero.

Es un domingo de toros. Por la mañana se hacen los últimos preparativos de la fiesta. Se sortean los toros entre los toreros, pues el éxito y aun la vida de éstos puede depender de la condición del animal. El matador examina el terreno de la plaza, calcula las distancias que separarán al toro de la barrera en momentos de peligro, y se vuelve al hotel, donde ya le espera el grupo inevitable de admiradores. Tras de comer y descansar un poco, empieza la operación de vestirse. Él parece entonces un rey rodeado de su corte: el apoderado, el pariente, el empresario, algún escritor o artista, que le entretienen con su charla mientras le ponen la coleta, le enrollan la larga faja encarnada, le ajustan la recamada chaquetilla del traje de luces.

Llega la hora de partir y el torero sale del hotel en su resplandeciente traje de luces, bordado de oro y lentejuelas. Entre las

28 "**¡Que usted...próxima (vez)!**" *Good-bye, we'll be seeing you.*
29 Inevitablemente, esta sección contiene muchos términos técnicos sobre el toreo (*bullfighting*). Su principal interés para el estudiante puede estar en el frecuente uso figurado que se hace de ellos en la lengua corriente.

Arriondas (Asturias), bajada del Sella

aclamaciones del público, sube a un coche descubierto. Por el camino, cubierto de gente alegre y sudorosa, suenan las voces de los conductores de alquiler: [30] ¡A los toros! ¡A los toros! Al fin, tras muchas apreturas por los oscuros corredores y escaleras de la plaza, se abre ante los ojos el brillante semicírculo del ruedo, con su arena dorada bajo el azul intenso del cielo. Son las tres de la tarde y la plaza aparece dividida en dos mitades, *sol* y *sombra,* aquélla más barata que ésta por el mucho calor.

5

[30] **conductores de alquiler**   *cab drivers*

Ronda (Málaga), Corrida Goyesca. Pase de pecho de A. Ordóñez

En el palco principal aparece el presidente, autoridad suprema que dirige la corrida y puede castigar con multas cualquier infracción del reglamento taurino. A la hora exacta (en ocasiones tan serias como ésta no hay nunca el menor retraso), el presidente hace una señal con el pañuelo y el clarín anuncia el comienzo de la fiesta. Al son de un pasodoble, desfilan las *cuadrillas,* en dos filas encabezadas por los tres matadores, hasta llegar frente al palco presidencial, donde cada torero hace una cortesía respetuosa. El presidente arroja la llave del toril al *alguacil* [31] —jinete vestido de negro, como los guardias del siglo XVII— y la escena está lista para el comienzo de este drama en que se muere de verdad.[32]

En el primer acto —la *suerte de capa*— los peones capean al toro para probar su bravura y estudiar su velocidad, su manera de embestir, de volverse, etc. Después, los picadores a caballo se colocan de espaldas a la barrera y esperan la embestida del toro para clavarle la pica y *castigarlo,* o sea, debilitarlo. Es la *suerte de varas,* prueba decisiva del valor y poder del animal, quien a menudo levanta en el aire a caballo y picador.

Un nuevo toque de clarín anuncia el nuevo acto —la *suerte de banderillas*—, durante el cual el banderillero, solo en medio del ruedo, llama al toro con los brazos en alto y una banderilla de colores en cada mano. Lenta y majestuosamente avanza hacia el animal y le clava las banderillas al tiempo que esquiva el choque de un salto. Los tres pares de banderillas cuelgan de la piel del toro y le causan una irritación que asegura su acometividad en la fase siguiente.

El acto final es la *suerte de muleta,* la más dramática e interesante por ser la más difícil: la de matar al toro. Es el momento culminante de la lidia, en que el matador se queda solo con el toro para exhibir todo su arte y valentía. Con la pequeña muleta roja, bajo la que se oculta el estoque, el matador juega impávido con el toro. Le hace pasar y volver a pasar rozándole con los cuernos, entre los *oles* del público, dominando la fuerza bruta del animal con cadenciosos movimientos de escultórica belleza. Cuando al fin el toro se para aturdido y cansado, el torero se arrodilla y le toca el cuerno con la mano o le vuelve la espalda y se aleja despacio con soberbio gesto de triunfo. Una explosión de aplausos y gritos acoge la exhibición del maestro, que ahora sólo necesita *cuadrar* [33] bien a su enemigo y despacharlo de una estocada certera para completar

---
[31] **alguacil**   *ceremonial guard (in bullfight)*
[32] **se muere de verdad**   *death really takes place*
[33] **cuadrar**   *(to line up)* es hacer pararse al toro con las patas delanteras juntas para que entre bien el estoque.

su triunfo y justificar la enorme suma que le han pagado.[34] El
público agita los pañuelos pidiendo una recompensa para el héroe,
y el presidente le concede una, dos orejas y hasta el rabo, si se lo
merece. Con este trofeo en la mano, el torero da la vuelta al ruedo,
entre las aclamaciones del «respetable» [35] y una lluvia de sombreros,   5
almohadillas, botas de vino y algunas chaquetas.

Entretanto, cuatro mulillas muy engalanadas hacen el arrastre
del toro muerto, el cual también recibe una ovación y da su
última vuelta al ruedo si fue bastante bravo. Al día siguiente, sus
restos mortales estarán de venta en alguna carnicería.   10

El clarín suena de nuevo y el drama vuelve a empezar. Hasta
que los seis toros (dos para cada matador) han sido despachados en
la misma forma. Esta repetición puede parecer monótona al espectador extraño, especialmente si la corrida es mala y degenera en
una serie de carreras [36] y pinchazos. Para el aficionado, sin embargo,   15
no lo es, porque el atractivo está en las variaciones de detalle, no
en un resultado ya sabido de antemano; no en lo que pasa, sino
en cómo pasa; y, sobre todo, en el estilo del torero.[37]

Aunque no faltan españoles que condenan las corridas de toros
como espectáculo bárbaro y cruel, son una pequeña minoría de   20
intelectuales o de obreros conscientes de su deber proletario y
humanitario frente a tales diversiones de la sociedad burguesa.
Ningún gobierno se atreve a afrontar la impopularidad de prohibir
las corridas. Y muchos Jefes del Estado las han honrado con su
presencia como medio fácil de hacerse populares. Incluso la Iglesia   25
católica ha preferido mantenerse neutral en la cuestión.[38] Como
el alcohol, el toreo es un intoxicante que excita fuertes emociones y crea sus adictos. Sólo una labor educativa lenta y el
antídoto de otro espectáculo más humano pueden llegar, quizás, a

34 Unos $20.000 se ha llegado a pagar a los mejores matadores por cada corrida.
35 **"respetable" (público)**   expresión de deferencia hacia los espectadores
36 **una serie de carreras** (*a lot of running around*): bien detrás del toro o perseguidos por éste
37 Es la misma monotonía peculiar de otras costumbres españolas, como el paseo
   y las procesiones de Semana Santa.
38 Sólo una vez fueron condenadas las corridas por el Papa (Pío V), en el siglo
   XVI, pero la prohibición de asistir a tal espectáculo fue pronto revocada bajo
   la presión de Felipe II. A los sacerdotes, sin embargo, les está prohibido asistir.

eliminarlo. Algo así ha empezado a ocurrir con el fútbol,[39] que hoy es tan popular como los toros y mucho más barato, aunque en muchos casos el entusiasta de este deporte extranjero es al mismo tiempo gran aficionado a la fiesta nacional.

5   *EL FÚTBOL.* El deporte es cosa relativamente nueva en la vida española. Hasta el siglo actual sólo se practicaban algunos juegos, como el de la pelota, en los pueblos. En la ciudad, todo ejercicio violento se tenía por vulgar y propio de gente baja. Hoy la situación ha cambiado por completo, y son muchos los deportes anglo-
10 sajones que han sido adoptados en las ciudades, especialmente por la juventud estudiantil.

    Desde la segunda década de este siglo, el fútbol se convirtió, a poco de llegar,[40] en el deporte más popular. Se adoptaron las reglas y las palabras inglesas (pronunciadas a la manera española); [41]
15 se construyeron estadios en las ciudades principales; surgieron equipos profesionales en cada localidad; se organizaron campeonatos de Liga entre ellos, con su copa correspondiente para el vencedor; se seleccionó un equipo nacional, que llegó a vencer a los ingleses en cierta ocasión memorable en la historia del fútbol
20 español, y que figura a menudo entre los finalistas de Europa.

    El entusiasmo del público tomó formas muy parecidas a las de la afición taurina.[42] Los mejores futbolistas se convirtieron en figuras nacionales. Sus retratos fueron conocidos de todos,[43] gracias a los periódicos y a las estampas para niños. Empezaron a publi-
25 carse revistas deportivas que pronto obtuvieron tanta circulación como las de toros. En torno a cada equipo importante se formó un club de aficionados, y el público quedó dividido en partidarios de equipos rivales, que a veces llegaban a las manos [44] durante los partidos decisivos. También en los cafés el tema futbolístico vino
30 a enriquecer el repertorio de las disputas. Hasta entonces la pasión del público se había dividido entre dos grandes figuras del toreo,

---

39 **fútbol**   *soccer* (el nombre viene de Inglaterra)
40 **a poco de llegar**   *soon after its introduction*
41 Con resultados curiosos como **gol** (*goal*), **orsay** (*off-side*) y **réfere** (*referee*)
42 **afición taurina**   *bullfighting public*
43 **fueron conocidos de todos**   *became known to all*
44 **llegaban a las manos**   *came to blows*

o de la política, en épocas de régimen parlamentario y partidos políticos. Desde ahora se dividiría también entre los dos equipos finalistas.

Toda esta afición al fútbol es aún bastante deportiva, o más exactamente combativa; pero ya se ha ido comercializando con las *quinielas* o apuestas, tan populares como la lotería, lo mismo que ha ocurrido con las carreras de caballos y de galgos.

La pelota vasca

La pelota vasca o frontón [45] es el juego típico de los vascos, extendido hoy a casi todos los países de habla española. Todo vasco, chico o grande, juega al frontón y asiste con regularidad al partido de los buenos *pelotaris*.[46] Se juega contra una pared por dos o cuatro jugadores, a mano o a cesta, la cual es una especie de raqueta de mimbre alargada y cóncava, sujeta a la muñeca, con la que se recoge la pelota y se la lanza a gran distancia.

El frontón y el baile son las dos cosas que más entusiasman a los vascos. Los partidos de *pelotaris* favoritos van acompañados del griterío de sus respectivos partidarios, cuyas apuestas se cruzan sin cesar, dando al juego aún mayor tensión dramática. En algunos frontones juegan también las mujeres como profesionales, raro caso de intromisión femenina en los espectáculos deportivos.

Este juego de los *pelotaris* se ha extendido a las ciudades grandes y fuera de España como espectáculo que atrae a un público regular, a menudo interesado en las apuestas más que nada. Pero como deporte es también practicado por los muchachos españoles, que utilizan cualquier pared alta —la iglesia muy a menudo— como frontón improvisado.

Teatros y cines

Los españoles han sido siempre muy aficionados al teatro. Su drama nacional del Siglo de Oro [47] fue uno de los primeros y

[45] **frontón** es la pared alta contra la que se tira la pelota, de donde el juego recibe su nombre; en vascuence se llama el juego **jai alai,** «fiesta alegre».
[46] **pelotaris**   nombre vasco de los jugadores de pelota
[47] El período clásico del arte y la literatura en los siglos XVI–XVII.

Mérida (Badajoz), teatro romano

más importantes de la Europa moderna. Hoy, como entonces, la
producción teatral es muy extensa, estrenándose todos los años
varios centenares de obras. Madrid cuenta con unos veinte teatros
y Barcelona otros tantos, cada uno con su compañía permanente.
5 Las principales ciudades de provincia tienen también un teatro por
lo menos, donde representan obras las compañías locales o las de la
capital.

Algunos teatros se especializan en cierto género dramático,
de modo que las carteleras suelen ofrecer un repertorio variadísimo,

desde revistas musicales a comedias clásicas,[48] sin faltar las traducciones de las más célebres obras extranjeras. Pero la calidad de esta intensa producción teatral es, sin duda, muy inferior a su cantidad.[49] Cada comedia suele durar en escena un par de meses por término medio, y la mayoría se escriben para el público "pagano", es decir, el que paga para divertirse más que para ver obras de arte literario. Gracias a la ayuda oficial, sin embargo, se pueden representar también las obras clásicas de Lope de Vega, Calderón y Tirso de Molina, montadas con gran magnificencia artística. En este sentido, la labor del Teatro Español Universitario, iniciada por el citado poeta García Lorca con un grupo de estudiantes de Madrid para la difusión de obras clásicas españolas, es de alto valor cultural. Como lo es la Escuela Experimental de Arte Dramático de Barcelona.

A pesar de los ensayos de renovación dramática de algunos autores, en general la escena española actual sigue repitiendo y explotando fórmulas ya gastadas, poco comprometedoras en tiempos de censura política, religiosa y moral. Predominan las comedias costumbristas con su conversación divertida y alusiones inofensivas a las condiciones de vida. Un tipo tradicional de comedia musical española, la *zarzuela,* también se sigue cultivando, pero sin mucha originalidad, produciéndose sólo imitaciones de los modelos del siglo pasado.

Todos los años, a primeros de noviembre, se representa la misma obra: el *Don Juan Tenorio* de Zorrilla. Es una versión romántica del tema de Don Juan creado por Tirso de Molina en el siglo XVII.[50] Desde su estreno en 1844 adquirió tal popularidad que se viene representando [51] sin interrupción para conmemorar el día de Difuntos. El conflicto dramático entre Don Juan y las almas de sus víctimas ofrece una ilustración oportuna del recuerdo dedicado a los difuntos el 2 de noviembre en todos los cementerios. El público se sabe de memoria muchos versos de este melodrama de

---

[48] Nombre dado a las obras dramáticas del Siglo de Oro español, independientemente de su género especial.
[49] Es corriente el estreno de 150 a 200 obras en una temporada
[50] En *El burlador de Sevilla* (hacia 1620)
[51] **se viene representando**   *it has been performed since*

capa y espada, y disfruta comparando la ejecución de los distintos actores célebres que ha visto y haciendo ruidosos comentarios al menor descuido.

Como es de suponer,[52] el cine ha ganado en popularidad al teatro. Madrid cuenta en la actualidad con unos 120 cines, y su número crece a medida que la población se extiende por los barrios nuevos. Todos suelen estar llenos, y en los más céntricos hay que hacer cola a menudo. La producción cinematográfica también ha aumentado considerablemente para satisfacer la gran demanda de películas, cuyo número iguala ya al de las importadas de Hollywood. Éstas son dobladas en los talleres españoles, donde se ha desarrollado una excelente técnica del doblaje. Sin embargo, el cine español ha contribuido poco al arte de la pantalla. Siguen predominando las adaptaciones de comedias y novelas populares, con actores cuyo estilo afectado todavía recuerda un poco la escena teatral. Aparte del famoso Buñuel, que vive en Méjico hace muchos años, sólo han aparecido en España unos pocos directores notables cuyas producciones se han premiado en festivales internacionales y proyectado con éxito fuera del país. Ello es indicio de lo que el talento español pudiera hacer en condiciones de plena libertad creadora, sobre todo teniendo en cuenta las posibilidades que ofrece el vasto público de habla hispánica.

La feria

Una vez al año, en la primavera o el verano, llega la feria al pueblo y a la ciudad. Como antiguamente, cuando las comunicaciones eran difíciles, sirve a menudo de mercado adonde acuden los habitantes de la comarca para comprar animales, instrumentos de trabajo y utensilios domésticos. Y donde esta función comercial de la feria ya no es necesaria, aún subsiste la tradición de instalar casetas a lo largo del paseo, en las que los feriantes ofrecen toda suerte de mercancías, desde juguetes hasta paraguas y turrón.

La compra de ganado es todavia la ocupación seria de la gente del campo que va a la feria. Por detrás de las casetas se entrevén grupos negros de chalanes y curiosos, con su burda pana

[52] **de suponer** *to be supposed*

y sombreros caídos hacia atrás,[53] examinando graves las cualidades del ganado. Más allá se apelotonan entre el polvo los rebaños de ovejas, o se agitan gruñendo los cerdos, mientras la yunta de bueyes rumia con calma. Entre los grupos circula el gitano con su prole, ensalzando las dotes de una vetusta mula, a la que hurga sin cesar con la vara para demostrar su movilidad. La expresiva gesticulación del gitano contrasta con la seriedad solemne del chalán, de cuyo pecho pende una pesada cadena de plata.

Pero la feria es, ante todo, una semana de jolgorio popular. Desde por la tarde hasta la medianoche, el paseo de la feria, adornado con oriflamas y farolillos chinescos, es inundado por una muchedumbre bulliciosa que desfila entre el vocerío de los vendedores, el ruido monótono del tíovivo, la música metálica del organillo, el vaivén de los columpios y los chillidos del tobogán. Mientras en el aire cálido y espeso flota un fuerte olor a aceite frito procedente de los puestos de churros.

La más brillante de todas es la feria de Sevilla, que tiene lugar en los días luminosos de abril, cuando el sol andaluz no calienta todavía demasiado. Es la feria que atrae mayor número de visitantes, tanto españoles como extranjeros, para gozar del cuadro único de animación y colorido, de bailes y música que presenta este pueblo alegre y decidor. En una amplia llanura de las afueras se celebra la famosa feria de ganados. Y allí las familias acomodadas se hacen construir cada año su caseta de madera, que decoran e iluminan vistosamente. Durante la semana de feria, la caseta sirve de centro de reunión y regocijo. Por su puerta siempre abierta, en señal de hospitalidad, vemos a cada familia divertirse con canciones, bailes y vasos de manzanilla. Casi todas se ponen el traje típico andaluz en esta ocasión: las mujeres con sus anchas faldas de volantes y claveles en el pelo; o bien, como los hombres, con el sombrero calañés y la chaquetilla ceñida. Todos cantan o bailan en la pequeña fiesta que forma cada grupo, pero el baile y el canto son siempre individuales. Uno de los presentes salta de pronto en medio del corro y se pone a bailar, animado por los demás con voces y palmas. Y las coplas son también lamentos solitarios en medio del gentío.

[53] **caídos hacia atrás**   *pushed back*

La feria tiene atractivos para todos los gustos, y ¡cómo se entrega la población entera a disfrutarlos! Pero el mayor encanto de la feria, lo inolvidable, está en su atmósfera. En la alegría de vivir, la espontaneidad y camaradería que parece inspirar a todos
5 el generoso vinillo de la tierra.

La verbena

La verbena es la típica fiesta nocturna de barrio, asociada con el santo de la parroquia. Durante varias noches de verano, la calle principal se engalana con guirnaldas y faroles de papel multicolor. Las aceras se cubren de puestos de golosinas y bebidas en los que
10 es obligado pararse para convidar a las señoras. Por en medio, circula una masa apretada[54] de gente, interrumpida de vez en cuando por un grupo que baila al son de un organillo destemplado. Como en la feria, acuden a la verbena los columpios y los tiovivos, la barraca de la mujer barbuda y del «enano más grande del
15 mundo», el tiro blanco y demás amenos sacacuartos.

Pero, más que todo esto, lo peculiar de la verbena en los barrios populares es su intimidad casera. Los vecinos decoran la entrada de sus casas, abiertas de par en par, y los viejos se sientan a la puerta, mientras los mozos bailan en la calle y los chiquillos
20 corretean por todas partes. La calle parece ser una prolongación de las casas, por la cual se anda como en familia. Y, como es natural, el estrépito incesante de la música y los cohetes llega hasta el último rincón del barrio.

Como otras muchas fiestas, estas verbenas tan mundanas y
25 jubilosas se celebran en honor de algún santo local. En Madrid las verbenas empiezan con la de San Antonio de la Florida, santo cuya ermita decoran los frescos de Goya y a la cual acuden los fieles antes de ir a divertirse. Entre las jóvenes, esta visita presenta un aliciente especial: rogar a San Antonio que les proporcione un
30 buen novio. Pero es el pueblo mismo, sin intervención del clero, quien dedica a su santo patrono la fiesta, mezclando la devoción con la diversión, la religión oficial con las supersticiones.

Unos días después, el 23 de junio, empieza en otro barrio de la

[54] **masa apretada** *throng*

ciudad la verbena de San Juan. Bajo el nombre católico se oculta el origen pagano de la fiesta del amor y la naturaleza. En algunos sitios los jóvenes salen aún al prado a cortar ramos de romero y tomillo con los que adornan las rejas de las mozas, y a hacer fogatas con plantas olorosas a cuyo alrededor bailan las parejas. Las muchachas se dedican a buscar el trébol de cuatro hojas, que trae buena suerte. Y por todos lados, risas, voces y cantos que parecen salir del cálido suelo perfumado.

Las últimas verbenas son en septiembre, y en algunas se conmemora la recolección a la vez que el día de alguna Virgen local. En las comarcas vitícolas, por ejemplo, la Virgen es a veces sacada en procesión, decorada con racimos de uvas, cual antiguamente lo sería la diosa de la vendimia.

La Navidad

Como de costumbre, la Navidad es una mezcla de fiesta mundana y religiosa. La víspera o *Nochebuena* es noche de jolgorio callejero y gran comilona; pero también de visita a las iglesias y de recuerdo devoto al nacimiento de Jesucristo.

Durante el día, la gente inunda las calles comprando toda suerte de comestibles y vinos. Alrededor de alguna plaza central se instalan los puestecillos de frutas, de almendras, de turrón, de mazapán y de embutidos. En medio, los grupos de pavos esperan la llegada del comprador. Aquí y allá, junto al hornillo de asar castañas o patatas, se oye el pregón alegre de: «¡Calentitas, que ahora queman!» [55]

Es un día en que todo el mundo gasta cuanto puede en comer bien. Los empleados han recibido ya el salario del mes y no se preocupan en este momento por la *cuesta de enero* [56] que les espera hasta que llegue la paga del mes siguiente.

Antes de la suculenta cena, que los más escrupulosos aplazan hasta las doce de la noche, cuando termina la vigilia, es obligado [57]

[55] **¡Calentitas, que ahora queman!** *Hot, piping hot!*
[56] **la cuesta de enero** *the uphill struggle in January*
[57] **es obligado** *one must*

Toledo, Iglesia de Santo Tomé, "Entierro del Conde Orgaz,"
El Greco

salir a dar una vuelta por las calles llenas de gente y de alegría.
Cogidos del brazo, pasan los regocijados grupos, cantando villan-
cicos.

Esta noche es Nochebuena
y mañana es Navidad.
Esta noche es Nochebuena
y no es noche de dormir.

Algunos llevan guitarras, pero la mayoría saca en esta ocasión
la zambomba, un instrumento pastoril típico de Navidad. Éste es
una especie de tamboril con el parche atravesado por una caña que
se frota con la mano húmeda de saliva y produce un sonido ronco
y monótono.   5

La zambomba nos recuerda a los pastores cuyas figuritas de
pasta o de dulce todavía aparecen en los *nacimientos,* como sus
antepasados medievales aparecían en los dramas religiosos de Navidad. El *nacimiento* es el símbolo de la Navidad para los españoles.
Representa la escena bíblica de Belén, con figuritas infantiles de   10
vivos colores y un paisaje nocturno adornado de estrellas y ria-
chuelos de papel plateado. La ilusión de todo niño español es tener
su propio *belén* en casa y sacar las figuritas de la caja donde se
guardan todo el año. Pero los mayores *nacimientos* están en las
iglesias, donde chicos y grandes admiran los ingeniosos efectos de   15
la luz eléctrica, del agua que corre de verdad y del molino que
mueve las aspas.

Esta es una de las ocasiones en que las iglesias, brillantemente
iluminadas, están abiertas día y noche, atestadas de un gentío que
entra y sale sin cesar, no tanto a rezar en quietud como a con-   20
templar el espectáculo y a celebrar el nacimiento del Niño Dios
con la misma ingenua alegría que si se tratase de un nacimiento
en la familia. Y la última visita a la iglesia será a medianoche, para
oír la *misa del gallo* y poner digno fin a la excitación del día.

EL AGUINALDO. Los españoles no acostumbraban a mandarse   25
regalos o postales de felicitación por Navidad. A lo más, se enviaban
una tarjeta de visita con un *Felices Pascuas* escrito a mano, como
prueba de cortesía más que de afecto. Pero lo probable es que la
tarjeta de felicitación venga de algún comerciante que aproveche la
ocasión para recordar discretamente su nombre a los clientes. Hoy   30
día, sin embargo, la costumbre anglosajona de felicitarse con
crismas [58] se ha generalizado tanto que hasta se organizan ex-

[58] **crismas**   *Christmas cards*

posiciones de dibujos y pinturas para tales tarjetas, e incluso se venden fuera de España.

Lo más tradicional de estos días navideños,[59] sin embargo, es el aguinaldo. Todo el que nos ha prestado algún servicio, o dice habérnoslo prestado, aparece ahora gorra en mano esperando una gratificación con motivo [60] del divino natalicio. En casa es el lechero o el cartero; en el café, el camarero; en la oficina, el portero; en la calle, el sereno; en casa del amigo, la criada; y en todas partes, la interminable tropa de chiquillos.

LA LOTERÍA. En Navidad es necesario gastar. Por ello, nada más indicado que el gran sorteo de lotería que se celebra días antes. Es el mayor de los sorteos, con un premio *gordo* que ha ido subiendo en años recientes, como todo lo demás, hasta llegar a 75 millones de pesetas,[61] premio al que pocos españoles dejan de aspirar. El Estado organiza esta lotería, tres veces al mes, y obtiene importantes ingresos gracias a la pasión del juego y a la ignorancia popular de la ley de probabilidades. Bajo la dirección del Estado, nadie piensa que el jugar a la lotería sea un vicio como el jugar a la ruleta, que está prohibido oficialmente, quizá para evitar la competencia.

Claro que casi todos los españoles consideran [62] estúpido confiar en la lotería y aseguran que no volverán a jugar. Pero sólo hasta que llegue el sorteo extraordinario de Navidad y la ilusión de que les toque un milloncejo [63] les domine otra vez. El rico comprará un número entero por varios miles de pesetas y el pobre una humilde participación de veinticinco; pero todos juegan y esperan con ansia el resultado del sorteo. Este es un verdadero acontecimiento nacional. Los periódicos, la radio y la televisión apenas hablan de otra cosa. Se prodigan las listas de números premiados y los reportajes con fotos y detalles personales de los favorecidos por la fortuna.

Como es lógico, el sorteo tiene lugar en la Casa de la Moneda de Madrid. Desde la noche anterior, se forma aquí larga cola en

[59] **días navideños** *Christmas season*
[60] **con motivo** *on the occasion*
[61] Al cambio actual, $1.071.420
[62] **consideran** *consider it*
[63] **les toque un milloncejo** *a miserable million may come to them*

Madrid, puestos de Navidad en la Plaza Mayor
[COURTESY SPANISH NATIONAL TOURIST OFFICE]

espera de la hora de abrir las puertas al público, a fin de ver cómo los niños uniformados del hospicio sacan las bolas de los bombos giratorios y cantan los números de la suerte.[64] No todos los *colistas,* sin embargo, son espectadores entusiastas. Muchos de los que aguantan el frío de la noche en la cola, lo hacen con el propósito de vender su sitio a algún curioso más adinerado que desee ver el sorteo.

A medida que salen los números, la radio y la televisión los

[64] cantan . . . suerte   *sing out the lucky numbers*

Madrid, Cabalgata de Reyes

divulgan por todo el país. Esto ha disminuido la atracción dramática del sorteo mismo, pero todavía se forman grandes grupos ante
las redacciones de los periódicos y cafés céntricos para ver aparecer
los números agraciados en las pizarras. Y ¡qué expresivo el mur-
5 mullo de desilusión que acoge a cada número! ¡Adiós, ahorros...!
Pero no importa; la ilusión renacerá el año próximo. Y para
algunos, en cuanto llegue el primer sorteo ordinario del mes
siguiente. Ilusión que se reforzará notablemente si uno tiene la
suerte de poder pasar el billete por la espalda de un jorobado o de
10 encontrarse a más de tres curas juntos al salir de la administración
de loterías.

EL DÍA DE REYES. No podían faltar los regalos para los niños en esta época del año, pero llegan doce días después de Navidad, en la Epifanía o día de los Reyes Magos.[65] En recuerdo del oro, incienso y mirra que los tres Reyes de Oriente llevaron un día a Belén, la víspera del 6 de enero desfilan por las calles tres reyes de baraja, uno negro y dos blancos. Los niños acuden a verlos con mezcla de vago temor y de simpatía. Saben que aquella noche pasarán por sus casas dejándoles regalos en el balcón, y esto les llena de gratitud. Pero también saben que estos extraños personajes sólo dejan regalos a los niños que están dormidos y son buenos, lo cual les causa cierta inquietud por si [66] tales señores llegan a descubrir sus travesuras.

[65] **Reyes Magos** *Wise Men of the East*   **Epifanía** (*epiphany*) es la manifestación del nacimiento de Cristo a estos "reyes."
[66] **por si** *lest*

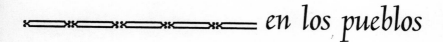 *en los pueblos*

6 ⊏━━✕━━✕━━✕━━✕━━▷ vista general

Para conocer España a fondo, hay que salir de las ciudades modernizadas y viajar por los pueblos viejos y olvidados. Pueblos muy diversos: unos anchurosos y blancos, esparcidos por la llanura; otros grises y apretados contra el borde de la montaña. Pero, en general, pueblos silenciosos y adormilados donde la vida parece haberse detenido hace muchos años. Diríase que no pertenecen a la misma época o al mismo país que la capital. Sin embargo, es en estos pueblos donde se desarrolla la mayor parte de la vida española. En ellos vive todavía más de la mitad de la población, aunque el éxodo del campo a la ciudad sigue en aumento y algunas aldeas se están quedando vacías.

Como es natural, la diversidad entre una región y otra es mayor aún en los pueblos que en las ciudades. No se puede hablar de un tipo único de pueblo español, pues hay tantos como regiones. Pero ciertos rasgos comunes nos servirán de introducción general a todos estos distintos pueblos.

Lo que más nos sorprende es el contraste brusco, impresionante, entre la ciudad moderna y el campo que la rodea. En cuanto el auto o el tren deja atrás las últimas casas de las afueras, uno se encuentra en pleno yermo.[1] Hasta los árboles desaparecen de la vista, y el viajero se siente solo en medio de la planicie terrosa y

[1] **en pleno yermo**   *right in the wilderness*

seca. Con razón se llama al campo *despoblado*.[2] Es un sitio donde
no vive apenas nadie. Los campesinos salen a trabajar en el campo
de día y luego regresan al pueblo por la noche. En lo alto de un
cerro se destacan las ruinas de un viejo castillo. Sólo de vez en
cuando se encuentra un cortijo en medio de los latifundios, pero
la mayoría de las casas de campo están en las cercanías de los
pueblos.

Madrid nos ofrece el mejor ejemplo de este contraste entre
ciudad y campo. Con sus soberbias avenidas, sus tiendas lujosas
y su estrépito cosmopolita, Madrid es una isla de modernidad en
medio de un páramo rural como el "castillo famoso" que se le
llamaba antiguamente, rodeado de un campo desnudo. Junto a
los suntuosos edificios, míseras casuchas de barro y hojalata. Y
sobre los cerros próximos se puede ver aún, como en tiempos de
Cervantes, la figura solitaria del pastor de ovejas,[3] envuelto en una
manta del color de la tierra.

En los pueblos la tradicional vida española apenas ha cambiado. Claro que en casi todos hay luz eléctrica, teléfono, radio y
aun televisión, pero la vida sigue siendo un tanto primitiva e in-
cómoda para la mayoría. Tener agua corriente en casa, por ejemplo,
es todavía un lujo en muchos pueblos, y a menudo se corta [4] cuando
hay sequía.

El pobre jornalero, con su numerosa familia, carece del más
mínimo confort doméstico. La casa es sólo un sitio donde se come
y se duerme. El trabajo suele ser por temporadas y nunca sobran
pesetas para las comodidades del hogar. Pero el campesino acepta
esta existencia dura con resignación fatalista, sólo de tarde en tarde
interrumpida por estallidos de violencia, o más comúnmente por
la emigración a la ciudad.

El colono vive casi igual que el jornalero, sin poder ahorrar
nada después de pagar la renta de su tierra o, cuando logra ganar
algo, más interesado en guardarlo que en adquirir comodidades.

---

[2] **despoblado** *depopulated area* El origen histórico de este nombre está en las
guerras y emigraciones del pasado, al quedar abandonados campos que antes
habían sido prósperos.
[3] **pastor de ovejas** *shepherd*
[4] **se corta** *it is cut off* Este viejo problema de la escasez de agua en muchas
partes del país se está resolviendo con la construcción de pantnos.

En cuanto al propietario, aunque ocupe la mejor casa del pueblo, fresca en el verano y caliente en invierno, no disfruta de la vida mucho más que sus trabajadores. Su existencia es sobria, reposada y monótona.

5 El ambiente ordinario es de monotonía, aburrimiento y falta de interés por las cosas de fuera.[5] Resulta [6] difícil comprar un libro. La gente no suele leer más que periódicos, con una o dos fechas de retraso. Esta monotonía cotidiana sólo se interrumpe al llegar una fiesta local. Fiesta colectiva en que todos, ricos y pobres, par-
10 ticipan con igual entusiasmo, olvidando de momento sus querellas y antagonismos para entregarse al jolgorio callejero.

En esta vieja España se conservan aún las tradiciones populares en forma de canciones, bailes, leyendas, supersticiones, cerámica, bordados, etc. Pero también observamos signos del tiempo que
15 avanza. Los bailes modernos que van desplazando por completo a los bailes típicos en las plazas de los pueblos. Los nuevos estilos de vestidos y peinados adoptados rápidamente por la gente joven, y que tanto contraste producen entre las madres, con sus faldas más largas y casi siempre de negro —por el luto que llega a hacerse
20 habitual—, y las hijas con sus vestidos de color a la última moda. Una de las principales influencias modernizadoras es la de los jóvenes que emigran a la ciudad o al extranjero y vuelven a pasar las vacaciones con la familia. Con ellos traen nuevas modas, ideas y costumbres de fuera, que si a veces critican cuando están lejos, al
25 regresar defienden con orgullo como muestras de un nivel de vida mejor.

De viaje

Con la llegada del verano, la vida social de la capital se adormece.[7] Todo el que puede huye del calor hacia el campo, la montaña o el mar. Y con los veraneantes emigran los cómicos, los
30 toreros, el Jefe del Estado y los políticos. Por eso en estos meses de estío no suele pasar nada de particular [8] en la capital. Es la ocasión,

[5] **por las cosas de fuera** *for the outside world*
[6] **Resulta** *It is*
[7] **se adormece** *comes to a standstill*
[8] **no suele ... particular** *nothing special is likely to happen*

pues, de [9] tomar el tren y unirse al éxodo veraniego para ir a conocer los pueblos españoles, donde también esperan con interés a los veraneantes que romperán la monotonía y animarán el comercio local.

Desde el centro de la península hasta cualquier punto del litoral o de las montañas del norte, el viaje es largo, muy largo, y conviene llegar temprano a la estación, antes de que apriete el calor.

La taquilla de los billetes estará aún cerrada, pero habrá ya cola esperando, entre cestas, bultos, mantas y maletas. Un guardia, con la carabina apoyada en la pared, mantiene el orden. Un mozalbete se levanta de un salto al vernos y, confidencialmente, nos dice:

—Tiene *usté* por lo menos media hora de espera, señorito. Yo haré cola por *usté* [10] si quiere.

—Y ¿cuánto me va a costar?

—La voluntad,[11] nada más. Lo que *usté* me dé, estará bien.

Ante esto no hay más remedio que dejarle en la cola e irnos a tomar un café en la cantina, y luego a dar una vuelta por los alrededores.

Al volver,[12] el muchacho está ya cerca de la taquilla y nos hace señas con el brazo, por si no le vemos. Con nuestro billete de segunda clase en el bolsillo, esperamos un rato a que llegue el tren. El andén se va llenando de viajeros que meten sus bultos por las ventanillas o charlan animadamente en corrillos con los que vienen a despedirles. Un empleado pasa golpeando con el martillo las ruedas del tren. Se oyen los silbidos estridentes de una locomotora que se acerca dando resoplidos entre los viajeros. Hay algunas locomotoras eléctricas o de motor Diesel que llevan trenes muy cómodos y limpios, pero quedan todavía muchas máquinas antiguas con chimenea y caldera de carbón.

Al fin entramos en nuestro departamento de clase popular. Está algo sucio de la carbonilla y los asientos son bastante duros. Rápidamente se llena de viajeros y de objetos inesperados. Sobre nuestra cabeza cuelga la jaula de un canario y una bota de vino;

---

[9] **Es la ocasión, pues, de** *This, then, is the time to*
[10] **Yo haré cola por usté** *I'll stand in line for you*
[11] **La voluntad** *Whatever you like*
[12] **volver** (*nosotros*)

entre nuestros pies se deslizan cajas, cestas de merienda y un par
de gallinas. El cuadro se completa con la llegada de una pareja de
guardias civiles, encargados de custodiar el tren. Se sientan frente
a frente, con el fusil entre las piernas y, sin decir palabra, empiezan
a fumar. El señor de mi izquierda se pone a leer un periódico
deportivo y nos ofrece amablemente una parte al vernos sin hacer
nada.

Al salir de la ciudad, pasamos frente a los barrios bajos con
su contraste de casas destartaladas y largas filas de pisos modernos.
Vemos alguna fábrica de cemento, toda empolvada, un almacén
de maderas, una tejera. Después, nada. La meseta central se des-
pliega a ambos lados ancha y vacía. Apenas se ve una casa, un
árbol o un riachuelo. Sólo la tierra parda, seca y pedregosa y, al
fondo, una vaga línea azulada de montes. Se suceden los barbechos
pardos, los trigales salpicados de amapolas, las largas hileras de
olivos y vides. De trecho en trecho, unos montones de piedras in-
dican las lindes de dos terrenos.

El tren es un *correo* y se va deteniendo en casi todas las estaciones. Pasan lentas las horas. El traqueteo es demasiado violento
para leer todo el tiempo. Pero entre los pasajeros existe pronto la
más completa cordialidad. Ya [13] sabemos quiénes son y adónde van
todos y cada uno.[14] Al llegar la hora de comer, cada cual saca su
merienda y ofrece a los demás antes de empezar. El señor de mi
izquierda, viajante de comercio, brinda una tajada de pollo en la
punta de su navaja, oferta que sería gran descortesía rehusar. Ni
tampoco podemos negarnos a probar el vino de esa botella que
viene pasando de boca en boca y que uno limpia con la manga
después de beber. El español es siempre atento y hospitalario, pero
nunca tanto como cuando viaja en tren.

Cuando nos disponemos a dormir la siesta, el tren se detiene
en una pequeña estación y un grupo de campesinos invade el vagón.
Van cargados de sacos, mantas, sartenes, hoces y todos los útiles
precisos para recorrer el país en los meses de la siega o la recolección.
Pronto suena la guitarra y una voz aguardentosa canta una copla
entre *oles* roncos y palmas alegres.

Imposible ya dormir a gusto en medio de esta masa alborotada.

[13] **Ya** *Soon*
[14] **todos y cada uno** *each and every one*

Lo mejor es irse a un departamento de primera clase, y pagar el suplemento cuando venga el revisor. Allí encontramos asientos más cómodos, menos gente y, sobre todo, un poco de silencio.

Pero nuestro sueño sufre una interrupción inesperada. Un señor nos despierta para pedirnos la documentación,[15] mientras nos enseña la placa de policía que lleva detrás de la solapa. Mas no hay que alarmarse. Es una mera medida de precaución y, si tenemos suerte, un sobre con nuestro nombre bastará para acreditar la identidad. Claro que, de no tener suerte,[16] pudiéramos acabar el viaje en la Comisaría si no llevamos los papeles en regla.

Al atardecer llegamos a la estación más próxima a nuestro pueblo. Afortunadamente, el autobús no sale hasta la mañana siguiente y podemos pasar la noche aquí. La estación, como el cementerio, suele estar alejada del pueblo y tomamos un taxi que nos lleva a la fonda con otros viajeros. Pasamos por una carretera estrecha y polvorienta, entre árboles raquíticos. En la fonda nos recibe amable la corpulenta dueña, sentada a la puerta en su mecedora de mimbre. Subimos y bajamos escalones, atravesamos oscuros pasillos y, al fin, llegamos a nuestro cuarto. Nos trae la criada un jarro de agua para refrescarnos —es raro que haya un baño por estos sitios— y después nos salimos a la puerta a esperar, de charla con otros huéspedes, la hora de la cena.

Por la mañana temprano nos vamos a la plaza del pueblo donde se para el autobús. Un grupo de aldeanos está esperándolo, rodeados de bultos y aves de corral. La carretera, que no empieza muy mal, se pone a veces infernal. El vehículo salta sin cesar sobre baches y piedras. Los muelles hace tiempo que debieron de perder su elasticidad y los cristales producen un ruido irritante. Los coches ligeros nos adelantan envolviéndonos en densas nubes de polvo.[17] Es posible recorrer muchos kilómetros sin ver casas. Sólo de vez en cuando aparece a un lado de la carretera la casilla de los peones camineros, obreros encargados de conservar estos caminos en el mejor estado posible.

La llegada del autobús al apartado pueblecito es siempre un

---

[15] **la documentación**   *our identification papers*
[16] **de no tener suerte**   *if we are not lucky*
[17] Aunque las carreteras principales son excelentes, las locales son a veces bastante malas por falta de fondos municipales o provinciales.

pequeño acontecimiento. Una bandada de muchachos nos rodea
con curiosidad. Preguntamos por la mejor fonda a un joven espectador de camisa blanca y alpargatas que parece veraneante.
«Yo le llevaré», nos dice complacido.

Por el camino nos cuenta quién es y se ofrece a enseñarnos
todas las atracciones locales. A la mañana siguiente volverá a bus-
carnos y saldremos juntos. No sabemos si tendrá mucho que hacer,
pero su tiempo está a nuestra disposición. Es un gesto amable
frecuente en España. «Por la noche» —dice como excusándose—
«no hay nada que valga la pena. Aparte del casino, claro, donde
hay timba permanente.»

Nos damos la mano y quedamos tan amigos como si nos cono-
ciéramos de toda la vida.[18]

---

[18] **como si . . . vida**   *as if we were lifelong acquaintances*

7 ═══✕═══✕═══✕═══✕ *la vida de pueblo*

Fijémonos primero en aquellas cosas que hay y se hacen en casi todos los pueblos, antes de describir las peculiaridades locales.

Estamos en la calle Real,[1] que a menudo es la misma carretera principal de la región. A los lados, casas antiguas de dos pisos y balcones, con paredes muy blanqueadas de cal y un zócalo [2] ocre o azul. Buscamos algún letrero indicador de tiendas o cafés que nos diga lo que podemos comprar o beber. No son fáciles de encontrar porque la publicidad parece interesar poco a los comerciantes de pueblo. Las tiendas están allí desde luego, pero apenas se distinguen de las demás casas. En realidad son casas ordinarias en cuya habitación delantera se ha instalado un estanco [3] o una mercería. Así lo indica la cortina de carrizos que en verano deja entrar el aire pero no el sol, y el letrero que han colocado sobre la puerta. Nos paramos ante uno algo torcido que dice VINOS Y COMIDAS. Es la taberna: un cuarto pequeño y oscuro, con mesas de pino y sillas de esparto,[4] al fondo del cual dormita el tabernero en mangas de

---

[1] **calle Real**   *Main Street*
[2] **zócalo** (*dado*) friso de un metro aproximadamente que decora la parte inferior de la pared, de color distinto a ésta.
[3] **estanco**   tienda pequeña autorizada para vender tabaco, cerillas y sellos, que son monopolio estatal. Además suelen vender efectos de escritorio (*stationery*), postales, etc.
[4] **sillas de esparto**   *wooden chairs with seat of woven esparto grass*

camisa. Le pedimos de comer⁵ y, tras un rato de conversación, la mujer nos trae una típica comida de pueblo, a base de mucho huevo, jamón y chorizo, bien regada⁶ de vino tinto local. Estas comidas de pueblo son aún más voluminosas que las de la ciudad. La falta de refinamiento se compensa aquí con dosis mayores de lo que haya. Después de tal experiencia gastronómica, lo más prudente es esperar a que pase el calor para seguir observando la vida del pueblo.

La plaza del mercado

Desde hora muy temprana se anima cada mañana la plaza del mercado, en el centro del pueblo. Puede ser una plaza sencilla e irregular o una plaza noble y armoniosa, rodeada de viejas arcadas y gastadas columnas, con escudos en las fachadas.

Los campesinos van acudiendo⁷ envueltos en mantas recias y las mujeres en sus negros mantones. Por el suelo se esparcen las patatas, los melones, las calabazas, entre grupos de botijos y gallinas. En los puestos hay frutas, sardinas, conejos. Aquí cuelgan las ristras de cebollas y ajos; allí los sombreros de paja y las botas altas de goma o las más humildes abarcas⁸ hechas con trozos de neumático usado; las tiras de encaje y las cintas de colores.

Es la hora en que casi todas las mujeres, y algunos hombres, hacen la compra⁹ en la plaza. Allí se aprovisionan de lo necesario para el día, o de lo que esté unos céntimos más barato que en la tienda. Las señoras acomodadas suelen mandar a la criada, pero son muchas las que acuden al mercado por no fiarse de las criadas o por la curiosidad de ver si hay alguna ganga. Al mercado van también los chicos a comprar buñuelos para el desayuno, haciendo cola mientras se fríen. Buñuelos que se llevan a casa y, calientes aún, se toman mojándolos en el chocolate o el café.

---

⁵ **de comer**   *for something to eat*
⁶ **bien regada**   *with plenty* (lit., *well washed down*)
⁷ **van acudiendo**   *steadily arrive*
⁸ **abarcas**   especie de sandalias para trabajar en el campo
⁹ **hacen la compra**   *buy their food*

Los artesanos

¡Qué agradable es recorrer las callejuelas del pueblo por la mañana temprano! La brisa fresca trae del campo olores de paja o tomillo, y pasa agitando las flores de los balcones. En el azul purísimo del cielo, la luna es una manchita transparente.

Al pasar frente a las puertas abiertas ya, vemos a los artesanos trabajando. En la fragua del herrero, dos hombres martillean a compás una barra de hierro candente, mientras el aprendiz tira del enorme fuelle.

El zapatero remendón ha sacado su banquillo al sol y se pasa el día golpeando las suelas. El guarnicionero ha desplegado sus correajes, colleras, monturas y cueros a la entrada de su tienda. Frente a la casa del herrador, los labriegos atan sus caballerías y les van poniendo herraduras nuevas.

Pronto llegamos a la salida del pueblo, donde encontramos a menudo las tejeras, explanadas de greda en que se secan al sol los ladrillos y tejas para el consumo local. De aquí sale también toda esa variedad de cántaros, jarros, botijos y demás cacharros que forman la cerámica española, una de las industrias populares más notables del país.

Estos artesanos de pueblo nos recuerdan un poco a sus antepasados de hace siglos. Como éstos, tienen el taller en su misma casa y emplean a miembros de la familia, o si acaso a uno o dos ayudantes. Su vida es simple y modesta, pero sus necesidades son pocas y viven satisfechos con su humilde independencia.

La fuente

La fuente es el centro de reunión y chismorreo de las mujeres del pueblo, especialmente de las jóvenes. Como no suele haber agua corriente en las casas y el agua del pozo no es casi nunca potable, las mujeres tienen que hacer frecuentes viajes a la fuente de la plaza. Allí acuden con los cántaros sobre la cabeza o en la cadera, andando con garbo reposado por el desigual empedrado.

Las mozas encuentran en la fuente una buena oportunidad para salir de casa, para ver y ser vistas, para enterarse de las

Priego (Cuenca), alfarería
[COURTESY SPANISH NATIONAL TOURIST OFFICE]

Campo de Criptana (Ciudad Real), encajeras

últimas noticias locales, para bromear con las vecinas y reír con una risa mal contenida que parece acompañada por el borboteo del agua al llenar los cántaros.

La fuente es también lugar de citas amorosas. Allí se encuentran al atardecer el mozo campesino, de vuelta del trabajo, y la moza que aún no ha sido autorizada a hablar con él por la ventana. La fuente es un sitio lo bastante público para no comprometer la reputación de la muchacha, pues ella no va allí, naturalmente, a hablar con él, sino a llenar el cántaro. Pero el agua rebosa durante largo rato sin que ella parezca notarlo. Esta tardanza en llenar el cántaro es lo que tanto desespera a la madre o a la señora de la casa, y lo que inevitablemente provoca una regañina cuando la pobre chica vuelve a casa.

La siesta

Después de comer, en el verano, el pueblo se queda sumido [10] en un silencio denso. Al salir a la calle nos recibe una bocanada de calor, como si se hubiera abierto la puerta de un horno. La luz nos deslumbra. El sol golpea las sienes. Las paredes queman. Uno busca ansiosamente la acera de la sombra. Apenas se ve un alma por las calles; sólo algún vendedor que pasa voceando tortas o helados. En medio de la plaza soñolienta resuena el chirrido metálico de la cigarra. Y una lagartija alarmada por nuestros pasos corre a esconderse en un agujero.

Lo mejor es, sin duda alguna, quedarse en casa, en un cuarto fresco y oscuro, con las persianas echadas y los postigos cerrados. El vaivén de una mecedora y el monótono tic-tac del reloj de pared pronto nos adormecen, mientras transcurren afuera las horas lentas de la canícula.

En pleno verano,[11] mucha gente pasa la siesta en la cama. Son dos o tres horas de sueño que se podrán descontar [12] por la noche, cuando resulta más grato estar de tertulia tomando el fresco [13] hasta la una o las dos.

El paseo

En el pueblo, como en la ciudad, el paseo es la forma más general y económica de entretenerse. Al caer la tarde, cuando

---

[10] **se queda sumido**   *is plunged*
[11] **pleno verano**   *the dog days (July and August)*
[12] **que se podrán descontar**   *that one can do without*
[13] **tomando el fresco**   *enjoying the cool air*

empieza a refrescar, grupos de muchachas cogidas del brazo se ponen a circular por medio de la calle principal, por el pequeño parque municipal o por la plaza céntrica.

A veces el paseo consiste en ir a la estación para ver llegar el tren y mirar con curiosidad a los viajeros que pasan por delante del pueblo camino de lejanas ciudades.

Los mozos, en grupos ruidosos, acuden puntualmente al paseo y lanzan a las muchachas miradas, bromas y piropos que ellas reciben con la más estudiada indiferencia. Más tarde van llegando las personas mayores. Los señores importantes, como el boticario, el médico, el cura, el secretario del ayuntamiento. A menudo se detienen y el que habla da golpecitos en el suelo con el bastón para recalcar mejor lo que dice.

Las mujeres maduras, casi siempre de negro, prefieren sentarse a la puerta de alguna vecina y desde allí contemplar el paseo haciendo calceta o puntilla, y lamentando alguna desgracia doméstica o lo mal que están los tiempos.[14]

Esta simple operación del paseo se repite después de cenar en verano. Horas y más horas de reposado pasear, siempre por el mismo sitio de costumbre, viendo las mismas caras y las mismas cosas, entre el polvo que levantan los pies a pesar de los esfuerzos de la cuba de riego municipal.

El casino de los señores

En todo pueblo, los señores tienen su casino. Es un café que sirve de club a la gente acomodada. En él no se admite más que a los socios y a sus invitados. A falta de lujos que distingan a pobres y ricos, como ocurre en la ciudad, las diferencias de clase se mantienen en los pueblos creando círculos exclusivos. Pero al casino va lo mismo el acaudalado terrateniente que el humilde dependiente de comercio. Sólo el jornalero, que no puede pagar la cuota ni gasta corbata, queda excluido del casino.

Allí se pasan las tardes y las noches, bebiendo café y licores, jugando al dominó, al billar o a la baraja. Las cartas son el vicio típico de estos casinos pueblerinos. En una sala oscura, con angelitos

---

[14] **lo mal que están los tiempos** *how hard times are*

pintados en el techo, se sientan alrededor del tapete verde,[15] entre
espesas nubes de humo. Las partidas duran hasta la madrugada, y
si es preciso se reanudan al día siguiente.

La emoción del azar es una de las pocas cosas que excitan aún
a estos señores de mirada aburrida y gesto apático. El azar del juego,
que despierta su codicia, y el azar del tiempo, del que depende su
cosecha.

He aquí cómo ha descrito el poeta Antonio Machado a uno
de estos típicos socios de casino pueblerino:

> Este hombre del casino provinciano,
> que vio a Carancha recibir un día,[16]
> tiene mustia la tez, el pelo cano,
> ojos velados de melancolía;
> bajo el bigote gris, labios de hastío,
> y una triste expresión que no es tristeza
> sino algo más y menos; el vacío
> del mundo [17] en la oquedad de su cabeza.
>
> .   .   .   .   .
>
> Bosteza de política banales
> dicterios al [18] gobierno reaccionario
> y augura que vendrán los liberales,
> cual torna la cigüeña al campanario.
> Un poco labrador,[19] del cielo aguarda
> y al cielo teme [20]; alguna vez suspira,
> pensando en su olivar, y al cielo mira
> con ojo inquieto, si la lluvia tarda.[21]
> Lo demás, taciturno, hipocondríaco,
> prisionero en la Arcadia [22] del presente,

[15] **tapete verde** *green tablecloth* (i.e., *card table*)
[16] **Carancha** (Cara-ancha, *Broad-face*) es el apodo de un famoso torero del siglo
pasado. **Recibir** es el acto de matar al toro cuando éste acomete al torero, la
forma más difícil y peligrosa.
[17] **el vacío del mundo** *the emptiness of life*
[18] **Bosteza . . . al** *As regards politics, he yawns derogatory platitudes against the*
[19] **Un poco labrador** *A bit of a farmer*
[20] **del cielo . . . teme** *he hopes the sky will send rain and fears its destructive
storms*
[21] **tarda** *is long in coming*
[22] **Arcadia** tierra de paz, inocencia y felicidad en la Grecia antigua, aquí
equivalente a bienaventuranza (*bliss*)

le aburre; sólo el humo del tabaco
simula algunas sombras en su frente.[23]

. . . . .

(*Del pasado efímero* [24])

El noviazgo

Aunque la antigua costumbre de *pelar la pava* [25] hace ya tiempo
que fue sustituida por formas más modernas y cómodas de cortejar,
todavía se encuentra uno a veces en los pueblos, sobre todo del Sur,
al hombre que habla de noche con su novia pegado a la reja de
una ventana; o bien a la puerta de la casa de ella. Lo cual no   5
obedece [26] a un capricho sentimental, sino a una severa tradición
y a las buenas formas de la sociedad provinciana.

El proceso amatorio en estos pueblos es un asunto muy serio,
muy lento y muy discreto. Suele empezar en el paseo, con una
mirada de galantería franca pero respetuosa. La gente del campo   10
es siempre sobria y decorosa de gesto.[27] La joven ha de mostrar en
este momento completo dominio de sí misma para aparecer in-
diferente, pero sin orgullo ni desprecio. Después viene lo de seguir [28]
al grupo de muchachas en que va la elegida, echarle unos piropos [29]
al pasar, y por fin ponerse a su lado acompañado de un amigo que   15
ocupe el flanco opuesto. Si la joven no le manda retirarse en el
acto y guarda silencio, es un signo favorable. Pero ella seguirá
manteniendo su fría reserva hasta que se convenza de las serias
intenciones del pretendiente. Entonces iniciará una breve conversación con él y se dejará acompañar a casa, siempre con alguna   20
amiga, por supuesto.

La fase siguiente es la de rondar la calle, paseando frente a la

---

[23] **sombras en su frente**   alusión a preocupaciones sobre la existencia humana
[24] **Del pasado efímero**   (*"From The Fleeting Past"*), en *Campos de Castilla*
(1912–1917)
[25] **pelar la pava**   *courting through a window grating* (lit., *plucking the hen*
turkey)
[26] **no obedece**   *is not prompted by*
[27] **de gesto**   *in their manner*
[28] **lo de seguir**   *the business of following*
[29] **echarle unos piropos**   *paying her compliments*

casa de ella, en prueba de rendimiento y constancia. Al fin llega el hablar por la reja cuando las relaciones están formalizadas con la aprobación paterna. Ahora son ya novios. Hasta aquí los padres no han intervenido en el asunto, aparentando una completa ignorancia de lo que todos saben. En general, la elección de pareja es enteramente libre, aunque se dan casos de oposición paterna a cierto novio o novia por razones personales que los hijos acatan o no, según el grado de devoción filial.

Durante el noviazgo, el hombre se somete paciente y humilde a las pruebas de amor que el capricho femenino quiera hacerle: horas enteras esperando en la esquina a que ella se digne asomarse al balcón. Él acepta estas pruebas y la fría reserva de ella como muestras de la seriedad de sus relaciones y del recato de su prometida, a cambio de todo lo cual sólo exige que ella le sea escrupulosamente fiel. Hasta que llega el matrimonio y entonces se invierten los papeles: el marido adquiere completa supremacía y a la mujer le toca [30] obedecer. Por lo menos en teoría.

Una boda de pueblo

En los pueblos, una boda es siempre un suceso importante. Después del largo noviazgo, todo el mundo está tan interesado en su resultado como si fuera cosa propia.[31] Los novios son conocidos de todos y hay quien se acuerda hasta de su nacimiento. La boda se ha fijado para un domingo desde hace tiempo. Llegada la fecha, empieza el trajín en las respectivas casas de los novios a hora muy temprana. Los parientes y amigos van llenando el zaguán, la sala y el patio donde se halla el pozo.

En casa del novio, el padre de éste se mueve sonriente entre los corrillos de invitados. Todos le felicitan y él se asegura de que todos tomen la copita de aguardiente «para matar el gusanillo»[32]

[30] **a la mujer le toca** *it is the woman's turn*
[31] **como . . . propia** *as if it were their own affair*
[32] **"para matar el gusanillo"** *"to kill the little worm"* (i.e., *to stop the feeling of hunger*)

o el vaso de Málaga [33] «para combatir la anemia». El padre domina la escena y disfruta como un empresario en día de estreno. Los gastos corren de su cuenta,[34] y todo su afán es quedar bien ante los vecinos. Mostrar a todos que si la novia no viene con las manos vacías, el novio también tiene dónde caerse muerto.[35]

El novio aparece entre un grupo de amigos que le animan con bromas alusivas a la ceremonia del día y que beben un poco más de la cuenta.[36] Va metido en [37] un traje de corte moderno, que le acaban de hacer en la ciudad, y en unos zapatos relucientes de charol que crujen y le torturan al andar. Antes de salir, la madre le examina por última vez, le echa más colonia en el florido pañuelo de seda y le arregla el clavel de la solapa.

Al fin la comitiva se dirige a casa de la novia, donde ésta aguarda nerviosa, rodeada de vecinas preocupadas de que no [38] le falte un detalle al atavío nupcial. Es un vestido negro [39] y sencillo, con mantilla de encaje y un ramo de azahar al pecho. Lista la novia para salir, se pone de prisa los guantes blancos y toma su devocionario y abanico, ambos de nácar. El padre le da el brazo y juntos encabezan la marcha a la iglesia, seguidos del novio, que da el brazo a su madre, de los padrinos [40] y demás invitados. En la iglesia oyen misa nupcial, durante la cual se celebra el sacramento matrimonial con toda solemnidad. Para el español ésta es una de las tres ocasiones en que se necesita la iglesia (las otras dos son el bautizo y el entierro). El sacerdote echa la bendición a los cónyuges y, con los padrinos y testigos, entra en la sacristía a firmar los papeles. Las respectivas madres se abrazan llorando, y la misma emoción se transmite a las demás mujeres presentes. Poco después la comitiva desfila de nuevo [41] hacia la casa del novio.

[33] **Málaga**   famoso vino dulce de esta provincia
[34] **corren de su cuenta**   *are his responsibility*
[35] **dónde caerse muerto**   *somewhere to fall down dead* (i.e., *some property of his own*)
[36] **un poco más de la cuenta**   *a little more than they should*
[37] **Va metido en**   *He is dressed in*
[38] **preocupadas de que no**   *concerned lest*
[39] El **vestido negro** es el tradicional en los pueblos, aunque ya se va generalizando el blanco, incluso con cola de armiño, en emulación de las "bodas de sociedad".
[40] **padrinos**   *best man and bridesmaid*
[41] **desfila de nuevo**   *proceeds again*

Por la calle los muchachos corren gritando «¡la boda! ¡la boda!», y se tiran por el suelo a recoger las peladillas que el padrino va arrojando. Detrás, las campanas repican más alegres que nunca en la espléndida mañana de sol.

El resto del día y de la noche es un continuo comer dulces y tortas de todas clases, acompañado de vinos de la tierra, jarros de limonada, sangría,[42] etc. En el patio y en la sala se baila al son de un tocadiscos. La puerta de la calle permanece abierta, como invitando a entrar a todo el que quiera compartir la alegría. Ya pasada la medianoche se inicia la retirada de invitados entre los últimos ecos de una guitarra cansada.[43] El día de boda ha tenido toda la animación y el sabor de un día de fiesta en pequeño. Y aunque sólo haya tomado parte en ella una veintena de personas, el pueblo entero parece haberla presenciado y disfrutado desde fuera. Durante varios días no se hablará de otra cosa en la fuente de la plaza.

Un domingo

La primera actividad pública del domingo es ir a misa. Desde muy temprano, la campana de la iglesia ha estado tocando con regularidad y los vecinos han ido contando las horas: «misa de ocho», «misa de nueve»... La última misa matinal suele ser a las once, y a ella acuden las jóvenes con sus velos negros de encaje y los mozos con sus trajes domingueros. La salida de la iglesia ofrece otra oportunidad para la exhibición del elemento femenino, que desfila entre las miradas galantes, pero respetuosas, de los hombres, colocados a ambos lados de la puerta. Desde aquí se van todos despacio a pasear un rato por la plaza o la calle central, mientras la madre prepara la comida.

Por la tarde los muchachos juegan al fútbol en las afueras del pueblo. Tal vez juegan contra un equipo forastero y el partido puede acabar en tumulto, provocado por la eterna rivalidad entre pueblos vecinos. El público se lanza al campo para protestar de

---

[42] **sangría** (*punch*)   bebida hecha con vino tinto (*red*) y gaseosa (*soda*), a la que se añaden trozos de limón y de alguna otra fruta.

[43] **guitarra cansada**   metonimia: el epíteto es atribuido al objeto en vez de a la persona (el guitarrista).

Archidona (Málaga), calle típica

una jugada sucia o defender a un jugador lesionado. Se cruzan los insultos, los palos y las botellas, hasta que por fin se ve salir al pobre árbitro protegido por la pareja de la Guardia Civil.

Pero si no hay partido de fútbol que excite los ánimos, la tarde puede transcurrir apaciblemente en algún prado o fuente de las inmediaciones, adonde las familias se van con sus meriendas a gozar del buen tiempo y del buen vino. Y por la noche, otra vez al paseo, amenizado este día por la banda municipal.

Más de un hombre, sin embargo, habrá pasado el domingo cazando o pescando. Escopeta al hombro, sale con su perro por la mañana temprano a recorrer los campos en busca de perdices y conejos. Igual que la caza, la pesca es ocupación estrictamente masculina. Los ríos suelen llevar buena pesca, especialmente truchas y salmón, pues sus aguas están libres de residuos industriales, aunque no de la dinamita de algunos pescadores ansiosos.

Las fiestas

Cada pueblo celebra sus fiestas propias una vez al año, entre abril y septiembre. Son fiestas dedicadas al santo o santa local, en que se mezcla la devoción religiosa con la diversión popular.

En la calle o plaza central aparece la mañana de la fiesta una larga fila de puestecillos con almendras, avellanas, torrados, caramelos y esas confituras de nombres tan poéticos como *suspiros de monja* y *cabello de ángel*. Con éstos se alternan los puestos de bebidas y los juegos de «pulso y habilidad».[44]

El pregonero ha hecho el anuncio oficial, seguido de un animado desfile de gigantes y cabezudos, banda municipal, jerarquías locales y multitud de chiquillos. Los disparos de los cohetes y el repique de campanas añaden excitación al ambiente. Entre el griterío de los vendedores, la gente se pasea despacio, curiosa y alegre. Los hombres han sacado sus trajes y zapatos nuevos, sus camisas más blancas; todos se han afeitado aquella mañana y la huella azul de la barba resalta sobre la piel tostada. Las mozas llevan sus pañuelos y faldas más vistosos. Ropas limpias y bien cuidadas que huelen a espliego. La gente menuda corretea por entre las piernas de los mayores, estropeándose los trajes nuevos que les acaban de poner.

Aquí un grupo contempla absorto a los titiriteros que dan saltos mortales,[45] forman torres humanas y levantan pesas formi-

---

[44] **juegos de "pulso y habilidad"** *"try your skill" games*
[45] **dan saltos mortales** *turn somersaults*

dables. O bien a los *húngaros* del oso y el pandero, con el mono vestido de amarillo que monta en una cabra triste y hace reír a los aldeanos con sus muecas y saltos nerviosos. Toda la escena es un fuerte contraste de colores que se agitan sin cesar entre el blanco resplandor de las paredes. El pueblo entero parece transformado. En vez de su quietud habitual, reina en él la animación y el bullicio. La banda local toca un pasodoble [46] torero en medio de la plaza y la juventud baila, mientras los hombres maduros beben y sus mujeres forman tertulias a la puerta de las casas, comiendo rosquillas y abanicándose con calma.

LA CAPEA. Por la tarde se celebra la capea, que es el equivalente rural de la corrida de toros. Si el pueblo no tiene plaza de toros, se improvisa una en medio del pueblo, cerrando las bocacalles con carros. O si el presupuesto municipal lo permite, alquilando una portátil. Estas son las oportunidades que buscan los principiantes para torear en público y darse a conocer. Y nunca falta algún aficionado local que aprovecha la ocasión de lucir sus habilidades taurinas.

Lo peor es la intervención de los mozos del pueblo, acosando al novillo con palos y pinchos, y quedando a veces alguno enganchado en los cuernos del animal. El espectáculo se suele convertir en una burda caricatura de la verdadera corrida, sin arte ni mérito. La escena cómica de una mera voltereta en el aire que provoca las risotadas del público es a menudo seguida de una escena trágica: la cogida funesta de un torerillo o de un mozo del pueblo que poco antes bailaba, reía y bebía con sus amigos. Rara vez deja de haber desgracias [47] en estas capeas rurales, que en vano han tratado de suprimir algunos gobiernos.

LA PROCESIÓN. El momento culminate de la fiesta es la procesión del santo local. Las puertas de la iglesia se abren de par en par y una masa de gente se agolpa a la entrada y a los lados de la calle, en los balcones de las casas próximas, en los árboles y faroles de la calle. Las campanas tocan alegres anunciando la salida de la

[46] **pasodoble**   *two-step (march or dance in double time)*
[47] **Rara . . . desgracias**   *It is seldom that there are not mishaps*

procesión. Un empleado municipal dispara sin cesar cohetes que suben silbando sobre las cabezas de la multitud y explotan en medio de murmullos admirativos.

Por fin aparece la imagen en el pórtico de la iglesia a hombros de los vecinos, con su mejor manto y sus joyas más finas. A cada lado avanza despacio una larga fila de niños, mujeres y hombres, con velas encendidas y medallas del santo colgando del cuello. Detrás de la imagen va el clero en sus ropajes de ceremonia, las autoridades municipales y la Guardia Civil.

La procesión recorre las calles principales del pueblo, o sale de él hasta la ermita vecina donde a veces tiene la imagen residencia habitual. El pueblo siente una emoción singular al contemplar este paseo que un representante de la divinidad sale a dar entre sus fieles.[48] Es un sentimiento de gratitud personal y de humildad ante [49] esta prueba de amor que la gloriosa imagen les devuelve en este día. La imagen se humaniza y parece ir derramando [50] piedad, bondad y amor divinos sobre los fieles. Mientras que, desde el cielo, la Virgen o el Santo correspondientes presencian el espectáculo y lo aprueban con una sonrisa inefable. Al mismo tiempo, el campesino confía vagamente que la divinidad agradecida[51] le procurará buena cosecha o protegerá su pedazo de tierra en el pleito pendiente con el prestamista.

Hay numerosas paradas en el camino. Los señores principales insisten en dar un vaso de vino a los que transportan la imagen cuando pasa ésta por sus casas. Hasta que llega el triunfo final: la imagen entra de nuevo en la iglesia o ermita y vuelve a su altar, a su casa.

Es de noche y el pórtico está iluminado con bombillas de colores. La imagen entra rodeada de faroles que hacen resplandecer más sus brocados de oro y plata. En los puestos de la plaza, los vendedores encienden luces de acetileno que despiden fuerte olor y no poco humo. Al fondo, sobre altos postes, giran estrepitosamente las ruedas multicolores de los fuegos artificiales. En la calle cuelgan

[48] **sus fieles**   i.e., *the town people*
[49] **ante**   *inspired by*
[50] **parece ir derramando**   *seems to bestow*
[51] **agradecida**   *grateful (for their homage)*

arcadas de farolillos. Y la fiesta sigue con bailes, música, paseo y bullicio hasta bien pasada la medianoche, todos tan alegres como si les hubiera tocado [52] la lotería.

[52] **les hubiera tocado** *they had won*

8 ▭▭▭▭▭▭ *los pueblos del norte*

El norte de España, separado del resto de la península por larga y alta cordillera, se parece más a Gales o Escocia que a las otras regiones hispanas. Su población está diseminada en aldeas y caseríos [1] por los verdosos valles y a lo largo de la accidentada costa.
5 Los pueblos son pequeños grupos grises de piedra y pizarra, formados por casas apiñadas y angostas calles empinadas. Nada más fácil que resbalar sobre su informe empedrado, por medio del cual corre a veces un reguero de agua más o menos limpia.

Son pueblos construidos sin la menor simetría, como labrados
10 a golpes,[2] y sostenidos a veces en la ladera de una montaña por un milagro de la ley de la gravedad. Muchos de ellos siguen aún bajo la sombra ruinosa de un castillo roquero, o rodeados de antiguas murallas que los vecinos aprovechan para sostener sus viviendas. Afortunadamente la protección oficial ya no permite a la población
15 desmantelar los monumentos históricos para utilizar sus materiales.

Pero lo característico del norte son los caseríos: casas de campo esparcidas por los prados en las que vive la familia campesina junto a su parcela de tierra. En algunas se ve sobre la ancha portada el escudo de armas,[3] y en casi todas aparece la cruz presidiendo la

---

[1] **casertos** *farmhouses* Término usado en el País Vasco: su sentido usual en otras partes es un grupo de casas de campo o aldea pequeña (*hamlet*)
[2] **como labrados a golpes** *as if knocked into shape*
[3] Durante siglos fue notoria la alta proporción de títulos nobiliarios proce-

entrada. A los lados cuelgan de las ventanas pimientos rojos y cebollas puestos a secar. Al entrar nos hallamos en la espaciosa cocina, donde la familia vive, come y a veces duerme. Relucientes cacharros de cobre decoran las paredes y la repisa de la chimenea. Sobre el hogar, en el que arden unos troncos de pino, está suspendido el caldero del agua. Y a un lado, encima del rescoldo, las trébedes con el puchero de barro para el pote, la fabada o el cocido.[4] En el piso de arriba están las alcobas y la cámara donde se guardan la fruta, el grano y los jamones. Abajo está a veces el establo con la vaca, el cerdo y las gallinas, que esparce su olor por toda la casa pero también le da calor en invierno.

Por la ventana, protegida con un postigo de madera y una reja, se divisa un cielo plateado, de nubes bajas que tocan la cumbre de los montes. Sobre la tierra cubierta de hierba y follaje desciende lentamente la lluvia. Esa lluvia fina y semipermanente que «no moja, pero cala los huesos», y que hace de los zuecos y el paraguas dos símbolos del campesino norteño.

Los aldeanos

A la entrada del pueblo, sentados sobre el pretil del puentecillo de piedra, unos aldeanos pasan la tarde del domingo. En la cabeza llevan la boina vasca o el ancho sombrero gallego de alas caídas. Los rostros cetrinos, de fuerte mandíbula, parecen tallados en madera. Con sus ojuelos medio entornados contemplan el ganado que pasta en una loma cercana. Son hombres serios, sobrios de gesto y de palabra. Recelosos y desconfiados por instinto ante el extraño, cuesta trabajo entablar conversación con ellos; pero una vez ganada su confianza, no hay más leales amigos. Si carecen de la abierta espontaneidad y labia de sus compatriotas meridionales, tienen en cambio perseverancia silenciosa y adaptabilidad a las circunstancias. Sus proverbios, como el vasco «hombre pequeño, mucho ruido», reflejan el carácter reservado, paciente y astuto del campesino.

Pero este aldeano es, ante todo, un incansable trabajador.

---

dentes del Norte, de donde salieron muchos de los soldados que hicieron la reconquista de España contra los árabes en la Edad Media.

[4] **pote . . . cocido**   Véase su descripción en la pág. 36.

Pegado al terruño, lucha sin cesar por sostener a la familia y hacer algún ahorrillo con que comprar un día la tierra que cultiva. Y cuando sus esfuerzos no producen bastante para pagar al propietario o al prestamista, el campesino emigra a Sudamérica para probar fortuna, o recorre el interior del país durante la recolección para ganar unas pesetas más, o se marcha a la capital para dedicarse a algún humilde trabajo, como sereno o mozo de cuerda.

Cuando al cabo de los años el emigrante ha conseguido acumular un pequeño capital, suele volver a su patria chica [5] y dedicar el dinero a mejorar la vida de su pueblo con alguna escuela, biblioteca o establecimiento benéfico como los que él ha visto en otras tierras.

Mas tampoco falta la anécdota que ilustre la obstinación del aldeano frente a innovaciones contrarias a sus viejas costumbres. Cuando llevaron las primeras carretillas al país vasco para sustituir a las espuertas usadas hasta entonces, se produjo entre los aldeanos una protesta general contra el extraño artefacto traído de fuera. Hasta que viéndose obligados a usar las carretillas, pero reacios a abandonar su modo tradicional de trabajar, decidieron transportarlas en la cabeza. Por otro lado, los vascos han creado la principal industria metalúrgica del país y una de las regiones más avanzadas económicamente.

Se ha dicho de los gallegos que si el sol se apagara, ellos tendrían la divina paciencia de construir otro nuevo. Y el dicho puede extenderse a los demás pueblos del norte, cuyos proverbios revelan a los hombres activos y tenaces, como el que dice «Mañana es la palabra del perezoso» o «Juventud perezosa, vejez menesterosa».

La vida rural tiene aquí un tono patriarcal, o mejor dicho matriarcal, pues con frecuencia la mujer desempeña un papel dominante en la familia. Hay un arraigado sentimiento familiar, basado en el respeto a la madre. A menudo los hijos casados continúan viviendo con los padres, y la suegra sigue ejerciendo la autoridad materna.

La mujer suele vestir de negro, con pañuelo a la cabeza y zuecos. Su figura encorvada entre los maizales es una nota familiar

---

[5] **patria chica** *home* Se aplica al lugar o región donde se ha nacido, por contraste con la "patria", España.

del paisaje norteño. Con la cara curtida y arrugada, estas aldeanas pierden pronto la frescura juvenil, pero conservan su inagotable energía hasta caerse de viejas.[6]

El trabajo absorbe la vida de la mujer. Ella limpia la casa todos los días y prepara la comida; sale al campo a cavar, a sembrar, a coger la fruta o a cortar leña; va al mercado con una gran cesta de hortalizas o pescado en la cabeza; y acaba el día cosiendo la ropa, hilando lino, amasando el pan de maíz o haciendo sidra. Ella suele administrar los fondos domésticos, dando al marido un poco de dinero cada semana para la taberna.

El trabajo

Por el camino retorcido de la montaña, el campesino marcha con su capa, zuecos y paraguas, delante de la carreta de bueyes. El chirrido de las ruedas, sólidos bloques de madera, resuena por todo el valle. Las ruedas no se engrasan nunca, y su sonido familiar sirve de aviso en estos difíciles caminos.

La tierra está dividida en parcelas, suficientes para sostener a una familia. Unas veces la propiedad corresponde al que cultiva la tierra, y forma el *lar* familiar, que hereda el primogénito. Otras veces el labrador es un rentero que paga al dueño una parte de la cosecha. Pero la ambición de todo campesino es llegar a poseer su parcela propia y trabajarla con su familia. Esta ambición produce a veces tal fragmentación de la propiedad que apenas da bastante para vivir. El ejemplo clásico de esto es el de Galicia, donde había hace años un terreno de 32 metros cuadrados que tenía tres dueños: uno de la tierra, otro del castaño y otro de media docena de huevos pagaderos cada año alternativamente [7] por los dos primeros. Hoy día se están tratando de corregir los efectos antieconómicos del minifundio o pequeña propiedad por medio de la concentración parcelaria, redistribuyendo las parcelas de forma que se pueda introducir el tractor y sacar el máximo rendimiento al agro.

En este sistema de pequeña propiedad, el propietario que

---

[6] **hasta caerse de viejas** *until they drop with old age*
[7] **alternativamente** *alternately*

Cangas de Onis (Oviedo), hórreo
[COURTESY SPANISH NATIONAL TOURIST OFFICE]

trabaja su tierra o recibe una renta modesta vive lo mismo que el
rentero. Las diferencias de clase se notan poco[8] en el campo,
especialmente entre los vascos, cuyo espíritu igualitario y orgullo de
raza les llevó siglos atrás a reclamar el título colectivo de hidalgos.

5   El terreno, poco fértil en estos sitios agrestes, es aprovechado
con el máximo esfuerzo. Se ven pequeños sembrados en lugares
inverosímiles, formando breves terrazas en las laderas, protegidas
con muros de piedra. Allí acude el labrador con su arado de hierro,
especial para este suelo difícil, a cultivar el maíz y el centeno con
10   que hace su propio pan, cocido en hojas de col, o las patatas que
sustituyeron a las castañas en el siglo XIX.

    Por todas partes abundan los árboles frutales, incluso el naranjo

---

8 **se notan poco** *are not very noticeable*

en las tierras más bajas de Galicia. Y cerca de las aldeas gallegas se alzan los *hórreos,* pequeñas casetas de madera sostenidas por pilares de piedra para guardar el grano y las frutas.

La pesca es la otra ocupación tradicional de la gente del norte. Hace siglos los vascos ya salían a pescar bacalao nada menos que [9] a Terranova, en viajes que duraban varios meses. Durante ellos no quedaban en las aldeas más que las mujeres, los niños y los viejos.

Como la agricultura, la pesca es una tarea mixta: el hombre sale al mar y la mujer vende el pescado en el mercado. Este es un reducto exclusivo de la mujer. Descalzas entre sus banastas de sardinas y merluzas, con las manos en jarras [10] y el pañuelo caído sobre los hombros, las pescaderas vocean su mercancía, riñen a gritos unas con otras

El otro trabajador típico de esta región es el minero, pues en esas montañas del norte se extraen dos de los principales minerales [11] del país: el carbón en Asturias, y el hierro en Vizcaya. Este mineral de hierro se exporta y además alimenta una importante industria metalúrgica que produce locomotoras, barcos, armamento y maquinaria. Aunque estos mineros están algo mejor pagados que otros trabajadores, su vida es dura, necesitando a menudo cultivar pequeñas parcelas para ayudarse un poco. La mecanización de las minas es escasa y las condiciones de trabajo primitivas.

Terminada la tarea diaria, los que viven en la aldea se reúnen en la sidrería o en la taberna. Allí juegan a la baraja, al dominó y, si hace buen tiempo, a los bolos en el patio o en la calle. Con el ardor del alcohol, surgen las viejas canciones populares a toda voz. Canciones melancólicas, de prolongadas cadencias que recuerdan los ecos de la montaña.

El habla local

Los idiomas tradicionales del norte han sido ya en gran parte sustituidos por el castellano, la lengua oficial. El gallego, que en

---

9 **nada menos que**   *as far as*
10 **las manos en jarras**   *arms akimbo (with hands and elbows turned outwards).*
11 España ha sido tradicionalmente rica en minerales. Unas cincuenta clases diferentes se explotan actualmente, entre ellas el uranio.

Campo de Criptana (Ciudad Real), molinos de viento

otro tiempo fue la lengua poética dominante, incluso en Castilla, hoy está muy corrompido por el castellano y sólo conserva la primacía en el campo. La tendencia es a abandonarlo como un obstáculo para comunicarse con el exterior y para progresar, aunque siempre guardando su recuerdo nostálgico en el hogar y en la poesía. Los esfuerzos literarios por revivir el gallego y depurarlo no han tenido hasta ahora mucho éxito.

 Donde más se nota la influencia del gallego es en la forma de hablar el castellano. Muchos sonidos de éste se alteran: la J se hace G y viceversa, produciéndose efectos cómicos, como la confusión de *higo* e *hijo* o de *paga* y *paja*. Pero lo más destacado del castellano hablado por gallegos está en la entonación melodiosa, que da a las palabras un tono acariciador, y en los diminutivos dulces, cariñosos, como *santiño, vidiña, Maruxiña,* derivados de santo, vida y Maruja (María) respectivamente.

Los vascos, en cambio, conservan su arcaica lengua con el mismo celo que las demás tradiciones, pero aquí también el castellano lo ha ido desplazando,[12] de suerte que hoy lo habla menos de la mitad de la población. En ciudades como Bilbao y Vitoria apenas se oye el vascuence o vasco.[13] Sólo en las aldeas se usa aún corrientemente,[14] y se dan casos de jefes vizcaitarras que tienen que aprenderlo para su propaganda politica.

El origen de esta lengua antiquísima, sin familia conocida, sigue siendo un enigma, como lo es el origen del pueblo vasco mismo. Una teoría encuentra en lenguas caucásicas analogías con el vasco. Otra halla semejanzas con palabras egipcias relativas al drama y al baile. Otra ve en el vasco una lengua de la Edad de Piedra,[15] milagrosamente conservada en las cavernas de este rincón montañoso.

El castellano y el latín han influido mucho en el vascuence moderno, especialmente con palabras genéricas o abstractas, que no existen en esta lengua arcaica. Así aparecen *arbola* (árbol), *ezpatadantza* (danza de las espadas), *karitatea* (caridad), *prudentzia* (prudencia). Pero a su vez el vasco deforma la pronunciación y sintaxis del castellano, en forma a veces violenta. Tanto que su torpeza en el manejo del español, alterando el orden normal de las palabras, ha sido objeto tradicional de burla entre los demás españoles.[16]

[12] **lo ha ido desplazando**   *has been replacing it*
[13] **vascuence** es la forma más correcta, pero **vasco** la más usual (la forma **vasca** es *euskera*)
[14] **se usa aún corrientemente**   *is still in general use*
[15] El vasco usa la palabra *aitz* (piedra) para designar utensilios de metal, como cuchillo y hacha.
[16] Como de costumbre, el humor de Cervantes dejó un ejemplo clásico de tal anomalía en el episodio del vizcaíno que combate con Don Quijote (*Quijote*, I, capítulo IX).

Santos y apariciones

En ninguna otra parte [17] conserva la religión católica tanta
popularidad como entre los campesinos del norte. Sólo aquí se ven
todavía aldeanos que recorren varios kilómetros para oír misa los
domingos. El pueblo considera aún a la Iglesia como cosa propia,
y ello no porque esté dominado por el clero (en Galicia abundan
las sátiras anticlericales, y los vascos son buenos católicos pero nada
clericales) sino porque aquí el clero se identifica más con los
humildes, se preocupa de sus necesidades y participa en sus juegos.
El cura vasco, por ejemplo, suele ser un adicto de la pelota, método
infalible de ganarse la simpatía de sus feligreses.

No es, pues, extraño que los escasos milagros modernos suelan
ocurrir en estos pueblecitos del norte. Uno de los más recientes y sen-
sacionales, hacia 1932, fue en Ezquioga, donde la Virgen se apareció
a unos jóvenes aldeanos en la cima de un monte. Espada flamígera
en mano, la aparición se interpretó como una llamada de alarma
en defensa de la religión, que muchos creían amenazada por el
nuevo régimen republicano y anticlerical.[18] Miles de fieles acudieron
al lugar del milagro, a pie, en camiones y en lujosos automóviles.
Cada noche se repetía el mismo espectáculo: personas descalzas
subiendo penosamente al monte, de rodillas o en brazos de otros,
hasta llegar a la cumbre, donde cuatro arbolillos marcaban el sitio
milagroso. Al llegar arriba, unos caían en tierra exhaustos, otros
se quedaban largo rato rezando con los brazos extendidos en cruz.[19]
En la penumbra crepuscular se empezaba a oír un creciente murmullo que subía como una oleada desde el pie del monte. Eran los
fieles que rezaban a coro. De pronto, un grito histérico paralizaba
a la muchedumbre. Allá arriba, un mozo de cuerpo fornido había
caído en otro éxtasis y era bajado por sus amigos entre la masa de
curiosos ávidos de contemplar al vidente. En una de las primeras
casas del pueblo le atiende el médico. Varias damas importantes,
con grandes crucifijos al pecho, esperan impacientes que vuelva en

---

[17] **En . . . parte** *Nowhere else*
[18] La Segunda República (1931), contra la que se sublevó el general Franco con
el apoyo casi unánime de la Iglesia.
[19] **en cruz** *in the form of a cross*

Pamplona, Fiestas de San Fermín
[COURTESY SPANISH NATIONAL TOURIST OFFICE]

sí [20] y relate sus últimas experiencias para divulgarlas en seguida entre el público del monte. Sólo el vicario episcopal mantiene una prudente reserva. La Iglesia acepta esta explosión de fe colectiva, pero no se compromete fácilmente sobre la existencia del milagro.

Las procesiones típicas del norte se celebran en pleno campo. 5 Como en las peregrinaciones medievales a Santiago de Compostela, uno se encuentra con largas filas de gente camino de algún santuario. Unas procesiones tienen carácter austero y devoto, como la que va todos los años al Monasterio de Loyola, en Guipúzcoa, para visitar la casa de San Ignacio y reverenciar el dedo del santo que 10

20 Aquí y en los verbos siguientes se usa el presente histórico para destacar la nueva fase del relato, como si la presenciásemos en vez de oírla contar.

allí sirve de sagrada reliquia. Otras procesiones combinan la devoción con el regocijo de una fiesta local, como en la del Corpus,[21] precedida todo el camino por los mozos que bailan la *ezpatadantza* al son de la dulzaina y el tamboril.

En no pocas prácticas religiosas se adivinan residuos de viejos cultos paganos. El culto a los antepasados retiene aquí su influencia primitiva en la idea católica ·de las ánimas del purgatorio, para las que se dan limosnas y se rezan oraciones. Lo mismo revela la creencia en la transmigración del alma, que hace a los peregrinos marchar con cuidado de no pisar hormigas en el camino, por si acaso son almas que no hicieron la peregrinación en vida.

De origen pagano también es la costumbre del *alcalde del mar,* que se celebra durante el verano en un pueblo pesquero de Guipúzcoa. Es una especie de ceremonia nupcial para propiciar al mar, en que el alcalde sale rodeado de barcas engalanadas y arroja un anillo al agua.

El temor a la venganza de los difuntos sostiene aún vivas algunas supersticiones que la Iglesia no ha logrado desterrar. Tales son la *hueste* de Asturias y la *compaña* de Galicia: una procesión nocturna de almas en pena, con sendas capuchas y velas encendidas, que llevan en hombros un féretro. La procesión aparece a medianoche y es funesto presagio para el que se la encuentra. Si una de las velas se apaga frente a una casa o campo determinado, es señal de que alguien va a morir en aquel sitio.[22]

Impotente para abolir tan arraigada creencia, el clero ha creado remedios contra la *hueste:* el uso de relicarios y escapularios benditos, y las limosnas para las ánimas del purgatorio.

También relacionada con el culto ancestral es la costumbre gallega del *magosto.* El primero de noviembre, víspera del día de Difuntos, los campesinos celebran una comida especial y, al terminar, dejan sobre el hogar, entre las cenizas, un puñado de castañas para los parientes difuntos que a medianoche acudirán a calentarse y participar del banquete de los vivos.[23]

[21] **Corpus (Christi)** festividad del Cuerpo de Cristo, sesenta días después de la Pascua de Resurrección (*Easter*)
[22] Es creencia parecida a la que en Gales (Gran Bretaña) se llama *light-candles* o *fetch-candles.*
[23] Una costumbre parecida se practica en Cataluña, con el nombre de *castañada;* se encuentra también en otros países europeos.

Canciones y bailes

Voltaire llamaba a los vascos «un pequeño pueblo que vive, o más bien que salta al pie de los Pirineos». Y que goza saltando lo demuestran sus bailes y el juego de pelota, las dos pasiones de estos montañeses. Dos ejercicios de agilidad y vigor. El frontón, del que ya hemos hablado en la primera parte de este libro por 5 haberse extendido a todo el país, sigue siendo entre los vascos el deporte principal.

El baile es otra de las contribuciones originales del vasco al rico *folklore* hispánico. Son danzas primitivas, de saltos acrobáticos, con el cuerpo rígido y los brazos caídos, propias de gente hecha a 10 brincar montaña abajo.[24] Es un contraste curioso de movilidad y reposo, que resalta sobremanera en la *danza del vaso:* los danzantes saltan ágilmente sobre un vaso lleno de agua, sin verterlo.

Casi todos los bailes tienen algún simbolismo. Hay danzas bélicas, como la *ezpatadantza,* que es una completa representación 15 rítmica de la batalla y del triunfo, con juego de palos simbolizando espadas y cascabeles en los tobillos. Otras danzas representan labores del campo, como la vendimia, o imitan los movimientos del que teje. Y los famosos *charivaris* [25] son una vieja tradición europea, que aún se conserva aquí, de dedicar una serenata en 20 forma de farsa satírica contra algún vecino ridículo o indeseable. Tan enojosos suelen ser que la víctima paga a veces por evitárselos.

Esta tradición del baile se transmite de padres a hijos, hoy igual que hace siglos. Muy pocos chicos del campo dejan de aprender a bailar. Al anochecer se reúnen los labriegos entre los 25 arados y carretas para bailar y enseñar a los muchachos.

El final de estos bailes, a menudo acompañados de canciones, es el impresionante *irrintzi,* grito salvaje de alegría triunfal que parece el eco de una era prehistórica.

Entre los gallegos, la *romería* [26] es la diversión típica del 30

---

[24] **hecha . . . abajo**   *accustomed to skip down the mountain*
[25] **charivaris**   *shivaree*   La costumbre fue traída a los Estados Unidos y Canadá por los franceses.
[26] **romería**   peregrinación popular al santuario local que sirve a la vez de fiesta anual, con merienda (*picnic*) y baile al aire libre, junto a la ermita. La palabra se deriva de *Roma,* centro traditional de las peregrinaciones cristianas.

campo. Estos aldeanos reservados y solitarios el resto del año, se expansionan cuando llega la romería. Al son de la gaita y el pandero, los aldeanos marchan temprano a la ermita del santo local, donde oyen misa y hacen ofrendas de hortalizas, huevos o
5 pollos, que se venden en subasta allí mismo para el sostén de la capilla.

El resto del día es un incesante bailar, tocar la gaita y cantar. El baile gallego es delicado y expresivo, como un diálogo de amor llevado con ágil juego de pies y manos. Y la gaita, con su ritmo
10 irresistible, le pone un comentario a la vez triste y burlón, que tan bien expresa los dos lados del alma gallega.

Pero lo mejor de Galicia son probablemente las coplas en que se continúa la vieja tradición lírica de esta región. Las variadas canciones que reflejan los cambios y contrastes del paisaje gallego.
15 Las *muñeiras y alboradas*,[27] con toda la frescura risueña de las riberas floridas bajo un cielo azul; los *alalás,* canción antiquísima, con la melancolía de sus sombrías hondonadas y horizontes grises.

Otras canciones sirven de acompañamiento a las faenas agrícolas, como la *desfollada,* para la recogida del maíz, o la *espadela,*
20 para preparar el lino.

Y aquí también, después de cada baile o canción, un grito final, el *aturuxo,* como un rebuzno que produce cierto contraste humorístico con la canción sentimental.

[27] **muñeiras y alboradas**   cantos y bailes folklóricos de Galicia.

9 ⊫═══✕══✕══✕═ los pueblos de levante

Como en el norte, el campo de Levante aparece repartido[1] en pequeños lotes, donde cada familia cultiva intensamente su palmo de tierra. La población vive también diseminada por el campo y es una de las más prósperas del país.

Este campo es una faja de costa entre las montañas y el mar. En muy corto espacio ofrece todas las variedades posibles de clima y vegetación: desde la zona alpina con nieve permanente en las alturas infranqueables[2] hasta la cálida costa del Mediterráneo, radiante de luz y color. Arriba, sombríos pinares y rocas peladas; abajo, alegres naranjos y claras palmeras.

Aquí está el vergel de España. Pero sólo gracias al esfuerzo de muchas generaciones de campesinos. El suelo de Cataluña no es nada fértil, mas, como dice el refrán, «los catalanes, de las piedras hacen panes», y hoy sus campos florecen tanto como sus ciudades industriales. Cuidados con todo esmero, sin desperdiciar el menor palmo cultivable por escarpado que sea,[3] crecen las patatas, los olivos y las vides, así como los alcornoques, los nogales y los almendros característicos de Cataluña.

Más al sur se extienden las incomparables huertas de Valencia

---

[1] **aparece repartido** *is divided*
[2] **infranqueables** *impassable*   Hasta 1947 no se llegó a construir un ferrocarril directo de Madrid a Valencia.
[3] **por escarpado que sea** *however steep it may be*

y Murcia. Son dos extensas vegas tan fértiles y llenas de flores y frutos variadísimos que parecen una huerta más que un campo abierto, por lo que la región entera lleva el nombre de la Huerta. Ya los romanos llamaban a esta región *milagro de la naturaleza,* y después de ellos los árabes perfeccionaron aún más el milagro.

Entre los naranjos y limoneros, el suelo aparece cubierto siempre por una espesa alfombra de verduras. Tras las anchas y carnosas hojas, asoman medio enterradas las robustas sandías y calabazas. De vez en cuando se ven campos encharcados, donde se cultiva el arroz, una especialidad de la región. Y por todas partes, abundancia de rosas, madreselvas y jazmines que hacen de la Huerta un verdadero festín de color y perfume. Mientras que el mar envía por el cielo sin nubes una brisa placentera que hace temblar las palmeras soñolientas.[4]

La fecundidad de estos *Campos Elíseos* —como el historiador Mariana los llamó en el siglo xvi— no es, sin embargo, mero regalo de la Providencia. Es el resultado de varios siglos de intenso cultivo, regándolos y cuidándolos como se cuida un jardín. Un complejo sistema de regadío reparte el agua por todo el terreno, y el sol subtropical hace lo demás. Tres y cuatro cosechas de hortalizas son, a menudo, el fruto de esta feliz cooperación del hombre con la naturaleza.

Pero junto a la fresca y lozana Huerta nos sorprende el contraste de la tierra seca y arenosa que se extiende hacia el interior. De un jardín florido pasamos de pronto a un paisaje desértico. Al fondo, los rocas peladas y cobrizas de la montaña parecen tostarse al sol; delante, una ancha planicie ocre en la que se abren grietas sedientas. Apenas se ve un árbol; sólo polvorientas matas de esparto. Por el lecho del río, seco gran parte del año, pasan rumiando las cabras, únicos animales que pueden vivir en estos parajes áridos. Son tierras donde se pasan años enteros sin llover, y la falta de riego las convierte en desiertos. Pero como todo desierto, tiene esta región sus oasis de palmeras en sitios como Elche. Aquí el paisaje parece bíblico. Entre las agrestes montañas y el mar azul se ven bosquecillos de palmeras por entre los cuales asoman

---

[4] **soñolientas** *sleepy.* La más viva impresión del paisaje levantino, inundado de luz, se encontrará en los cuadros del pintor valenciano Joaquín Sorolla (1863–1923).

pueblecitos de blancas fachadas y gráciles torres de azulejos resplandecientes.

El carácter

Los catalanes son españoles del Mediterráneo, con rasgos peculiares que los distinguen de los otros españoles. Sin la pomposidad del castellano ni la gracia del andaluz, su genio es algo seco y poco expansivo, lo que les da cierta fama de antipáticos fuera de su tierra, reflejo psicológico del "hecho diferencial" que los distingue del resto del país. Su espíritu activo y emprendedor ha buscado siempre en la industria y el comercio una satisfacción del instinto creador. En la Edad Media, Barcelona fue gran potencia marítima y comercial del Mediterráneo. El descubrimiento de América eclipsó su importancia económica, pero volvió a resurgir como centro de la industria textil española en el siglo pasado. Y la región ha seguido prosperando a un ritmo más rápido que el resto del país. Por eso en el teatro moderno se suele presentar al catalán como viajante de comercio, preocupado únicamente por los negocios. Mientras que los catalanes por su parte ven a la gente del centro y del sur como imprática o perezosa, que proporcionalmente contribuye menos que ellos a cubrir los gastos de la economía nacional.

El día de labor

Los campesinos de Levante viven esparcidos por su fértil tierra en barracas de nítida blancura. La tierra está dividida en parcelas, pero no demasiado pequeñas para [5] hacerlas antieconómicas, como sucede a menudo en Galicia. El tipo medio de parcela da suficiente para sostener a una familia, y los campesinos en general viven satisfechos.

Toda la Huerta valenciana está moteada de barracas, manchitas de cal que relumbran al sol. Las paredes son de adobe, siempre muy enjalbegadas, y el techo de cañas forma un fuerte ángulo. Los

[5] **para** *so as to*

Sigüenza (Guadalajara), trabajo en la era

campesinos mismos se construyen la barraca familiar, y a la entrada
hacen una explanada, protegida del sol por un emparrado, donde
se come, se duerme la siesta o se hacen trabajos menudos. Sobre
el tejado se destacan dos cruces de madera que acreditan el catolicismo de estos campesinos, cuyos antepasados fueron hace siglos
musulmanes.

5   Toda la familia tiene que trabajar de firme para atender a
las numerosas faenas de la huerta. Antes de que amanezca sale la
mujer de la barraca con el burro a repartir la leche en el pueblo
vecino. Vivaz y regordeta, de grandes ojos negros y pelo reluciente,
la huertana va rebosando salud y limpieza. Al pasar ante las casas
10   de los parroquianos, y al grito de *¡la llet!* (leche, en valenciano),
salen a que les sirvan la leche recién ordeñada. Es una vieja
costumbre que va siendo desplazada por métodos más modernos
—pero también, ay, más aguados— de vender la leche.
       De vuelta en la barraca, la huertana deja la vaca en el establo,
15   prepara el desayuno para la familia y se encamina de nuevo al
mercado de la ciudad, con el burro cargado de hortalizas y fruta.
El resto del día lo pasa trabajando en la casa, hasta dejar el
humilde hogar limpio como una patena.

El hombre entretanto cava la tierra, la limpia de hierbajos, planta y transplanta sin cesar —porque en la huerta siempre es tiempo de que salga algo.[6] O bien se mete descalzo en el arrozal, donde se pasa el día en el agua cuidando los delicados tallos del arroz.

Pero lo que más atención requiere es el riego. La lluvia es poca y, sin una buena distribución, el agua de los ríos es insuficiente para alimentar tantas acequias grandes y pequeñas. Por ello hay que regar a distintas horas del día y de la noche, por turno, y sólo durante el breve tiempo fijado a cada uno.[7]

El Tribunal de las Aguas

Los huertanos, que saben cooperar en el riego de sus tierras, tienen su propio sistema de justicia popular para resolver conflictos sobre el agua y castigar a los indisciplinados. El Tribunal de las Aguas, formado por jueces elegidos entre los campesinos, es quizá uno de los más antiguos y originales de Europa.

Todos los jueves por la mañana se reúne el tribunal ante la Puerta de los Apóstoles de la catedral de Valencia. Sus ocho miembros, uno por cada acequia principal, son labradores de rostro tostado y blusa negra. Se sientan en viejos sillones de madera marcados con el nombre de cada acequia y separados del público por una barandilla de hierro. Un campesino, alguacil del tribunal, declara abierta la sesión, en valenciano. Los litigantes exponen sus quejas y defensas, con la gorra en la mano y voz respetuosa. Detrás, los parientes y amigos escuchan silenciosamente. La decisión es rápida e inapelable. Al que protesta, se le impone una multa. Generalmente, sin embargo, el asunto ha sido discutido de antemano con los interesados, y los jueces tienen ya formada su opinión. Todo se hace verbalmente, sin papeleo ni abogados que todo lo complican.

La sesión suele ser breve y, aparte de algunos turistas, pasa

[6] **de que salga algo** *for something to come up*
[7] El célebre novelista valenciano Vicente Blasco Ibáñez (1867–1928) es quien mejor ha descrito la mentalidad y costumbres de estos campesinos en sus *Cuentos valencianos*, *La barraca* y otras novelas regionales, a fines del siglo pasado.

Valencia, **Tribunal de las Aguas**

desapercibida en medio del tráfico de la ciudad. Es un curioso anacronismo, pero los huertanos mantienen su independencia ancestral reuniéndose así, en plena calle,[8] como hombres del campo indiferentes al progreso urbano. Es una justicia popular y gratuita

[8] **en plena calle** *out in the street*

que les satisface más, a pesar de sus defectos y posibles errores, que los tribunales del Estado.

Los jueces son representantes de la comunidad rural y gozan del mayor respeto. Sus penas son siempre acatadas. Las más usuales son multas, pero en los casos graves pueden imponer la pena más temida por el campesino: el corte del agua, que supone su ruina.

La paella

La forma usual de celebrar cualquier suceso doméstico —un bautizo, una boda o un entierro— es una comilona a base de la paella de arroz,[9] el plato regional.

Los convidados acuden a la alquería, una barraca en medio del campo que sirve vinos y comidas, cuando la fiesta no es en casa. La gente se sienta a la puerta, bajo la parra de la que cuelgan dorados racimos de uvas y por entre cuyos pámpanos verdes se filtran los rayos del sol. Unos en taburetes con asiento de esparto, otros en cuclillas, a usanza mora, comen una enorme sandía abierta en medio del grupo. El jugo encarnado les chorrea por el pañuelo con que se cubren la pechera. En una silla apoyada contra la pared, un mocetón de cabeza rapada toca la bandurria. Los hombres se pasan la cajetilla de cigarros baratos solemnemente. Tras el tabaco viene el porrón de vino: uno a uno, van levantándolo a gran altura y, con la cabeza echada atrás y los ojos entornados, dejan caer un chorro delgado en la garganta.

A pocos pasos de la parra arde una hoguera de sarmientos secos. Una vieja con mangas y faldas recogidas tuerce el pescuezo a unas gallinas, que los muchachos despluman sobre lebrillos de agua caliente. Vuelan las plumas por toda la explanada. Los cuerpos desplumados se tuestan sobre las llamas. En la enorme sartén reluciente van cayendo puñados de arroz mientras se cuecen los caracoles en un gran puchero de barro.

Al cabo, cuando el arroz está en su punto [10] —cada grano bien cocido, pero suelto—, da comienzo el festín. Acostumbrados a un sobrio régimen de tomates, bacalao y sardinas, los labriegos se

---

[9] **paella de arroz**   *rice dish* (véase pág. 36) Originalmente **paella** era la sartén grande en que se hacía este guiso (*stew*).
[10] **está en su punto**   *is just right*

atracan en estas ocasiones. Es una comilona de arroz, de carne y de grasa, bien regada con vino. Y para postre, los dulces muy azucarados que son la otra especialidad de la región. Dulces de todas clases: pequeños y duros como balas, que los mozos se tiran
5 a la cabeza para expresar su alegría, gruesas tortas de anís, confites. Y luego, las almendras y los cacahuetes, que los convidados parecen seguir rumiando por hábito. Hasta que al fin van cayendo los hombres dormidos y echan la siesta a la sombra de los árboles. En el espeso silencio sólo se oye el zumbido de un abejorro o el baque
10 de un higo maduro que se aplasta contra el suelo dejando abierta su carnosidad jugosa.

Entretanto las mujeres, que durante la comida parecían sentir vergüenza de comer demasiado y se llevaban la punta de la cuchara a la boca con exquisita delicadeza, ahora se dedican a recogerlo
15 todo y a fregar la loza. La siesta en el campo parece hecha principalmente para los hombres.

La lengua regional

En Levante encontramos otra vez el uso de una lengua local, además del castellano oficial. Todos entienden el castellano, pero en el campo la gente usa siempre su propio idioma: el catalán y sus
20 derivados, el valenciano o el mallorquín (en las Islas Baleares [11]).

El catalán es una antigua lengua nacional, de los días en que Cataluña era reino independiente. Los catalanes la han conservado como símbolo de su personalidad nacional. En el resurgimiento catalán del siglo XIX, el recuerdo sentimental de la lengua materna
25 sirvió de bandera nacionalista. La famosa oda *A mi patria* de Aribau, un joven catalán empleado en Madrid, fue la primera expresión literaria del movimiento catalanista:

> En llemosí sonà lo meu primer vagit,
> quan del mugró matern la dolça llet bevía
> en llemosí al Senyor pregava cada dia,
> i càntics llemosins somiava cada nit.[12]

11 **Islas Baleares** (*Balearic Islands*) pequeño grupo de islas españolas en el mar
  Mediterráneo
12 "*It was in Lemosí that my first cry was made, drinking the sweet milk at my*

Tras un siglo de esfuerzos culturales, los catalanes han logrado volver a crear una completa literatura de dramas, historia, poesía y periódicos en su lengua. No han faltado, sin embargo, las represiones por parte de gobiernos centralistas que veían en el renacimiento de la lengua y la cultura catalana un peligro para la unidad nacional. En tales ocasiones, casi toda esa literatura catalana desaparece de la circulación y el idioma, con los cantos y bailes locales, se refugia en los hogares y en el campo. El cura rural es el único que puede entonces usar el catalán en público, desde el púlpito.

El catalán suena muy distinto del castellano. En vez de las vocales abiertas y las terminaciones rotundas de éste, usa vocales intermedias y corta bruscamente las palabras. Espíritu de economía, llaman a esto los demás españoles. La A final se convierte en E, y como suele ocurrir en tales casos, el castellano se divierte mucho oyendo decir,[13] por ejemplo, que *les estrelles son hermoses* (las estrellas son hermosas). En palabras como *juny* (junio), *seny* (sentido), la última sílaba se recorta, acabando en una ñ. Y numerosas palabras terminan en una vocal aguda, como *Martí* (Martín), *camí* (camino), *catalá* (catalán), *tò* (tono), sin esa tendencia a redondear la terminación que tiene el castellano.

Los valencianos, más al sur, también tienen su lengua propia, derivada del catalán, pero más influida por el castellano y, por tanto, más fácil de entender. Por estar situada entre la zona del catalán y la del castellano, la lengua valenciana es intermedia entre estas dos, pero por lo mismo[14] muy celosa de su independencia. El valencianista puro protestará tanto contra el intento de catalanizar el valenciano como contra el de castellanizarlo.

---

mother's breast; in Lemosi did I pray to God every day, and every night I dreamt of songs in Lemosi." (Traducción de W. J. Entwistle en *The Spanish Language*, London, 1936, p. 104) El lemosín era el dialecto provenzal de Toulouse y Limoges (de donde proviene su nombre), que tuvo gran influencia literaria en Cataluña a través de los trovadores. El catalán medieval no fue idéntico al lemosín, como se creía antes y dice aquí Aribau, sino que tuvo un desarrollo independiente.

[13] **oyendo decir**   *hearing it said*
[14] **por lo mismo**   *for that very reason*

Flores, pólvora y alegría

Los de Levante tiene fama por sus diversiones estrepitosas y un tanto agresivas. Su alegría se expresa a voces, sus bromas son violentas, como si estuvieran excitados por el sol deslumbrador, el intenso azul del cielo y del mar, y el perfume de sus campos floridos.

5 El día de la fiesta local, la iglesia aparece inundada de flores. Por fuera, en la luz cegadora de la calle, se destaca la boca oscura del templo, atestada de gente que entra y sale sin cesar. Dentro, las columnas y los ángeles del altar quedan ocultos bajo una espesa capa de hojas frescas y rosas sin cuento. El olor sudoroso de los

10 robustos cuerpos se mezcla con el fuerte aroma de las rosas, los nardos y los claveles, y con el perfume voluptuoso del incienso. Por encima suenan las voces infantiles del coro, envueltas en las notas del órgano. La muchedumbre que llena la nave y las capillas laterales se siente transportada a un rincón del cielo, pensando sin

15 duda que así debe de ser la casa de Dios: toda flores, perfumes y música, entre blancas nubecillas de incienso . . . pero no con tanta sofocación [15] como aquí abajo.

Frente a la iglesia resuenan las detonaciones de los cohetes. La *traca,* una guirnalda de pólvora que rodea toda la iglesia, se

20 quema con estrépito y acaba dando un formidable estampido. Por la noche llueven del cielo bengalas en cascadas multicolores. O bien se celebra una *cremá,* típico espectáculo levantino de llamas y risas. Son grandes hogueras como, por ejemplo, las famosas *fallas* de Valencia: grandes monumentos escultóricos de cartón, barro y

25 escayola que representan escenas alegóricas o burlescas de la Huerta, de la ciudad o de la política, con artísticas figuras de cera ricamente pintadas. Todo ello se instala en las plazas principales con el exclusivo fin [16] de quemarlo en una noche [17] de ruidoso regocijo, en medio de una multitud excitada por las llamas, que

30 comenta alegremente los incidentes de la quema.

Hasta en las procesiones religiosas aparece el espíritu de alegre agresividad, sin el cual los levantinos no pueden divertirse. En la

[15] **no con tanta sofocación** *not so stifling*
[16] **con el exclusivo fin** *for the sole purpose*
[17] **La víspera de la fiesta de San José** (19 de marzo)

Semana Santa, por ejemplo, hay pueblos donde las procesiones
adquieren un carácter "bélico". Los penitentes que forman la
procesión se dividen en dos bandos armados, teatralmente vestidos:
el de los judíos, con casco, plumas y sable; y el de los soldados
españoles, con casaca negra, galones de plata y alto bonete episcopal.   5
Éstos son los "buenos" del drama, y tienen a su cargo [18] la protección de las imágenes de Jesucristo y su Madre. Con sus respectivos
capitanes y banderas al frente, las dos procesiones de aldeanos
recorren las calles al amanecer, entre el ruido de tambores, cornetas
y espadones, como si fuesen a alguna fantástica batalla. Al fin se   10
produce el encuentro. En el más completo silencio, las imágenes
de Jesús y la Virgen, frente a frente, suben y bajan varias veces
como saludándose y comunicándose sus penas. Después las dos
procesiones se unen y retornan a la iglesia entre el renovado clamor
bélico de los armados.   15

[18] **tienen a su cargo** *are in charge of*

10 ══════ los pueblos del sur

Camino de Andalucía cruzamos La Mancha, la anchurosa y seca
tierra de Don Quijote. Una estepa árida, requemada por el sol y
azotada por el cierzo, donde uno se abrasa en el verano y se hiela
en el invierno. Pues, como dice la gente de Castilla, en la meseta
5   central el año tiene «nueve meses de invierno y tres de infierno.»
    Largas filas de montañas cruzan horizontalmente la meseta
castellana, creando más contrastes de montaña y llanura. Desde la
carretera, la vista se pierde por los interminables surcos que se
abren a ambos lados, como las varillas de un abanico, y se juntan
10 en el horizonte lejano.
    Los trigales amarillentos alternan con las tierras pardas de
viñas y olivos. De vez en cuando se ven grandes claros sin cultivar,
sobre los que reverbera un vaho ardiente. Por la extensa planicie
solitaria sólo se distingue alguna casa aislada y unos cuantos álamos
15 cerca de un arroyo. Sobre un pequeño montículo de tierra y piedras
se ve una noria parada. Y en el horizonte, las manchitas blancas
de unos molinos de viento inmóviles. Entre los surcos brilla a
intervalos el azadón de un campesino encorvado. Por encima, la
tersa bóveda azul preside toda esta imponente soledad.
20   De cuando en cuando se oye salir del sembrado el canto
rítmico de la perdiz o el eco burlón del cuclillo. Alguna vez se
rompe la quietud del campo con el zumbido del avión de línea,

cuyo vulelo majestuoso contempla el campesino haciéndose sombra
con el sombrero.

Conforme descendemos por Andalucía, las fincas se hacen más
extensas. Durante varios kilómetros la carretera cruza tierras que
pertenecen a un solo dueño. Son los latifundios,[1] enormes propiedades dedicadas a producir vino y aceite o a la cría de toros
bravos.

Al fin, tras largas horas de camino, asoma sobre la carretera
recta la torre parda de una iglesia. Y un instante después se extienden por el llano, a ambos lados de la carretera, las casas
blancas del pueblo. Antes de llegar a él se divisan los esbeltos
cipreses que asoman por las tapias del cementerio. Dominando el
pueblo se alza una loma pelada, y en su cumbre un castillo o una
casilla blanca, solitaria. Es la ermita del santo patrono, protector
del pueblo, lugar de romería y jolgorio campestre el día de la fiesta
local.

El pueblo es espacioso, con anchas casas de dos pisos y calles
llenas de polvo o de barro, según la estación. Las blancas paredes
de cal [2] brillan al sol. Por las rejas de las ventanas asoman las macetas
de flores. Y por el abierto portón de los carros y caballerías sale un
fuerte olor a uva fermentada y estiércol. El olor dominante en los
pueblos que hacen vino.

En medio de la vasta llanura, el pueblo es el refugio donde vive
concentrada toda la población. Allí se apiñan unas 10.000 o
20.000 almas, mientras el campo alrededor queda desierto, como si
la gente temiese la soledad.

Del pueblo salen al rayar el día los gañanes con sus carros
de mulas o algún que otro tractor a trabajar en los campos de la
comarca, bastante lejos a veces. A esta hora se oyen por los corrales
las voces broncas de los que enganchan las caballerías, mezcladas
con el piafar de cascos y el cloqueo de gallinas asustadas. Pero la
delicada luz matinal da transparencia a las cosas, y el pueblo entero
produce una sensación de deliciosa frescura y nitidez.

---

[1] Propiedades de más de 300 hectáreas (*700 acres*), algunas de las cuales pasan
de 5.000, que ocupan aproximadamente la mitad del territorio meridional y
pertenecen a unos terratenientes absentistas, entre ellos los de la vieja aristocracia.

[2] **blancas paredes de cal**   *whitewashed walls*

Ya fuera del pueblo se ven los surcos de color rosáceo y las plantas húmedas de rocío. Camino adelante, desfilan los carros y las caballerías. Subido en una vara del carro va el gañán con su pañuelo al cuello y su ancho sombrero de paja. Dentro van los hijos, que desde pequeños han de ayudar a sostener la familia, y las mujeres, que salen al campo durante la cosecha, cuando hay demanda de brazos.

Los braceros

En la fila de carros que sale todas las mañanas del pueblo para trabajar en los campos van los braceros, trabajadores asalariados sin más propiedad que la de sus brazos. Son los descendientes de los siervos de la gleba,[3] que desaparecieron legalmente en el siglo XVIII para convertirse en siervos del jornal [4] un siglo después.

Estas tierras de secano, sin agua ni maquinaria suficientes, sólo dan para vivir [5] si se cultivan en gran escala. El pequeño propietario o arrendatario vive bajo la amenaza de la sequía o la plaga, que al arruinarle una cosecha, le dejan en la miseria, a merced del prestamista, hasta que se ve forzado a vender su parcela. Así se aumentan los latifundios y crece el número de braceros sin tierra, que constituyen las tres cuartas partes de la población del sur.

Estos braceros son hombres enjutos, de piel tostada por el sol, que pronto se torna arrugada y mate. Sólo en los jóvenes hay energía de movimientos y viveza en la mirada. Los demás tienen un aire cansado, de resignada indiferencia. En cuanto pueden, sueltan la herramienta y se sientan a fumar un cigarro.

Las mujeres parecen aviejarse aún más pronto que los hombres. Sin transición, pierden la tersura aceitunada de la tez y se convierten en mujeres de piel acartonada y cuerpo anguloso. Porque ellas no sólo trabajan en el campo, como los hombres, sino además en la casa, infatigables hasta la vejez.

En las caras de esta gente se nota la huella de la desnutrición.

[3] **siervos de la gleba**   *land serfs (in a feudal estate)*
[4] **siervos del jornal**   *wage serfs*
[5] **dan para vivir**   *provide a livelihood.*

Puerto de Santa María (Cádiz), Bodegas "Osborne"
[COURTESY SPANISH NATIONAL TOURIST OFFICE]

Es un detalle olvidado a menudo cuando se habla de la pereza del andaluz. En realidad es cuestión de mala alimentación y, sobre todo, de falta de estímulo para producir más. El campesino sabe que, por mucho que trabaje, ni saldrá de pobre,[6] ni comerá abundante, ni tendrá tierra propia, sino que habrá de cultivar toda su vida la tierra ajena por una mísera pitanza. No es extraño, pues, que procure trabajar lo menos posible.

 [6] **ni saldrá de pobre** *he will neither cease being poor*

Es la hora de la siesta. Los braceros tienen una hora de descanso después de la comida. El sol abrasa y los hombres están tendidos a la sombra de los carros. Al acercarnos, nos ofrecen la bota de vino. Les preguntamos cómo va la faena.

5 —No va mal. Buena cosecha para el amo este año —contesta un gañán, echándose atrás el sudado sombrero de paja.

—Entonces habrá también buenos jornales.

—Hombre, lo que se dice buenos, no; [7] pero hay trabajo, que es lo principal, y se puede comprar una poca ropa para los chicos.

10 —Y pagar los atrasos al tío Pepe —añade otro con irónica sonrisa.

—¿Qué atrasos son esos?

—Pues las deudas de la mitad del año que uno pasa sin trabajar. Aquí sólo hay trabajo por temporadas, cuando hace falta

15 escardar, cavar la tierra o coger la cosecha.

Ahora recordamos haber visto grupos de campesinos en la plaza del pueblo, sentados en la acera, no porque no quieran trabajar, sino al revés, en espera de que alguien les dé trabajo, sea el que sea: [8] cortar leña, limpiar el establo o llevar bultos a la

20 estación.

—Y mientras no hay trabajo, ¿cómo viven ustedes?

—Pues de lo que nos fía [9] el tendero. Es buena persona y sabe que le pagaremos las lentejas o el bacalao cuando tengamos trabajo.

Las faenas del campo

Al llegar al tajo, los gañanes desenganchan las mulas, sacan
25 las herramientas de los carros, echan un trago de vino y se ponen a cavar. Los métodos de cultivo son todavía bastante rudimentarios. Aunque existen máquinas trilladoras y segadoras, fabricadas ya en el país, muchas faenas se siguen haciendo a mano.[10] Para arar se va generalizando cada vez más el tractor, pero aún se usa el arado
30 romano, tirado por la yunta de mulas, cuya silueta se destaca entre

---

[7] **lo que se dice buenos, no** *not what you'd call good*
[8] **sea el que sea** *whatever it may be*
[9] **de lo que nos fía** *on the credit granted us by*
[10] **se siguen haciendo a mano** *continue to be done by hand*

El Perelló (Valencia), barracas

los surcos interminables. Para remover la tierra, largas filas de gañanes avanzan con los pesados azadones. Los más fuertes son puestos en cabeza para llevar el paso, que los demás se esfuerzan por seguir bajo la vigilancia del capataz. El trabajo es agobiador, bajo un sol que hace arder la tierra. Hacia el final de la jornada, los cuatro kilos del azadón parecen toneladas. ⁵

De vez en cuando el capataz compasivo les da unos minutos para fumar y recobrar fuerzas. Tienen una hora para almorzar y otra para comer. El amo suele suplementar el escaso salario con la comida: un gazpacho frío de pedacitos de pan en agua, con aceite, ¹⁰ ajos y vinagre, que refresca y llena el estómago, pero nutre poco. O bien unas migas calientes, también a base de pan desmenuzado, humedecido en agua y frito en aceite. Luego, unas aceitunas o uvas de postre. La carne es un lujo poco frecuente entre estos campesinos. Sólo la fruta, que es barata y abundante, y la vida al aire libre en un clima sano parecen sostener sus energías.

5 Para cosechar el trigo esparcen la mies sobre la era, un espacio circular empedrado donde la mula da vueltas arrastrando el trillo.[11] Este es el tiempo mejor para los muchachos. Montados en el trillo, hacen correr a la caballería, deslizándose por la pista de doradas gavillas. Sin duda que para ellos el trillo fue inventado con el objeto de divertirse así.

10 Después viene el aventar el grano, otra operación de primitiva sencillez. Al caer la tarde, cuando se levanta un poco de brisa, los gañanes lanzan al aire la parva con las horcas para que el viento se lleve la paja, mientras el grano va cayendo como una lluvia de oro.

Mientras la gente trabaja, una mula saca agua de la noria. 15 Atado a un largo palo horizontal, el animal va dando vueltas alrededor del pozo, con los ojos tapados para que no se desespere demasiado. El agua va subiendo en los cangilones y cae con un ritmo monótono en el caño que la reparte por el sembrado.

Al anochecer, los carros vuelven al pueblo. En tiempo de 20 cosecha van cargados de aceitunas, de grano o de racimos de uvas, las últimas rebosando de los serones y de la boca de los muchachos. El camino de vuelta es animado. La faena ha terminado y ahora se podrá descansar y echar un trago en la taberna. Al pasar se oye el croar de las ranas en alguna charca próxima y el mecánico chirrido 25 de los grillos. Los gañanes van cantando a toda voz coplas de amores desgraciados, con prolongados *ayes*.[12] Son cantos siempre individuals, a menudo improvisados, como un desahogo íntimo en la soledad del campo:

> Contigo ni sin ti
> tienen mis males remedio;
> contigo, porque me matas,
> y sin ti, porque me muero.

[11] Easte primitivo **trillo** (*thresher*) es una plataforma de madera con pedernales (*flints*) por debajo para separar la paja del grano.
[12] Muchas canciones andaluzas, especialmente las del **cante jondo,** empiezan y acaban cada frase con un largo y modulado **ay,** como un lamento que sirve de acompañamiento a la canción.

Otros cantos evocan la pena del enamorado con delicadas imágenes:

> No sé lo que tienen,[13] madre,
> las flores del camposanto,
> que cuando las mueve el aire
> parece que están llorando.

A estos cantos acompaña a veces el sonido de una caracola, que parece traer tierra adentro un eco lejano del mar azul y las barcas de vela.   5

Los pastores y el cortijo

Lo mismo que las personas, los animales viven recogidos en el pueblo. Todas las mañanas sale el pequeño rebaño de ovejas, de cabras o de cerdos a pasar el día en algún monte vecino. El cabrero o el porquero recorren las calles, recogiendo los animales de casa en casa. Al oír el cencerro del macho cabrío, los poseedores   10
de cabras y ovejas las dejan salir y unirse al resto del grupo. De los corrales salen corriendo y gruñendo los cerdos, formando una piara que cubre la calle y lo arrolla todo a su paso.[14] Es bastante peligroso encontrarse con tales bichos cuando regresan al atardecer en busca de su comida. Y ¡con qué seguro instinto se van derechos a sus   15
casas al pasar por la calle, de vuelta del campo!

Durante mucho tiempo, la ganadería fue la producción principal de España. Los gobiernos la protegían a expensas de la agricultura, para producir y exportar lana. La Mesta, un gremio de ganaderos, fue una poderosa organización que dominaba vastos   20
territorios y tenía el privilegio de pasar sus ganados sobre tierras ajenas, arruinando a veces las cosechas. Desde el siglo pasado, sin embargo, la ganadería está un tanto decaída, aunque existen aún grandes cabañas con muchos miles de cabezas.

Estos ganados son trashumantes. Pasan el verano en las sierras,   25

---

[13] **lo que tienen**   *what is the matter (with)*
[14] **a su paso**   *on their way*

donde hay pastos frescos, y al llegar el invierno se marchan a las llanuras templadas. El letrero «Cabaña», que se lee a menudo junto a la carretera, indica que aquél es sitio de paso para el ganado.

En las agrestes sierras, el pastor vive solitario, embrutecido por el aislamiento, sin otra sociedad que la de los animales. Su existencia pastoril tiene poco de idílica.[15] En chozas de piedra y ramas, mal abrigados con una manta vieja, comen y duermen en el suelo. Su comida es frugal y monótona: pan duro y queso, aceitunas y avellanas. Sólo la leche y el requesón abundan. La carne, cuya custodia tienen, no la suelen probar más que en caso de extrema necesidad. El respeto tradicional a la propiedad del amo puede más que el apetito en estos sobrios y honrados pastores.

La vida resulta más tolerable en las grandes dehesas donde se crían toros de lidia y potros salvajes. Los hombres suelen vivir en el cortijo y se pasan el día entre el ganado. De vez en cuando la vida del cortijo se anima con la visita del dueño y sus amigos que vienen a cazar o a la *tienta*. Esta última sirve para probar la bravura del toro, derribándolo desde el caballo con un palo. Si el animal se levanta y acomete enfurecido, se le destina a morir en la plaza de toros; si huye o permanece echado, se le declara manso y acaba sus días tirando de una carreta.

Después de pasar el día a caballo, acosando novillos o persiguiendo venados, los señores se sientan al fresco en la entrada del cortijo. Se saca de beber,[16] se cena abundante, suena la guitarra y empieza una típica fiesta andaluza, con mucho baile, canto y alegre palmoteo.

En la concurrencia se mezclan con toda naturalidad los grandes de España con los fabricantes de vinos, los tocadores de guitarra, las bailadoras gitanas y otra gente flamenca [17]; a los cuales se unirán, cuando la fiesta esté en todo su apogeo, los aperadores, las mozas

---

[15] **tiene poco de idílica**   *is hardly idyllic*
[16] **Se saca de beber**   *They bring out drinks*
[17] La palabra **flamenco** (lit., *Flemish*) se aplica al tipo de baile y canto creados por los gitanos de Andalucía y desarrollados por artistas profesionales desde mediados del siglo xix. Por extensión se aplica también a las personas aficionadas a esa música, o en sentido despectivo a las de aspecto agitanado y jactancioso.

y los peones de la finca, igualados todos por una misma afición a la música andaluza y al vino de Jerez.[18]

¡Viva la gracia! [19]

Andalucía es la tierra de la gracia o el *salero,* una cualidad indefinible pero esencial para comprender bien el espíritu andaluz. Tener *sal* o *salero* es tener la palabra fácil y el gesto desenvuelto [20]; un humor alegre y contagioso; un ingenio vivaz y una imaginación hiperbólica; es tener la habilidad de sugerir con los ojos y las manos; es el poder cantar y bailar con el alma entera, por puro instinto y sin aprendizaje alguno.[21] Es, en fin, tener eso que los andaluces llaman *ángel,* el don divino de encantar, divertir y entusiasmar a la gente, que es para ellos la virtud suprema.

El aspecto exterior del andaluz se ha modernizado, pero su acento, su gesto, su fantasía, su *sal,* en una palabra, no han cambiado desde los días en que Cervantes describía la vida sevillana en las *Novelas Ejemplares.*

El traje tradicional del hombre—chaquetilla corta, pantalón ceñido al tobillo y capa—o la falda de volantes, la mantilla y la peineta de la mujer, sólo se ven ya en las fiestas y en el escenario. De la vieja indumentaria sólo se ve a veces en la calle el sombrero de ala ancha y la flor en el pelo de las mujeres.

Pero el tipo andaluz es el de siempre: moreno, enjuto, de rostro expresivo, gestos exagerados y genio alegre. Es expansivo y afable con los extraños, y no puede dejar de hablar ni de fumar un instante. Su idea de la sociabilidad es la de un actor cómico: ser divertido a todo trance para evitar el estigma fatal de soso.

Lo más sorprendente del andaluz es, sin duda, su imaginación, de una exuberancia verdaderamente tropical. Es un cristal de aumento a través del cual las cosas se agrandan, las cifras se multiplican, la prosaica realidad se hace brillante metáfora.

Cuando cierto andaluz discutía con un turista americano acerca

[18] **vino de Jerez**   sherry wine
[19] **Viva la gracia!**   Hurrah for charm!
[20] **la palabra... desenvuelto**   *a ready tongue and an easy manner*
[21] **sin aprendizaje alguno**   *without any training*   En una negación, **alguno** después del sustantivo adquiere un fuerte valor negativo.

de edificios altos, rechazó con terminante gesto de la mano todo lo que éste decía en favor de los rascacielos neoyorkinos: «No se canse, amigo. Fíjese usted si será alta la Giralda [22] que para verla toda por fuera tengo siempre que volver al día siguiente.»

Si el andaluz exagera y se inventa cosas, no es que quiera mentir sino que se deja llevar de su fantasía y acaba creyendo lo que dice. Para él, la exactitud es prosaica y aburrida. Lo interesante es causar sensación abultando los hechos o inventándolos. Si le decimos que su historia es absurda, contestará con aire de satisfacción: «Bueno, quizá no sea verdad, pero no me negará usted que merecía serlo.» Y es que, según él, lo importante no es la veracidad de la anécdota sino el arte y la gracia de contarla.

El idioma es para el andaluz algo más que un medio de comunicación; es un instrumento artístico, como la guitarra, para lucir el ingenio. Su castellano es un habla figurada, de gran riqueza expresiva, llena de giros populares (que usan todas las clases por igual). El llamar las cosas por su nombre, simplemente, es una señal de pobreza de ingenio que todo andaluz debe evitar. Al tuerto, se le llamará «ojo viudo» [23]; a la mujer esbelta, «catedral»; a la corriente impetuosa del río, «una manada de agua».

En el habla popular abundan las imágenes espontáneas, que dan color a la frase y aumentan el efecto de un piropo o de un insulto. Así la morena garbosa que pasa por la calle oirá que le dicen: «¡Anda *usté* mejor que los ángeles del cielo!» Y en la disputa de comadres se cruzarán metáforas maliciosas dignas de un torneo de ingenio. A la mujer delgada le dirán, por ejemplo:

«¡Cállate, calambre, que de pura envidia estás más consumida que un estropajo!»

A la mujer gruesa: «¡Pues miren la harta de ajos,[24] que de

---

[22] La torre árabe de la catedral de Sevilla, llamada **Giralda** por la estatua de bronce que gira en lo alto como una veleta (*weather vane*). Fue el minarete de la antigua mezquita, demolida para levantar la catedral actual en el siglo xv. Su altura es sólo de 95 metros (*311 feet*), pero es justamente famosa por su elegancia y solidez. El entusiasmo de los sevillanos por su enorme catedral —la segunda del mundo en capacidad— no es cosa nueva. Ya uno de los clérigos que la fundaron dijo: «Hagamos una iglesia tan grande que la posteridad piense que estábamos locos.» ¡Era sin duda un andaluz!

[23] **ojo viudo** *widower eye*

[24] **harta de ajos** *garlic-stuffed one*

tanto engordar[25] se le ha quedado estrecho el pellejo[26] y no puede cerrar más que un ojo!»

Y a la mujer diminuta: «¡Pobrecita! ¡A lo mejor[27] se cree que hace gracia con ir tan agachada!»[28]

El ataque puede parecer cruel, pero su propósito es hacer gracia más que herir, y la víctima no debe ofenderse sino contestar con otra salida ingeniosa para no quedar mal[29] ante los presentes. Pues la gracia andaluza no está tanto en el contenido como en la expresión, en el tono general de la conversación. Es un humorismo sardónico a menudo, dispuesto a sacar el lado ridículo de las cosas y a reírse a costa de las flaquezas ajenas y propias,[30] pero sin mala intención.

Mas todo esto va pronunciado de tal forma que resulta a menudo difícil creer que es castellano. Además del *ceceo,* que convierte la *s* en *z* (*Zeviya* en vez de Sevilla) y del *seseo,* que hace lo contrario (*sielo* en lugar de cielo), está la aspiración de la *h* inicial (*jondo* por hondo) y la perezosa pérdida de finales de palabra (*Cái =* Cádiz; *miste mujé =* mire usted, mujer; *amo jombre =* vamos, hombre). Y, peor aún, fenómenos tan sorprendentes como el oír que nos saludan por la calle con una especie de *¡Yoo!* (adiós), o que al estornudar nos dicen *Jozú,* en vez de Jesús.

Este acento resulta tan cómico para los demás españoles que por sí solo[31] asegura el éxito de los chistes andaluces en toda España. Un tema característico del humorismo andaluz es la fantástica ponderación de los méritos o hazañas propios, no para que le crean a uno, sino para lucir el ingenio. He aquí una muestra, tomada de las *Escenas Andaluzas*[32] de Estébanez Calderón:

Una noche de lluvia torrencial salía del teatro con unas damas cierto sevillano célebre por su ingenio. Llovía tanto que el coche

---

[25] de tanto engordar   *from so much fattening*
[26] se le ha quedado estrecho el pellejo   *her skin has become too tight*
[27] A lo mejor   *Perhaps*
[28] hace gracia con ir tan agachada   *she is funny walking with bent knees*
[29] para no quedar mal   *in order not to make a poor impression*
[30] ajenas y propias   *of others and of ourselves*   Las comedias de los hermanos Álvarez Quintero ofrecen excelentes ejemplos del ingenio y el habla andaluces.
[31] por sí solo   *in itself*
[32] *Escenas Andaluzas*   colección de artículos de costumbres (1847)

de las señoras no había podido llegar. Ninguno tenía paraguas y
las señoras empezaban a afligirse y a quererse marchar.[33] «Y ¿qué
hace Manolito? (explica el personaje en cuestión). Empuña el
bastón como si fuese una espada, dice a las señoras que se le
5 agarren bien al brazo libre, y con el otro, estocada va, estocada
viene,[34] para una a una todas las gotas según caen y deja a las
señoras en su casa sin haberles tocado el agua. Detrás, se quedaba
la Giralda ahogándose.»

De romería

10 La romería del Rocío es la fiesta campestre más popular de
Andalucía. El Domingo de Pentecostés [35] se junta una multitud de
gente, con sus caravanas y caballerías, en Rocío, un pueblecito de
Huelva donde se conserva la imagen de la Virgen del Rocío, tan
bella como su nombre.

Desde la víspera van llegando al santuario del Rocío miles de
15 romeros de toda Andalucía. Es una tradición antiquísima en la que
todavía florece la Andalucía pintoresca con todo su esplendor y
alegría.

Por los caminos y veredas desfila la gente en carros, a pie y a
caballo. De cada pueblo va saliendo la hermandad del Rocío en
20 caravana de rústicos carros cubiertos de lienzo blanco, con mucho
adorno de flores, cintas y guirnaldas de papel. Los bueyes, con
flecos de colores sobre los ojos, tiran de los carros solemnemente.
Por entre las puntillas blancas asoman el rostro alegre las mozas,
con el pelo reluciente adornado de flores y una pandereta en la
25 mano. Van cantando y de vez en cuando bromean con el jinete
que pasa a su lado. Jinetes que marchan en cabeza, luciendo el
vistoso traje de montar —sombrero cordobés, chaquetilla ceñida
y zahones.

La procesión pasa despacio por las vastas llanuras de olivos y
30 pastos; atraviesa marismas y vadea ríos cuando es necesario. De

[33] **a quererse marchar** *to want to go*
[34] **estocada va, estocada viene** *a thrust here, a thrust there*
[35] *Pentecost (Whitsunday), fifty days after Easter*

Andújar (Jaén), Romería al Santuario de la Virgen de la Cabeza

día, el sol brilla deslumbrador en el blanco ropaje de los carros y hace sudar a los jinetes bajo los anchos sombreros. De noche, la luna ilumina el camino con su fría claridad. Y en el aire se queda flotando la armonía perfecta del canto y la guitarra.

Nadie pensaría, al ver esta alegre comitiva, que son piadosos peregrinos camino del santuario, en ofrenda de gracias a la Virgen. La fiesta es una mezcla pintoresca de paganismo y religiosidad. El día de Pentecostés sale la procesión de la Virgen del Rocío y se celebran las brillantes ceremonias religiosas. La imagen representa una bella joven con la media luna a sus pies. La misma media luna

5

10

que en la antigüedad pagana sirvió de símbolo a la diosa Diana. Según la leyenda, fue precisamente un cazador quien vio el resplandor sobrenatural junto a la luna, entre las ramas de un olivo. Quizá fuese sólo la luna creciente, pero se prefirió considerarlo
5 aparición divina y erigir allí mismo un santuario a la Virgen.

Después de rezar y pedir a la imagen cuanto los peregrinos desean para ésta o la otra vida, viene el goce del momento con bailes y canto al aire libre, sin parar día y noche.

Los carros y las caballerías en reposo forman un decorativo
10 aduar, en el que se agrupan parientes y amigos para divertirse ruidosamente. En el grupo hay perfecta compenetración entre el que baila, el que toca y los que miran. Los últimos son los que dan calor y ambiente a los bailadores y cantadores con su vivo palmoteo. Pero todos se van turnando en el baile.

15 —¡Anda, *salao*,[36] cántame una cosita de las que tú sabes! —pide una de las mozas disponiéndose a bailar en medio del corro. El aludido empieza a rasguear la guitarra, con rítmicos golpecitos en la caja. Ella inicia un movimiento cadencioso, en espera de la copla que llega al fin vibrante y recia:

> Algunos van a la cárcel
> por robar una moneda,
> y tú me robas el alma
> y nadie te pide cuentas.[37]

20 Nueva explosión de entusiasmo. Las palmas se renuevan entre el furioso rasgueo final de la guitarra. Otra moza sale a bailar unas *seguidillas;*[38] luego otra, unas *sevillanas.*[39]... Y el jaleo sigue hasta que caen los cuerpos agotados.

Llega la tercera noche y los carros emprenden la vuelta a sus
25 pueblos lejanos. Por el camino, iluminado con cohetes y bengalas, se alejan los alegres romeros al son de los cascabeles y las castañuelas.

[36] **salao** *popular form for* **salado,** *darling*
[37] **te pide cuentas** *calls you to account*
[38] **seguidillas** canción folklórica (generalmente festiva) y baile, típicos de Andalucía y La Mancha
[39] **sevillanas** las seguidillas típicas de Sevilla

¡Qué felices van de haber estado [40] en la mejor romería de España! Después de una peregrinación así, no queda más que el cielo...

Aprovechemos nosotros también este momento feliz para despedirnos al estilo de la tierra:

«¡Con Dios, señores! ¡Salud y pesetas!»

[40] **de haber estado**   at the thought of having been

ejercicios

Páginas 2–5

A. *Contéstese en español.*

1. Antes de describir las cosas de España ¿qué señala el autor?
2. ¿De qué fuertes contrastes habla el autor?
3. ¿En qué parte de España hay montañas muy altas?
4. ¿Son las montañas más altas de Europa?
5. ¿Qué parte de la península tiene un clima subtropical?
6. ¿Son graves y reservados todos los hombres de España?
7. ¿De qué influencia unificadora habla el autor?
8. ¿Dónde conserva la vida más rasgos tradicionales?
9. ¿Se está modernizando rápidamente la España rural?
10. ¿Qué notamos en la ciudad?
11. ¿Por qué clase de edificios han sido sustituidos los viejos caserones de la ciudad?
12. ¿Son de piedras informes los pavimentos de las calles?
13. ¿Cómo son los autobuses que discurren por las calles?
14. A pesar de los rasgos comunes ¿qué conservan aún las ciudades españolas?
15. ¿Qué interés ofrece una visita a cada ciudad española?

B. *Corríjanse los errores en las oraciones siguientes dando la versión correcta.*

1. Las montañas más altas de Europa están junto a llanuras sin límite en el sur de España.
2. Como es natural, la vida del pueblo en el campo se está modernizando más rápidamente que la de cualquier otra parte.
3. En lugar de pavimento de adoquines o de asfalto, las calles hoy en día se hacen de piedras informes.
4. Debido a una rápida industrialización, todas las ciudades españolas se parecen unas a otras.

5. Las ciudades de Madrid y Barcelona tienen, cada una, menos de un millón de habitantes.
6. Hay en España un continuo abandono de las ciudades por la población que busca la tranquilidad del campo.
7. Madrid es la capital de España desde la época de los romanos.
8. Al lado de Madrid se halla un gran río que se llama el Manzanares.
9. Madrid posee el encanto único de haber sido muy bien planeada.
10. Barcelona, bien construida y mejor situada, es una de las más hermosas ciudades del Báltico.

C. *Póngase la preposición que corresponda.*

1. Madrid está junto _____ las montañas.
2. _____ Madrid y Barcelona existen grandes diferencias.
3. Las ciudades _____ de muchos signos de progreso, conservan deliciosos contrastes de lo viejo.
4. _____ todo Barcelona es el mayor centro industrial de España.
5. Las casas viejas de Madrid han sido sustituidas _____ fábricas.

D. *Complétense los grupos siguientes de palabras, conforme al ejemplo dado.*

VERBO	SUSTANTIVO	ADJETIVO
salir	*salida*	*saliente*
encantar		
		aumentado
	construcción	
		descriptiva
deber		
		bañada
	disposición	
	continuación	

Páginas 4–7

A. *Contéstese en español.*

1. ¿Por qué abandona los campos la gente?
2. ¿Qué gritan los vendedores en las calles?
3. ¿Cómo son los barrios bajos de Madrid?
4. ¿De dónde viene el viento fresco?

5. ¿Dónde se halla Madrid?
6. ¿Cuál es el encanto de Madrid, según el autor?
7. ¿Cómo son los habitantes de Madrid?
8. ¿Por qué es Barcelona una de las ciudades más bellas de España?
9. ¿Cómo llamó a Barcelona Cervantes?
10. ¿Qué se oye sin cesar en Barcelona?
11. ¿Qué contrasta el autor cuando habla de la ciudad moderna y la ciudad vieja?
12. ¿Qué pasa durante la siesta?
13. ¿Cómo son las callejuelas de las ciudades viejas?
14. ¿Cuándo sentimos mejor todo el encanto de estas ciudades viejas?

B. *Escríbase una oración con cada palabra para demostrar la diferencia entre los dos verbos.*

conocer — saber
encontrarse — encontrarse con

sentirse — sentarse
haber de — tener que

C. *Póngase el infinitivo en el tiempo correcto.*

1. (*Andar*) un poco más y entonces nos detuvimos en una callejuela empinada.
2. Si (*estar*) Madrid en el mar, podrían verse los barcos.
3. Al (*ponerse*) el sol en el oeste, se cubrían de oro las montañas.
4. Cuando (*ser*) Barcelona más pequeña, no había tanta gente allí.
5. No (*haber*) río en el pueblo, de manera que las mujeres no podían lavar la ropa fácilmente.

D. *Pónganse en grupos de dos las palabras de significado parecido.*

atareado
rebosar
taller
estridente
destacar

fábrica
penetrante
cesante
salirse
estar de pie

ocupado
resaltar
esmalte

Páginas 8–13

A. *Contéstese en español.*

1. ¿Qué leyenda persiste todavía entre los turistas en España?
2. ¿Por qué no creemos nosotros esta leyenda?

3. Según el autor ¿qué buscaba Sancho Panza?
4. ¿Cuántos emigrantes hay hoy día?
5. ¿Cómo ve el español la vida?
6. Explíquese el fenómeno moderno del pluriempleo.
7. ¿Cuántas horas suele pasar en su oficina el oficinista?
8. ¿Qué hacen muchos oficinistas a mediodía?
9. ¿Qué hacen en el café después de la comida?
10. ¿Por qué están abiertas las tiendas hasta las ocho?
11. ¿Qué tiene que hacer la mujer para mantener la dignidad social de su familia?
12. ¿Qué quiere decir *empleomanía?*

B. *Dense los antónimos.*

superficial	añadir	apatía
larga	a menudo	actualmente
escasez	ingreso	

C. *Póngase el tiempo del verbo que corresponda.*

1. Si (*buscar*) en la literatura los tipos más representativos del carácter español, sin duda pensaremos en Don Quijote.
2. Es cierto que este activismo (*manifestarse*) cuando el español encuentra un incentivo suficiente.
3. No hay catedrático que (*trabajar*) tanto como un abogado o un médico.
4. El año entrante no sé si las tiendas (*estar*) abiertas a las ocho o no.
5. En el siglo xv el español (*ver*) la vida como una lucha. Hoy en día la ve igual.

D. *Complétense las oraciones siguientes con una de las palabras o expresiones dadas.*

1. El español ve el trabajo como un medio _____ un fin en sí.
2. Al oficinista le gusta ir al café _____ la comida.
3. _____ ser la mujer quien realiza milagros con el presupuesto doméstico.
4. Para comprender la vida española, no _____ hacer un pequeño viaje por el país.
5. Mas si _____ razón para esforzarse, el español trabaja lo menos posible.
6. El norteamericano casi siempre _____ del hombre que considera perezoso.

7. En España las tiendas cierran por lo común _____ las dos hasta las cuatro.

8. _____ de las ocho todo el mundo empieza a ir a casa.

recela	ante	ocurre
basta	más que	le falta
tras	a eso	suele
desde		

Páginas 14–20

A. *Contéstese en español.*

1. ¿Quiénes se incluyen entre los funcionarios públicos?
2. ¿Cómo se hace una oposición?
3. ¿Qué hace el profesor de medicina después de sus clases?
4. ¿Por qué buscan puestos universitarios los mejores hombres?
5. ¿Quién fue Giner de los Ríos?
6. ¿Qué hace el profesor auxiliar?
7. ¿Qué clase de profesor tiene los mejores ayudantes?
8. ¿Qué hechos distinguen la vida estudiantil en España?
9. ¿Qué necesita un estudiante para aprobar?
10. ¿De qué depende el éxito en los exámenes?
11. ¿Cómo se divierten los estudiantes entre clase y clase?
12. ¿Qué papel hace el estudiante en tiempos de agitación política?

B. *Dense palabras que sean de la misma familia de palabras.* (*Ejemplo:* feliz, felicitar, felicidad, felizmente.)

bastar	dirigir	frecuentemente
distinguido	símil	loa
extranjero		

C. *Sustitúyase el sustantivo en bastardillas por otro de la lista.*

1. *El estudio* del alumno se simplifica por medio del libro de texto.
2. La universidad ha sido, en *tiempos* de crisis, un buen indicador de la temperatura política del país.
3. El catedrático se limita a dar una o dos *lecciones* por la mañana.
4. El *Gobierno* no pone límite a estas actividades por saber que no les paga bastante.
5. Las deficiencias del sistema han tenido considerable influencia en el *ambiente* cultural del país.

6. El ínfimo *grado* del profesorado universitario corresponde a los ayudantes.
7. Su *misión* es la educación de todos los jóvenes.
8. Para los estudiantes es un *placer* especial ver cómo se examinan los profesores.

clases	propósito	deleite
clima	tramo	emperador
la labor	Estado	épocas
el espejo		

D. *Escríbase una frase original empleando las expresiones siguientes.*

estar a su disposición	se apresuró
hace pocos años	depende de
al margen de	bufete
desde muy joven	han sido reemplazadas

Páginas 20–29

A. *Contéstese en español.*

1. ¿En qué condiciones trabajan las mujeres españolas?
2. ¿Qué clases de puestos ocupan las mujeres?
3. ¿Cómo se hace el lavado?
4. Descríbase la vida doméstica en España.
5. ¿Cuál es uno de los centros tradicionales de acción social femenina?
6. ¿Cuántas horas diarias trabaja el obrero español?
7. ¿Qué clase de cigarrillo fuma el obrero?
8. ¿Cómo mejoraron sus condiciones de vida los obreros?
9. ¿Por qué crearon ateneos obreros?
10. ¿Dónde trabaja el limpiabotas?
11. ¿Qué significa el golpecito del limpiabotas?
12. ¿Qué cosas venden los vendedores ambulantes?
13. ¿Qué tenemos que hacer si vemos un cartelito que dice «no hay billetes»?

B. *Empleando las palabras dadas, escríbase una composición de unas cien palabras.*

obrero	nivel de vida	sindicato
pluriempleo	venta	entrenamiento
fondos	creciente	paga
lograr		

C. *Escríbase una oración con cada palabra para demostrar la diferencia entre las dos palabras.*

éxito — suceso
oficio — oficina

campo — país
falta — error

D. *Cámbiese cada frase al tiempo indicado.*

CONDICIONAL

1. La mujer española ha ido entrando en las esferas profesionales.
2. Por poco dinero no quieren trabajar en casa del cliente.
3. Los obreros buscan mejores trabajos en las fábricas.

IMPERFECTO

1. Las españolas siguen trabajando.
2. Siempre se sentirían distintas de las extranjeras.
3. Parece extraño que ella no venga.

FUTURO

1. La labor cultural tenía que resultar limitada y tendenciosa.
2. Los obreros salen muy temprano para la fábrica.
3. Al cabo de unos años había de llegar a gobernar el país.

PRETÉRITO

1. Nos quedamos hasta que aparezca un guardia.
2. Sentimos un golpecito en el pie.
3. No hay restricción de horas ni de lugar para la venta de bebidas.

Páginas 30–35

A. *Contéstese en español.*

1. ¿Cuáles son los deberes del sereno?
2. ¿Cómo adquirió su nombre?
3. ¿Cómo se divierten los cadetes?
4. ¿Qué compensaciones tiene el oficial?
5. ¿Quiénes forman la mayoría de la tropa?
6. ¿Quiénes son los chusqueros?
7. ¿Cómo se organizan los cuerpos de policía?
8. ¿Qué otros guardias hay?
9. ¿Qué le pasa a uno si blasfema en la calle?

10. ¿Por qué han empleado los españoles medios eléctricos de transporte?
11. ¿Qué no se permite en los tranvías?
12. ¿Dónde se refugiaron los madrileños durante los ataques aéreos de la guerra civil?
13. ¿Por qué es más agradable ir a pie por las calles?

B. *Dense los sinónimos de las palabras siguientes:*

cerciorarse   notorio   delicia
función   circulación   ambiente
cuantioso   aparcar

C. *Corríjanse los errores en las oraciones siguientes dando la versión correcta.*

1. El sereno está siempre listo para abrirle la puerta a uno a las once de la mañana.
2. La forma más agradable de moverse dentro de una ciudad es coger el Metro a las horas punta.
3. Los "grises" son conocidos en toda España por sus uniformes rojos.
4. Los oficiales del ejército español viven bastante bien con su sueldo modesto.
5. El potencial hidroeléctrico de los ríos de España se empezó a desarrollar muy pronto debido a la falta de carbón en el país.
6. Con la grata desaparición de los cables, han desaparecido también los autobuses.
7. Los aeropuertos de España, con sus pintorescos coches de caballos, tienen un tono internacional.
8. García Lorca es el poeta que mejor ha interpretado el amor popular hacia la Guardia Civil.

D. *Complétense los grupos siguientes de palabras.*

PARTICIPIO PASADO	SUSTANTIVO	ADJETIVO
crecido		
	salida	
protegido		
	imposición	
		forzoso
	vestido	
		hecho

Páginas 36–40

A. *Contéstese en español.*

1. Según el autor ¿qué institución es la más sólida de España?
2. ¿Dónde halla acogida el pariente necesitado?
3. ¿Qué exige el honor de la familia?
4. ¿Por qué tiene la madre tanta autoridad?
5. ¿Qué promete la mujer cuando se casa?
6. ¿Cuánta autoridad ejerce el padre de familia?
7. ¿Dónde tiene la mujer su interés central?
8. ¿Qué imagen les gusta más a las mujeres?
9. ¿Cómo son los pisos modernos?
10. ¿Para qué sirve la azotea?
11. ¿Cómo se construye una casa en Andalucía?
12. ¿Para qué sirve el toldo?
13. ¿Dónde tiene lugar la tertulia en los meses de verano?
14. ¿Qué se hace durante la tertulia?
15. ¿Por qué no se usa el patio durante el invierno?

B. *Sustitúyase el infinitivo por el tiempo que corresponda.*

1. El padre recibirá a los amigos en el patio si (*haber*) tertulia esta noche.
2. Supongo que a menudo los hijos casados (*seguir*) viviendo con sus padres.
3. Aun (*colocar*) a la mujer casada en la misma categoría que al menor, la ley la protege.
4. Es obvio que en España el marido no (*meterse*) en cuestiones de cocina.
5. La mujer no consentiría que el marido (*pisar*) la cocina.
6. Generalmente la familia andaluza (*ocupar*) en verano el piso bajo de la casa.
7. El honor de la familia siempre exigía que el padre o el hermano mayor (*vigilar*) a las hermanas.
8. Si (*querer*) casarte, podrías buscar la ayuda del juez.

C. *Pónganse en grupos de dos las palabras de significado parecido.*

esposo	hogar	marido
gozar	brasero	casa
pisar	disfrutar	olor
deber	quehacer	refrigerador
nevera	poner el pie encima	

D. *Póngase la preposición que corresponda.*

1. _____ el invierno la familia andaluza sube al segundo piso.
2. El marido es el primero _____ no consentir que una hija se case demasiado joven.
3. La autoridad moral de la madre, unida _____ su laboriosidad, es la base principal de la solidaridad familiar.
4. El brasero es importante _____ la intimidad de la familia tanto _____ el calor que da.
5. El gobierno central no ha delegado mucha de su autoridad _____ los de las provincias.
6. _____ falta de jardín, los ciudadanos suben a la azotea.
7. Las macetas de flores y el pozo hacen _____ patio un sitio muy agradable.
8. Al salir de la biblioteca, fuimos perseguidos _____ la calle por tres perros enormes.

Páginas 40–44

A. *Contéstese en español.*

1. Según el autor ¿cuáles son las tres características de la comida española?
2. ¿Qué pasa cuando se fríe algo?
3. ¿Cuál es la costumbre en las comidas de cumplido?
4. ¿Qué se toma para el desayuno?
5. ¿Cómo se hace un cocido?
6. ¿Cómo se sirve el cocido?
7. ¿Cuáles son algunos de los platos regionales?
8. ¿A qué hora se toma la cena?
9. ¿Cómo se trata a los niños en España?
10. ¿Cuándo hace trabajar un padre a sus hijos?
11. ¿Cómo se gana la simpatía de un padre español?
12. ¿Qué hace un niño cuando nos habla?
13. ¿Qué instituciones proporcionan la enseñanza en España?
14. ¿Cuáles son algunos de los juegos favoritos de los niños?
15. ¿Cómo se divierten las niñas?

B. *Complétense las oraciones siguientes con una de las expresiones dadas.*

1. Para el desayuno _____ un panecillo o un buñuelo mojado en el café.

2. La cena _____ a la comida de mediodía más que a la merienda.
3. Hay muchos chicos, sobre todo en el campo, que se quedan sin _____.
4. Para no ofender a la señora de la casa, el invitado a menudo tiene que comer hasta _____.
5. Por _____ un lujo, la carne no se come tanto hoy en día.

enseñanza	llegar a ser
es bastante	se parece a
hacerse	hartarse
es imposible	libertad

C. *Escríbase una oración original para demostrar la diferencia entre las dos palabras.*

carácter — personaje	casar — cazar
coste — costa	lucro — lujo
fiambre —hambre	vista — visita
bello — bélico	

D. *Sustitúyase el verbo en bastardillas por otro de la lista.*

1. El invitado no puede *rechazar* nada de la comida para no ofender a la señora.
2. A los niños de España les gusta *divertirse* con el juego de bolas.
3. Para *marcar* la mutua confianza y amistad, los amigos en España llegan pronto al tuteo.
4. Para *ganar* la simpatía de un español, no hay medio más seguro que alabar la hermosura de su niño.
5. Es posible *ver* la diversidad regional del país en los platos peculiares de cada región.

hartarse	llevar	entretenerse
conseguir	indicar	observar
rehusar		

Páginas 44–48

A. *Contéstese en español.*

1. ¿Qué es lo más típico de las visitas de las mujeres?
2. ¿Cuándo se deben hacer las visitas?

3. ¿Quiénes hacen la visita?
4. ¿Cuál es el equivalente femenino del café de los hombres?
5. ¿Cómo se trata a un recién llegado?
6. ¿Por qué hizo esperar a sus amigas Rosario?
7. ¿Por qué ha venido a Madrid el marido de Laura?
8. ¿Dónde van a poner casa Laura y su marido?
9. ¿Cómo se puede economizar bastante para veranear en San Sebastián?
10. ¿A qué hora termina la visita?
11. ¿A quiénes se aplica la palabra *cursi?*
12. ¿Cuál es el origen de esta palabra?
13. Dense dos o tres ejemplos de la cursilería.
14. ¿Por qué son los oradores propensos a frases cursis?
15. ¿Cómo condenan los españoles lo cursi?

B. *Dense los sinónimos de las palabras siguientes.*

| querer | indicar | comedia |
| conocido | encontrar | cursi |

C. *Póngase la preposición que corresponda.*

1. La costa de Levante viene _____ ser tan popular como las Baleares para los turistas.
2. Pasar el invierno en París siempre está _____ moda.
3. Los maridos insistían _____ comer temprano.
4. Los periódicos sirven _____ criticar los errores del gobierno.
5. Los profesores de ayer eran propensos _____ las conferencias largas.
6. Las mujeres de Córdoba son conocidas _____ su hermosura.
7. No deje _____ salir muy temprano mañana.

D. *Póngase la frase "Siento que" (o su equivalente) ante la frase dada y hágase cualquier cambio necesario. (Ejemplo:* Juan no lo conoce. Siento que Juan no lo conozca.)

1. Las cosas se están poniendo tan caras.
2. Quieren esperar un momento.
3. El señorito no ha vuelto aún.

"Era imposible que"

1. Ella prefiere San Sebastián.

2. Mi marido insiste en que nos quedemos.
3. Ha sido una tarde deliciosa.

"Supongo que"

1. Cursi es la persona que se viste ostentosamente.
2. La novela sentimental ve el mundo color de rosa.
3. Esta mujer quiere impresionar a los hombres.

"No creía que"

1. María va a París aunque esté un poco pasado de moda.
2. Juana le dirá a la modista lo que ha pasado.
3. Hay confianza entre nosotros.

Páginas 49–53

A. *Contéstese en español.*

1. Según el autor ¿qué se hace el español católico que deja de serlo?
2. ¿Qué hizo el anticlerical del cuento?
3. ¿En qué parte de España son las devociones más tradicionales?
4. ¿Por qué tiene cada uno una imagen favorita?
5. ¿De dónde vino el culto por ciertas imágenes?
6. ¿Por qué se convirtió en heroína nacional la Virgen del Pilar?
7. ¿Cómo demuestra el pueblo su fervor religioso?
8. ¿Por qué es la iglesia un lugar ideal?
9. ¿Cuándo tienen lugar las misas populares?
10. ¿Dónde se quedan los hombres durante la misa?
11. ¿Por qué no hay oraciones colectivas?
12. ¿A qué se dedica la beata?
13. ¿Cómo se visten estas mujeres devotas?
14. ¿Qué muestran los *exvotos*?
15. ¿Dónde se ponen los *exvotos*?

B. *Empleando las palabras dadas, escríbase una composición de unas cien palabras.*

iglesia	beata	quietud
catolicismo	rezar	sentimiento
imagen	procesión	fervor
fe		

C. *Corríjanse los errores en las oraciones siguientes dando la versión correcta.*

1. Cuando los españoles dejan la Iglesia católica, casi siempre se hacen protestantes.
2. La Virgen del Pilar, por su ayuda a los que atacaban a Madrid, se ha convertido en heroína nacional.
3. Los *exvotos* son las oraciones de los fieles.
4. Debido al catolicismo del país, nunca han ocurrido sublevaciones contra la Iglesia en España.
5. El culto de las imágenes, creado por el clero, es muy popular aún en el país.
6. La Semana Santa, el más brillante de los espectáculos religiosos, termina con la Navidad.
7. En las misas populares, a hora temprana, se ven muchas mujeres de la alta sociedad.

D. *Empleando las palabras siguientes, escríbanse dos frases con cada una que demuestren dos significados distintos de cada palabra.*

hábito   paso   espectáculo
papel   fondo

Páginas 53–57

A. *Contéstese en español.*

1. ¿Por qué son tan populares las procesiones de Semana Santa?
2. ¿Qué representa este espectáculo?
3. Descríbase un paso.
4. ¿Por qué pasan tan despacio estos pasos?
5. ¿Cómo es una saeta?
6. ¿Cómo visten los penitentes?
7. ¿Quiénes costean estos pasos?
8. ¿Cuánto tiempo duran las procesiones?
9. Según el autor ¿qué opinan los extraños de las procesiones?
10. ¿Qué notan los aficionados españoles?
11. ¿De qué manera toma parte activa la gente?
12. ¿Cómo se decoran las casas?
13. ¿Qué clase de música toca la banda militar?
14. ¿Qué pasa el Sábado de Gloria?

B. *Complétense los grupos siguientes de palabras como en el ejemplo dado.*

VERBO	SUSTANTIVO	ADJETIVO
concluir	*conclusión*	*concluso*
adquirir		
	vacilación	
		breve
estrenar		
impresionar		
		montada
	celebración	

C. *Sustitúyase la palabra en bastardillas por otra de la lista.*

1. A mí no me interesan mucho *los programas* de televisión.
2. Yo quería *asistir a* la coronación del rey pero no tenía bastante tiempo.
3. Aunque no es lo mismo con los coches, un vino *viejo* es mejor que un vino nuevo.
4. Un viento fuerte hacía *mover* los árboles.
5. La mujer no podía *seguir* rezando porque estaba demasiado cansada.
6. Para la fiesta, el pueblo estaba todo *decorado* de ramas y de flores.
7. Tanto ha aumentado *la circulación* en Madrid, que es casi imposible cruzar la Puerta del Sol.

vacilar	las emisoras	antaño
tino	colorado	las ideas
observar	el tráfico	adornado
el Metro	los actores	el auto
presenciar	continuar	las voces
añejo		

D. *Sustitúyase el verbo en bastardillas por el verbo dado al principio y hágase cualquier cambio necesario.*

"no creía"

1. Yo *sé* que las muchachas lo adquieren.
2. Lo *dirá* aunque esté de acuerdo.

"pudiera"

1. Si *puedo* hacerlo, lo haré.

2. Espero que *pueda* terminarlo.

"saldrá"

1. La muchacha *se fue* cuando se cayó la mujer.
2. El hombre *entró* mientras sacaban las mantillas.

"no sabía"

1. *Les mandó* que comenzaran la procesión.
2. Le dijeron que *lo aprendiera*.

Páginas 58–64

A. *Contéstese en español.*

1. ¿Cómo revelan las diversiones el carácter español?
2. ¿Qué clases de fiesta hay?
3. ¿Cómo empiezan y cómo terminan muchas de estas fiestas?
4. ¿Cuándo se sienten más iguales los españoles?
5. ¿Por qué ha de haber mucha gente en una fiesta?
6. ¿Por qué no hay grosería en estas fiestas?
7. ¿Cuál es el objeto principal de los paseantes?
8. ¿Por qué es el paseo un verdadero arte en Madrid?
9. ¿Qué se exhibe en el Museo del Prado?
10. ¿De dónde fueron los grandes pintores cuyos cuadros se hallan en el Prado?
11. ¿Por qué es tan famoso el cuadro de *Las Meninas?*
12. ¿Qué significa el café en la vida española?
13. ¿De qué se habla en el café?
14. ¿Por qué es una institución democrática?
15. ¿Cuándo puede ir una mujer al café?

B. *Dense los antónimos de las palabras siguientes.*

usual	apretado	empezar
a menudo	todopoderoso	crear
alegría	célebre	

C. *Complétense las frases siguientes con una de las palabras o expresiones dadas.*

1. El _____ principal del paseo es verse los unos a los otros.
2. Lo que siempre da susto es lo _____.

3. Del _____ en la calle, subía mucho ruido a mi ventana.
4. Por lo común la fiesta marca un _____ importante de la historia religiosa o nacional.
5. En el museo del Prado, _____ de la gloria de los reyes españoles del pasado, se encuentran muchos cuadros famosos.
6. Lo que nos impresiona mucho en el arte de Velázquez es el _____.
7. La religión tiene un _____ muy importante en la vida española.

suceso	marco	papel
signo	realismo	inesperado
atractivo	gentío	festivo

D. *Póngase el tiempo del verbo que corresponda.*

1. No creía que la fiesta (*comenzar*) cuando llegué.
2. No vamos a quedarnos en el café aunque las muchachas (*divertirse.*)
3. Hace años los carruajes de la alta sociedad (*acudir*) al parque del Retiro para hacer el *paseo de coches*.
4. No puede ser que el Prado (*contener*) tantos cuadros.
5. Aunque (*mezclarse*) lo religioso y lo profano en el último día de Semana Santa, no hay irreverencia en esto.
6. Le gustaba divertirse sin que nadie le (*dirigir.*)
7. No se ve el *paseo de coches* porque (*desaparecer*) ante el tremendo aumento del tráfico.

Páginas 64–70

A. *Contéstese en español.*

1. Descríbase la escena en el café a las siete de la tarde.
2. ¿Qué quiere el señor de la barba blanca?
3. ¿Qué necesita el pueblo español según el señor gordo?
4. ¿Qué piensa D. Antonio de Cañitas, el torero?
5. ¿Cómo se llama al camarero en un café?
6. ¿Qué cualidades del español refleja la corrida de toros?
7. ¿Qué preparativos se hacen por la mañana antes de la corrida?
8. ¿Quiénes acompañan al torero mientras se viste?
9. ¿Cómo se anuncia el comienzo de la corrida?
10. ¿Cuál es el primer acto de la corrida?

11. ¿Cuál es el momento culminante de la lidia?
12. ¿Qué recompensa concede el presidente a un buen torero?
13. ¿Qué se hace con el cuerpo del toro?
14. ¿Cuál es el gran atractivo para el verdadero aficionado español?
15. Según el autor ¿de qué manera se podrían eliminar las corridas?

B. *Pónganse en grupos de dos las palabras de significado parecido.*

discutir	tras de	arguir
actualidad	lentamente	contestar
medida	fase	presente
pedir	característico	despacio
replicar	medio	después de
acudir	rogar	parte
rasgo	acercar	enfrente de

C. *Corríjanse los errores en las siguientes frases dando la versión correcta.*

1. Realmente la corrida es el deporte favorito de los españoles.
2. Por ser espectáculo cruel, la Iglesia ha condenado siempre la corrida.
3. Por la tarde en un café español se suelen ver muchas mujeres solas hablando y divirtiéndose con los hombres.
4. Por lo general la conversación de los hombres en el café se limita a cosas ligeras.
5. Sobre todo los españoles se ven a sí mismos como un pueblo moderado y gobernable.
6. La corrida no es más que un drama en que los personajes principales son el torero y el caballo.
7. A veces se retrasa el comienzo de la corrida diez o quince minutos, pero nunca más tiempo.

D. *Póngase la preposición que corresponda.*

1. Las mujeres daban sus opiniones _____ la última moda de París.
2. Lo que pasa con los jóvenes de hoy es que no están muy satisfechos _____ la vida.
3. La discusión era estúpida y degeneró _____ una serie de insultos.
4. Todos los estudiantes estaban allí reunidos _____ al profesor famoso.
5. Hay pocos españoles que no sean aficionados _____ la corrida.

6. Todos los alumnos estaban listos _____ la llegada del profesor.
7. Las flores estaban _____ venta en todos los mercados de la ciudad.
8. Es el deber del torero despachar bien _____ su toro.

Páginas 70–75

A. *Contéstese en español.*

1. ¿Cuándo se hizo popular en España el fútbol?
2. ¿De qué manera mostró el público su entusiasmo?
3. ¿Cómo se ha comercializado este deporte?
4. ¿Qué es un *frontón?*
5. ¿Por qué es tan dramático un partido de pelota vasca?
6. ¿Cómo es posible montar las grandes obras clásicas de Lope de Vega?
7. ¿Qué han tratado de hacer algunos autores jóvenes?
8. ¿Cuándo se representa *Don Juan Tenorio?*
9. ¿Por qué se ha escogido esta obra para el día de Difuntos?
10. ¿Qué hace el público si un actor tiene un descuido?
11. ¿De dónde sacan temas para las películas españolas?
12. ¿Cuántos cines hay en Madrid?

B. *Añádanse palabras que sean de la misma familia de palabras.*

convertir	circular	variar
combatir	cesar	igualar
iniciar	especializar	indicar

C. *Escríbase una oración original para demostrar la diferencia entre las dos palabras.*

honrado — honroso
entusiasta — aficionado
en torno a — alrededor de

asistir a — ayudar
ensalzar — alzarse

D. *Póngase «Dudo que» (o su equivalente) ante la frase dada y hágase cualquier cambio necesario.*

1. Algo había empezado a ocurrir con el fútbol.

2. El gobierno se atrevería a afrontar la impopularidad.

«Sería difícil que»

1. Los españoles vencen a los ingleses.
2. Se construyeron estadios en las ciudades principales.

«Ellas creían que»

1. La producción cinematográfica ha aumentado en España aunque no sea muy original.
2. En el café el tema futbolista vino a enriquecer el repertorio de las disputas.

«Ojalá que»

1. Todo vasco juega al frontón.
2. Barcelona tiene veinte teatros.

Páginas 76–79

A. *Contéstese en español.*

1. ¿Cuál es la función comercial de una feria?
2. ¿Por qué va a la feria la gente del campo?
3. ¿Qué clases de animales se venden en una feria?
4. ¿Por qué es la feria de Sevilla la más brillante?
5. ¿Qué hacen las familias ricas durante esta feria?
6. Descríbase el traje típico andaluz.
7. ¿En qué parte de la ciudad tiene lugar una verbena?
8. ¿Cómo se divierte uno en una verbena?
9. ¿Por qué ruegan a San Antonio las jóvenes?
10. ¿Qué se oculta bajo el nombre católico de la verbena?
11. ¿Cuál es el origen de la verbena de San Juan?
12. ¿Cómo se celebra la verbena en las comarcas vitícolas?
13. ¿Cuándo tienen lugar las últimas verbenas?
14. ¿Cómo se decora la Virgen en algunas comarcas vitícolas?

B. *Empleando las palabras dadas, escríbase una composición de unas cien palabras.*

feria	verbena	bailar
caseta	comestibles	encanto
camaradería	muchedumbre	vendimia
cohete		

C. *Sustitúyase la palabra en bastardillas por otra de la lista.*

1. Al entrar en el jardín, los niños *se escondieron* detrás de los árboles.
2. Los vecinos se quejaron a la policía a causa del *ruido* que salía de la casa.
3. Ojalá que Dios nos *diera* buena suerte en eso.
4. Un día en el campo tiene cierto *atractivo* para el ciudadano.
5. Comimos uvas *deliciosas* el día de la vendimia en el pueblo.
6. Sentada en la caseta había una señora *anciana*.
7. Me gusta la universidad porque hay allí *ambiente* de paz y tranquilidad.

hurgar	atmósfera	proporcionar
suculento	estrépito	vetusta
aliciente	ocultar	ganar

D. *Póngase el tiempo del verbo que corresponda.*

1. No es fácil que el gitano (*hurgar*) mucho a la mula.
2. Si no le (*proporcionar*) un buen novio San Antonio, va a estar muy triste la chica.
3. Hasta que (*llegar*), no había nadie en el teatro.
4. Ayer todo el pueblo (*inundar*) por los gitanos venidos a la feria.
5. Cuando empiece el trabajo, los empleados (*recibir*) ya el salario del mes.
6. A lo largo de la calle (*instalar*) solamente una caseta.
7. La feria de Sevilla (*atraer*) gran número de visitantes aquel año.
8. Las aceras (*cubrir*) de puestos de golosinas por personas que querrían ganar dinero.

Páginas 79-84

A. *Contéstese en español.*

1. ¿Qué es la Nochebuena?
2. ¿Cómo se celebra?
3. ¿Qué compra la gente en las calles?
4. ¿Qué es una zambomba?
5. ¿Qué es un *nacimiento*?
6. Descríbanse los *nacimientos* que se ven en las iglesias.
7. ¿Cuándo tiene lugar la misa del gallo?
8. ¿Qué es el aguinaldo?
9. ¿Cuánto se puede ganar en la lotería nacional?

10. ¿Dónde tiene lugar el sorteo?
11. ¿Cómo se escogen los números premiados?
12. ¿Cuándo se dan los regalos a los niños?
13. ¿Quiénes traen los regalos a los niños?

B. *Dense los sinónimos de las palabras siguientes.*

es necesario	afortunado	gentío
atestado	prodigar	comarca
tener lugar	penetrar	

C. *Póngase la preposición que corresponda.*

1. El gobierno gastaba millones _____ la guerra.
2. En el corredor había un gran grupo de personas _____ espera de la llegada del ministro.
3. Después de estropear el coche, la mujer tenía mucho miedo _____ si se enteraba su esposo.
4. Aunque no lo creyera, los hombres iban _____ verdad a la iglesia.
5. Yo recibí ayer una carta de mi hija en Madrid escrita _____ mano.
6. Esto de jugar _____ la lotería, no me interesa nada.
7. Mi amigo tuvo la suerte _____ encontrar cien pesetas en la acera.
8. Tendremos que estar en la iglesia _____ las once por lo menos, pues no sé exactamente cuándo empieza la misa del gallo.

D. *Escríbase una oración original para demostrar la diferencia entre las dos palabras.*

paisaje — escena	genio — gentío
sacar — quitar	incluso — incluyo
afectación — afecto	sorteo — suerte
esperar — aspirar	atravesado — travesura

Páginas 86–93

A. *Contéstese en español.*

1. ¿Qué hay que hacer para conocer España a fondo?
2. ¿Por qué nos sorprende tanto el contraste entre la ciudad y el campo?

3. ¿De qué manera ha cambiado la vida tradicional en los pueblos?
4. Descríbase la vida del pueblo.
5. ¿Qué pasa en la ciudad durante el verano?
6. ¿Qué quiere hacer por nosotros el mozalbete cuando se levanta?
7. Mientras tanto ¿qué hacemos nosotros?
8. Descríbase la escena en un departamento de segunda clase.
9. ¿Qué es un tren correo?
10. ¿De qué manera se come en el tren?
11. ¿Qué pasa si vamos a un departamento de primera clase?
12. ¿Qué nos pasará si no tenemos los papeles en regla?
13. ¿Dónde suele estar la estación en los pueblos?
14. ¿Qué pasa cuando llegamos al pueblecito?
15. ¿Qué ofrece el joven espectador?

B. *Pónganse en grupos de dos las palabras de significado parecido.*

hogar	posada	casa
jolgorio	carecer de	regocijo
mozalbete	fonda	chico
colono	verano	volver
adormecerse	faltarle a uno	labrador
regresar	destacar	cercanía
estío	pararse	

C. *Complétense las oraciones siguientes con una de las expresiones dadas.*

1. En los pueblos casi no _____ nada la vida española.
2. En España hasta hoy _____ la religión varios aspectos que han desaparecido en otras partes.
3. De repente una voz aguardentosa _____ a cantar una canción muy triste.
4. Hablando muy rápidamente, la chica _____ a enseñarme el hotel.
5. Después de cuatro horas de viaje, el tren por fin _____ en la estación.
6. En España no _____ obrar en contra del gobierno por miedo a la policía.
7. Me pregunto por qué la mujer no _____ a divertirse.
8. El coche de segunda _____ llenando de obreros que van a Madrid.

se desarrolla	se conserva	se va
se puede	se ofrece	se para
se entrega	se pone	se habla

D. *Póngase "No estaba bien que" (o su equivalente) ante la frase dada y hágase cualquier cambio necesario.*

1. Algunas aldeas se están quedando vacías.
2. La gente no suele leer más que periódicos.

   "Lo que pasa es que"

1. Estos pueblos no pertenecen a la misma época.
2. Madrid se llamaba "castillo famoso" antiguamente.

   "No había más remedio que"

1. No fuimos a Madrid.
2. Escuchaba los silbidos estridentes de una locomotora.

   "Si tuviéramos tiempo"

1. Podemos pasar la noche aquí.
2. No vamos a la plaza del pueblo.

   "Nos dijo que"

1. El vehículo salta sin cesar sobre baches y piedras.
2. Aparece de vez en cuando la casilla de un peón caminero.

Páginas 94–99

A. *Contéstese en español.*

1. Antes de describir las diferencias locales ¿en qué vamos a fijarnos?
2. ¿Cómo son las tiendas en los pueblos?
3. ¿En qué consiste una típica comida de pueblo?
4. ¿Qué cosas se venden en el mercado?
5. ¿Por qué van al mercado las señoras acomodadas?
6. ¿Qué vemos en la fragua del herrero?
7. ¿Cómo es la vida en los talleres?
8. ¿Por qué tienen que ir a la fuente las mujeres?
9. ¿Qué hacen las jóvenes en la fuente?
10. ¿Qué nos pasará si salimos a la calle a mediodía?
11. En vez de salir a la calle ¿qué suele hacer el español?
12. ¿Cuánto tiempo dura la siesta?
13. ¿Cuándo empieza el paseo?
14. ¿Por qué van algunas veces a la estación?
15. ¿Qué hacen las mujeres maduras durante el paseo?

B. *Dense palabras que sean de la misma familia de palabras.*

satisfacer	reposado	sumido
remedia	tardar	vocear
envolver	chirrido	

C. *Empleando las palabras dadas, escríbase una composición de unas cien palabras.*

aceituna	merienda	postre
jamón	leche	bocadillo
conejo	melón	

D. *Póngase el tiempo del verbo que corresponda.*

1. Como teníamos hambre, (*pararse*) ante un letrero que decía VINOS Y COMIDAS.
2. La muchacha no podía llenar el cántaro sin que (*rebosar*) un poco.
3. La moza miró al suelo como si los muchachos le (*lanzar*) miradas.
4. Buscábamos un policía que nos (*dirigir*) al hotel.
5. Para decidir qué hacer el año entrante, lo más prudente (*ser*) esperar hasta que (*volver*) el director.
6. Hace años en Madrid que el zapatero remendón no (*sacar*) su banquillo al sol para pasar allí el día.
7. No queremos a nadie que (*provocar*) regañinas.
8. No ha habido nadie en la iglesia desde que le (*ver*) allí esta mañana.

Páginas 99–104

A. *Contéstese en español.*

1. ¿Para quiénes es el casino?
2. ¿Qué hacen los señores en el casino?
3. ¿Quién ha descrito un típico socio de casino?
4. ¿Qué quiere decir «pelar la pava»?
5. ¿Dónde perdura todavía la costumbre de hablar por la reja?
6. ¿Cómo empieza el noviazgo en los pueblos?
7. ¿Hasta cuándo seguirá manteniendo su fría reserva la joven?
8. ¿Qué pasa después de la boda?
9. ¿Cuándo tiene lugar la boda en los pueblos?
10. ¿Quién paga los gastos de la boda?
11. ¿Cómo viste la novia para la ceremonia?

12. ¿De qué manera van todos a la iglesia?
13. ¿Cómo se divierten después de la ceremonia?
14. ¿Quiénes corren gritando por la calle?

B. *Escríbase una oración con cada palabra para demostrar la diferencia entre las dos palabras.*

hasta — hastío   decorativo — decoroso
precio — desprecio   el corte — la corte
fila — desfile   acatar — recatar
aparecer — aparentar   encaje — caja

C. *Búsquese una palabra en la sección leída que pueda sustituir a la palabra en bastardillas.*

1. Era un hombre muy *silencioso,* así es que no lo conocía bien.
2. Después de marcharse el último de los huéspedes, la puerta de la taberna *quedaba* abierta.
3. Como era una chica revoltosa, no quería *obedecer* a su padre.
4. El maestro de escuela *pretendía* no saber lo que hacían los alumnos cuando él no estaba en la clase.
5. Su conducta en un día de fiesta es siempre muy *reservada* pues no quiere llamar la atención de la policía.
6. En la iglesia el cura *esperaba* la llegada de los novios.
7. El *deseo* de ser el mejor preparado de la clase preocupaba constantemente al estudiante.

D. *Escríbase cada frase siguiente haciendo los cambios necesarios para que el verbo en bastardillas no esté en subjuntivo. (Ejemplo:* No creo que sea inteligente. Creo que es inteligente.*)*

1. El muchacho por lo común se pone al lado de su elegida acompañado de algún amigo que *ocupe* el flanco opuesto.
2. El novio esperará a que su novia se *digne* asomarse al balcón.
3. No es cierto que él *hablara* de noche con su novia.
4. Ella seguirá manteniendo su fría reserva hasta que se *convenza* de las intenciones serias del muchacho.
5. La mujer salió de casa antes de que su hijo se lo *dijera.*

Páginas 104–108

A. *Contéstese en español.*

1. ¿Cuál es la primera actividad del domingo?
2. ¿Quiénes van a la misa de las once?
3. ¿Qué pasa a veces al árbitro durante un partido de fútbol?
4. ¿Qué hacen los hombres que no van a misa?
5. ¿Qué pasa la mañana de una fiesta pueblerina?
6. ¿Cómo visten los hombres para la fiesta?
7. ¿Qué toca la banda local?
8. ¿Qué hacen si no hay plaza de toros en el pueblo?
9. ¿Qué pasa a veces al torero local?
10. ¿Cuál es el momento culminante de la fiesta?
11. ¿Quiénes van detrás de la imagen?
12. ¿Adónde va la procesión?
13. ¿Qué ofrecen los señores principales?
14. ¿Qué hay por la noche?

B. *Dense los sinónimos de las palabras dadas.*

transcurrir	transportar	maduro
agolparse	exhibición	acosar
bullicio	estropear	suprimir

C. *Póngase la preposición que corresponda.*

1. El alcalde fue a la fiesta vestido _____ un traje negro.
2. Los estudiantes han decidido protestar _____ la última proclamación del gobierno.
3. Los actores que quieren darse _____ conocer generalmente van a Madrid o Barcelona.
4. Inmediatamente vino el jefe seguido _____ un policía.
5. El muchacho aprovechó la ocasión de la fiesta _____ demostrar un baile nuevo que acababa de aprender.
6. _____ la puerta de la iglesia había un grupo de muchachos que miraba a las mujeres que salían de dentro.
7. La mujer vieja que vive cerca del mercado sólo sale _____ visitar a unos pocos amigos.

D. *Complétense los grupos siguientes de palabras.*

VERBO	SUSTANTIVO	ADJETIVO
pender		
	goce	
		girante
	repique	
equivaler		
culminar		
		admirativo

Páginas 109–115

A. *Contéstese en español.*

1. ¿Qué separa el norte de España del resto de la península?
2. ¿Cómo son los pueblos del norte?
3. ¿Qué se ve sobre la portada de algunos caseríos?
4. ¿Qué hay en el piso de arriba?
5. ¿Cómo son los hombres del norte?
6. ¿Qué dice el proverbio que refleja su carácter?
7. ¿Qué hace el aldeano que no gana bastante para vivir?
8. ¿Qué harían los gallegos, según el autor, si el sol se apagara?
9. ¿Cómo se viste la mujer del norte?
10. ¿Cómo pagan los labradores al dueño?
11. ¿Qué ambición tienen estos campesinos?
12. ¿Qué cultivan los labradores?
13. ¿Cómo son las casetas donde se guarda el grano?
14. ¿Qué papel hace la mujer en la pesca?
15. ¿Para qué se usa el hierro que se mina?

B. *Corríjanse las siguientes frases falsas dando la versión correcta.*

1. Dos símbolos de la vida andaluza son el zueco y el paraguas.
2. El vasco prefiere siempre innovaciones que le mejoran la vida en vez de las viejas costumbres.
3. En el norte tanto como en el sur, se depende del riego para producir buena cosecha.
4. En los valles del norte, esparcidos entre altas montañas, hay campos grandes y fértiles.
5. El gallego, hablado en el noroeste del país, ha tenido poca importancia literaria.

6. La filosofía de los vascos se ve mejor en el dicho famoso: —Vuelva Ud. mañana.
7. La agricultura y la pesca son las únicas industrias importantes para el vasco.

C. *Póngase el tiempo del verbo que corresponda en bastardillas.*

1. Mi padre me relató una anécdota que (*ilustrar*) la obstinación del aldeano.
2. En pocos años sin duda los idiomas tradicionales (*ser*) sustituidos por el castellano.
3. El campesino quería (*recorrer*) el interior del país durante la recolección para ganar unas pesetas más.
4. Él volverá a su patria chica cuando (*conseguir*) acumular un pequeño capital.
5. (*Entrar*) en la casa, nos hallamos en una espaciosa cocina.

D. *Escríbase una oración con cada palabra que demuestre la diferencia entre las dos palabras.*

labio — labia
más — mas
reducto — reducción

pez — pescado
castaño — castaña

Paginas 115–121

A. *Contéstese en español.*

1. ¿Qué ha pasado con el idioma gallego?
2. ¿Dónde se oye todavía el vasco?
3. ¿Cuáles son algunas de las teorías del origen del vasco?
4. ¿Qué pasa cuando un vasco habla castellano?
5. ¿Por qué son los vascos tan buenos católicos?
6. ¿De qué manera apareció la Virgen en Ezquioga?
7. ¿Qué pasó a los que subieron al monte?
8. ¿Qué pensó la Iglesia de este milagro?
9. ¿Qué reliquia hay en la casa de San Ignacio de Loyola?
10. Descríbase la costumbre del *alcalde del mar.*
11. ¿Qué hacen los campesinos la víspera del día de Difuntos?
12. ¿Cómo son las danzas vascas?
13. ¿Qué representa la *ezpatadantza*?

14. ¿Cómo es el baile gallego?
15. Según el autor ¿qué es lo mejor de Galicia?

B. *Pónganse en grupos de dos las palabras de cada lista que correspondan.*

feligrés	residuo	cumbre
orar	alma	difunto
cima	saltar	tobillo
muerto	torpeza	miembro de una parroquia
desmaña	ánima	vestigio
brincar	desplazar	rezar

C. *Búsquese en el trozo leído una palabra o expresión que pudiera sustituir a la expresión en bastardillas.*

1. El baile comenzó temprano *de manera que* todos los labradores llegaron tarde.
2. Para protegerse contra epidemias, el pueblo decidió *purificar* el agua empleada en las casas.
3. En la música de Andalucía *se ve* la influencia de los árabes.
4. De todas partes *venían* los campesinos para la fiesta de la vendimia.
5. Los catalanes *mantienen* su propio idioma al lado del castellano.
6. En muchos pueblos la Iglesia no ha logrado *abolir* costumbres verdaderamente paganas.
7. Un pueblo *guerrero* siempre es una preocupación para sus vecinos más pacíficos.

D. *Escríbanse dos oraciones que demuestren dos significados distintos de cada palabra.*

pleno	orden	senda
campo	monte	hogar

Páginas 122–127

A. *Contéstese en español.*

1. ¿Qué variedades de clima ofrece Levante?
2. ¿Por qué es Levante el vergel de España?
3. ¿Qué clases de productos se cultivan aquí?
4. ¡Cómo se cultiva el arroz?

5. ¿Cómo se reparte el agua?
6. ¿Cómo es el genio de los catalanes?
7. ¿Cómo se construyen las barracas valencianas?
8. ¿Por qué tiene que trabajar toda la familia?
9. ¿De qué manera se vende la leche aquí?
10. ¿Qué hace el hombre mientras que su mujer va a la ciudad?
11. ¿Cuándo se reúne el Tribunal de las Aguas?
12. ¿Cómo funciona este tribunal?
13. ¿Quiénes son los jueces?
14. ¿En qué lengua se declara abierta la sesión?

B. *Dense los sinónimos.*

repartir	hierbajo	esmero
diseminar	comilona	
festín	usanza	

C. *Sustitúyanse la palabra o palabras en bastardillas en cada frase por la palabra dada en paréntesis y hágase cualquier cambio necesario en la frase.*

(mandaron)

1. Les *relatan* a los campesinos que en la Huerta producen arroz.
2. *Dicen* que el pueblo resurgirá como centro industrial.

(saben)

1. No es cierto que los huertanos *sepan* cooperar en el riego.
2. Si *hubieran sabido* esto, no lo habrían hecho.

(abran)

1. No salí hasta que *abrió* la tienda.
2. No vienen los vecinos aunque *han abierto* las puertas.

(cuando)

1. Lo hacían *porque* el gobierno contribuye algo.
2. El labrador protestó *sin que* el juez le impusiera una multa.

D. *Háganse frases empleando las dos palabras dadas.*

1. jardín   florecen
2. paella   sirva
3. tribunal   acatar
4. naranjos   esparcidos
5. montañas   asoman

Páginas 128–132

A. *Contéstese en español.*

1. ¿De qué manera se celebra un suceso doméstico en Valencia?
2. ¿Cómo se bebe vino en porrón?
3. ¿Qué hace la vieja con las gallinas?
4. ¿Qué pasa después del festín?
5. ¿Mientras tanto ¿qué hacen las mujeres?
6. ¿Cuáles son los idiomas que se hablan en Levante?
7. ¿Qué han logrado los catalanes después de un siglo de esfuerzos culturales?
8. ¿Por qué ha habido represiones por el gobierno?
9. ¿Cómo suena el catalán?
10. ¿Cómo es el valenciano?
11. ¿Cómo son las diversiones de los de Levante?
12. ¿Cómo aparece la iglesia durante una fiesta?
13. ¿Qué es una *cremá?*
14. ¿Qué representan las *fallas?*
15. ¿Qué representan los dos bandos de la procesión de Semana Santa?

B. *Dense por cada palabra otras cuatro de la misma familia de palabras.*

delicadeza	cegadora	deslumbrador
reino	recorrer	

C. *Añádase el verbo que corresponda.*

1. Como no habían comido en dos días, los estudiantes _____ en el restorán.
2. Después de mucho tiempo, los misioneros _____ convertir a los indios.
3. Corriendo a toda velocidad, los dos coches _____ contra el muro.
4. De repente _____ dos veces las campanas.
5. Los chicos _____ las calles del pueblo buscando al guardia.
6. Los obreros _____ las nueces que habían caído al suelo.
7. Las tiendas _____ abiertas hasta las ocho el día antes de la Navidad.

recorrieron	lograron	se atracaban
dedicaron	recogieron	resonaron
se aplastaron	se instalaron	

D. *Póngase el verbo en bastardillas en la tercera persona plural del presente de subjuntivo y hágase cualquier cambio necesario.*

1. Me alegro de *estar* en Levante.
2. Buscaban a la mujer que *preparó* la paella.
3. Bailaban rápidamente antes de *marcharse*.
4. Es urgente *acostumbrarse* a un sobrio régimen.
5. En cuanto *formaron* la procesión, la dividieron en dos grupos.

Páginas 133–137

A. *Contéstese en español.*

1. Descríbase la tierra de Don Quijote.
2. ¿Qué dicen los castellanos de esta parte de España?
3. ¿Qué se ve como manchitas blancas en el horizonte?
4. ¿Qué pájaros se oyen en los sembrados?
5. ¿Qué es un latifundio?
6. ¿Cómo son los pueblos de Andalucía?
7. ¿Qué pasa al rayar el día?
8. ¿Cómo se visten los gañanes?
9. ¿Por qué salen los hijos al campo?
10. ¿Quiénes son los braceros?
11. ¿De qué manera crecen los latifundios?
12. ¿Por qué tratan los braceros de trabajar lo menos posible?
13. ¿Qué hacen los campesinos que vemos en la plaza del pueblo?
14. ¿Cómo viven los campesinos cuando no hay trabajo?

B. *Escríbanse frases con las dos palabras de cada lista que formen contraste.*

arado	amo	cordillera
meseta	acera	polvo
calle	bracero	surco
río	arroyo	cierzo
barro	tractor	

C. *Sustitúyase el verbo en bastardillas por el que se da entre paréntesis al final de la frase y hágase cualquier cambio necesario en la frase.*

1. Sobre la carretera recta *asoma* la torre parda de una iglesia. (se alce)

2. El campesino *sabe* que, por mucho que trabaje, no saldrá de pobre. (creía)
3. Los braceros *estaban* sentados en la acera esperando que alguien les diese trabajo. (estarán)
4. Si *hay* hijos en la casa, han de ayudar a sostener la familia. (hubiera)
5. *Es verdad* que por la extensa planicie solitaria sólo se distingue una casa aislada (No es posible)

D. *Escríbanse dos oraciones con cada palabra, una empleando la palabra como sustantivo y otra como adjetivo.*

claro	arado	llano
cara	parada	

Páginas 137–142

A. *Contéstese en español.*

1. ¿Qué hacen los gañanes al llegar al tajo?
2. ¿De qué manera aran?
3. Cómo remueven la tierra?
4. ¿Qué les da el amo de vez en cuando?
5. ¿De qué manera cosechan el trigo?
6. ¿Qué hacen los muchachos en esta operación?
7. ¿De qué manera se saca el agua de la noria?
8. ¿Qué pasa al anochecer?
9. ¿Cómo son los cantos de los gañanes?
10. ¿Qué hace el cabrero por la mañana?
11. ¿Qué ha pasado con la ganadería desde el siglo pasado?
12. ¿Qué significa el letrero «Cabaña»?
13. ¿Cuándo pueden comer carne los pastores?
14. ¿Cuándo se anima la vida del cortijo?
15. ¿Quiénes asisten cuando hay una fiesta típica?

B. *Escríbanse oraciones que muestren la diferencia entre las dos palabras.*

baño — rebaño	mover — remover
queso — requesón	cobrar — recobrar

C. *Póngase el tiempo del verbo que corresponda.*

1. Cuando lleguen al tajo, los gañanes (*desenganchar*) las mulas.
2. Les gusta a los campesinos la fruta que (*ser*) barata y abundante.
3. Es probable que una mula saque agua de la noria mientras la gente (*trabajar*).
4. Creemos (*haber*) oído el croar de las ranas y el chirrido de los grillos.
5. Mañana por la mañana los carros (*volver*) al pueblo.

D. *Empléense las palabras siguientes en una frase.*

1. arar   agobiador
2. vino   lujo
3. abundaba   trigo
4. acosado   toro
5. acometiendo   gañanes

Páginas 142–148

A. *Contéstese en español.*

1. ¿Qué quiere decir *tener sal?*
2. ¿Cómo viste el andaluz?
3. ¿Cómo es el andaluz?
4. ¿Qué le dijo al americano el andaluz?
5. ¿Qué es el idioma para el andaluz?
6. ¿Qué abunda en el habla popular?
7. ¿Qué es el *seseo* de los andaluces?
8. ¿Cuál es un tema característico del humorismo andaluz?
9. ¿Qué pasa el Domingo de Pentecostés?
10. ¿De qué manera se visten los jinetes?
11. ¿Qué representa la imagen de la Virgen del Rocío?
12. ¿Qué viene después de las oraciones a la imagen?
13. ¿Hasta cuándo duran los bailes?
14. ¿Qué pasa por el camino cuando vuelven los romeros a sus pueblos?

B. *Escójase la palabra que corresponda.*

1. Por _____ todos los andaluces bailaron un poco.

2. Uno de los aspectos más interesantes del habla andaluza es el _____ popular.

3. Los prisioneros decidieron que tenían que escaparse a todo _____.

4. María es la chica más _____ del pueblo.

5. Los ladrones huyeron de la policía siguiendo una _____ desconocida por la montaña.

6. Cuando estábamos cerca de Granada, visitamos un _____ donde los gitanos bailaban muy bien.

7. Durante la fiesta todas las mozas se pusieron una _____ de flores.

trance	vereda	garbosa
tranco	vara	garbanzo
turno	aduar	sal
torneo	aduana	salida
giratorio	guirnalda	
giro	giralda	

C. *Póngase el verbo en bastardillas en el tiempo indicado y hágase cualquier cambio necesario.*

PRETÉRITO

1. Cuando *empiecen* a rasguear la guitarra, yo me iré.
2. Cuando éramos pequeños, *íbamos* a Sevilla.

CONDICIONAL

1. Si le decimos que su historia es absurda, *contestará* con aire de satisfacción.
2. Este andaluz *rechazó* todo lo que decía el americano.

PRESENTE DE SUBJUNTIVO

1. Tal vez no *es* la verdad, pero no tiene importancia.
2. Lo preparé muy bien de manera que *podían* usarlo.

D. *Dense los antónimos de las palabras siguientes.*

gracia	lejano	reposo
vistoso	soso	
recio	campestre	

vocabulario

This vocabulary contains all the words in the text except obvious cognates with identical meaning in Spanish and English. Words translated in the footnotes are also omitted if used only once. Also omitted are regular forms of verbs, articles, most pronouns, and adverbs ending in **-mente** when the adjective is given. Only the appropriate meaning is given, as well as some of the more important verb forms.

Nouns that end in **-o** are masculine unless otherwise indicated; nouns that end in **-a, -ión, -dad -tad, -tud** are feminine unless otherwise indicated; parts of speech are given only where there might be ambiguity. The changes in radical-changing verbs are indicated by showing the change after the infinitive.

Phrases are arranged in alphabetical order under each entry.

Abbreviations

abb.	abbreviation	*inf.*	infinitive
adj.	adjective	*Lat.*	Latin
adv.	adverb	*m.*	masculine
And.	Andalusian	*n.*	noun
aug.	augmentative	*nr.*	near
aux.	auxiliary	*p.*	past
coll.	colloquial	*part.*	participle
dim.	diminutive	*pl.*	plural
Eng.	English	*pres.*	present
etc.	etcetera	*pret.*	preterite
f.	feminine	*pron.*	pronoun
Fr.	French	*sing.*	singular
Gal.	Galician	*subj.*	subjunctive
idem.	the same	*sup.*	superlative
imp.	impersonal	*Val.*	Valencian
ind.	indicative		

a to, in, at, of; **— que** until; **al +** *inf.* = on + *pres. part.*

abajo below, down; **aquí—** down here; **montaña —** down the mountain

abandonado abandoned

abandonar to abandon, forsake, give up, leave

abanicarse to fan oneself

abanico fan

abarca rustic sandal

abarrotado overcrowded

abejorro bumblebee

abierto open, opened

abnegado unselfish

abogado lawyer, advocate, intercessor

abolición abolition
abolir to abolish
abrasador hot, stifling
abrasar to burn; —**se** to burn up
abrazarse to embrace one another
abrigarse to wrap oneself up
abrigo overcoat
abril *m.* April
abrir to open; —**se** to open, be opened
absentismo absenteeism
absentista *m. & f.* absentee
absoluto absolute
absorber to absorb
absorto amazed
abstinencia abstinence
abstracto abstract
absurdo absurd
abultar to exaggerate
abundancia abundance
abundante abundant, numerous, abundantly
abundar to abound, be numerous, be plentiful
aburrido boring, bored, dull
aburrimiento boredom
aburrir to bore
abusar (de) to abuse, take advantage of
abuso abuse
acabar to end, finish, result in; — **con** to put an end to; **acaba de** + *inf.* = has just + *p. part.*
academia academy, school
académico academic
acalorado heated
acariciador caressing
acartonado pasteboard-like
acaso perhaps; **por si** — just in case; **si** — if any
acatar to obey
acaudalado wealthy
acceder to agree
acceso access, entrance
accidentado irregular
acción action
acechar to lurk
acecho watch; **al** — **de** looking for
aceite *m.* olive oil
aceituna olive
aceitunado olive-colored

acelerado faster
acento accent
aceptación acceptance
aceptar to accept; —**(se)** to be accepted
acequia irrigation ditch
acera sidewalk
acerca de about
acercarse to approach, draw near
aclamación cheer
aclarar to explain
acogedor receptive, friendly, inviting
acoger to greet
acogida reception, welcome
acometer to charge
acometividad aggressiveness
acomodado well-to-do; **bien** — well-to-do
acompañado accompanied
acompañamiento accompaniment
acompañar to accompany
aconsejable wise, advisable
acontecer to happen
acontecimiento event
acordarse (ue) to remember
acordeón *m.* accordion
acorralado cornered
acosado harassed
acosar to chase, harass
acostarse (ue) to go to bed
acostumbrado accustomed, usual
acostumbrar to be accustomed; —**se** to accustom oneself
acreditar to prove
acrobático acrobatic
actitud attitude
actividad activity
activo active
activismo activism
acto act, ceremony; **en el** — at once
actual present
actualidad present time; **de** — current
actualmente at present
acudir to go, attend, come; —**se** to come
acumular to accumulate
adaptabilidad adaptability
adaptación adaptation
adaptado adapted
adaptarse to adapt oneself

adecuado adequate, enough
adelantar to pass
adelante ahead; **camino —** farther along the road
adelanto advance
además besides, moreover, furthermore; **— de** besides
adentro inside; **tierra —** inland
adicto fan; addict
adinerado wealthy
adiós good-bye
adivinarse to be perceived
adjunto assistant
administración administration, office
administrador *m.* administrator
administrar to manage
admiración admiration
admirado admired
admirador *m.* admirer
admirar to admire
admirativo admiring
admitir to admit
adobe *m. sun-dried clay brick*
adonde where, to which
adoptado adopted
adoptar to adopt; **—se** to be adopted
adoquín *m.* paving-stone
adormecer to put to sleep; **—se** to drop off, fall asleep
adormecido lulled
adormilado sleepy
adornado adorned, decorated
adornar to decorate; **—se** to fix (doll) oneself up
adorno decoration
adquirir to acquire, take on
aduana customs house
aduar *m.* gypsy camp
adusto austere
adversario adversary, opponent
adverso adverse
aéreo *adj.* air
aerodinámico streamlined
aeroplano airplane
afable affable
afán *m.* eagerness, urge, worry
afanoso eager
afear to deface, make ugly
afectación affectation
afectivo affective
afecto affection

afeitar to shave; **—se** to have a shave; **hoja de —** razor blade
afición fans, public liking
aficionado fan; *adj.* fond
afiliado member
afligirse to worry
afortunadamente fortunately
afortunado fortunate
africano African
afrontar to face
afuera outside; **—s** outskirts
agachado stooped
agarrarse to grip, take hold of
agente *m.* agent
ágil agile
agilidad agility
agitación agitation
agitador *m.* agitator
agitanado gypsy-like
agitar to stir, move, wave; **—se** to move about
aglomeración gathering
agnóstico *n. & adj.* agnostic
agobiado overwhelmed
agobiador exhausting
agolparse to crowd, crowd together
agonía agony
agotado exhausted
agraciado lucky
agradable pleasant
agradar to please
agradecido grateful
agradecimiento gratitude
agrandarse to become larger
agresividad aggressiveness
agresivo aggressive
agreste wild, rugged
agrícola *adj.* farm, agricultural
agricultura agriculture
agro land
agruparse to be grouped together
agua water
aguado watered
aguantar to endure, put up with
aguardar to hope, expect, wait
aguardentoso husky
aguardiente *m.* brandy
agudo sharp, shrill, stressed
aguinaldo Christmas gratuity
aguja needle
agujero hole

ahí there; **de —(que)** hence
ahinco eagerness; **con —** eagerly
ahogarse to drown, be swamped
ahora now; **por — no** not just now
ahorcar to hang
ahorrar to save
ahorrillo (dim. of **ahorro**) small saving
ahorro saving
aire *m.* air, breeze; appearance; **al — libre** in the open air
airoso graceful
aislado isolated
aislamiento isolation
ajeno other people's, of others'
ajo garlic
ajustar to adjust
ala brim; **de — ancha** broad-brimmed
alabar to praise
alalá *m.* *type of folk song*
alambre *m.* wire
álamo poplar
Alarcón, Pedro Antonio de (*1833–1891*) *outstanding Spanish novelist*
alarde *m.* display
alargado elongated
alargar to lengthen
alarma alarm; **de —** to arms
alarmado alarmed
alarmarse to become alarmed
albañil *m.* mason
alborada *type of folk song*
alborotado excited
alborozado joyful; joyfully
alcalde *m.* mayor
alcanzar to attain
alcoba bedroom
alcornoque *m.* cork tree
aldea village
aldeano villager
alegórico allegorical
alegre merry, happy, cheerful, bright
alegremente happily
alegría joy, gaiety, merry-making, happiness
alejado far
alejarse to go off
Alemania Germany
alfombra carpet
algo something, somewhat; **— de**

mundo something of the world; *adv.* somewhat
alguacil *m.* bailiff, guard, sargeant-at-arms
alguien someone
alguno some, a few, an occasional; anyone, someone; **— que otro** some, a few, an occasional
alhaja jewel
Alicante *Mediterranean port in southeastern Spain*
aliciente *m.* attraction
alimentación nutrition
alimentar to feed, supply
alimento food
alma soul, mind
almacén *m.* yard, store; **— de maderas** lumber yard
almeja calm
almendra almond
almendro almond tree
almohadilla cushion
almorzar to have lunch
almuerzo lunch
alojamiento lodgings
alpargata sandal
Alpes *m.pl.* Alps
alpino Alpine, mountain
alquería farmhouse
alquilar to rent, hire
alquiler *m.* hire; **conductor de —** cab driver
alrededor around, round about; **a cuyo —** round which; **a su —** round about it; **los —es** the surroundings, neighborhood
altar *m.* altar
altavoz *m.* loudspeaker; **— de radio** radio loudspeaker
alteración alteration
alterarse to be changed
alternar(se) to alternate
alternativamente alternately
alto high, loud; **en —** raised; **en lo — de** on the top of; **pasar por —** to ignore
altura height
alubia kidney bean
aludido one referred to
alumno pupil
alusión allusion

alusivo alluding

Álvarez Quintero, Serafín (*1871–1938*) and Joaquín (*1873–1944*) co-authors of *many popular plays, especially on Andalusian life*

alzamiento uprising

alzarse to rise up

allá there, yonder; más — further on

allí there; — mismo right there

ama lady of the house; — de casa housewife

amabilidad kindness

amable pleasant, pleasantly, friendly, kind; muy — that's very kind of you

amablemente kindly

amanecer to grow light; al — at dawn

amapola poppy

amarillento yellowish

amarillo yellow

amasar to knead

amatorio *adj.* love-making

ambición ambition

ambiente *m.* air, environment, atmosphere

ambos both

ambulante: vendedor — pedlar

amenaza threat

amenizado made pleasant

ameno pleasant, entertaining

americano American (*from North or South America*)

amigo friend

amistad friendship, friend

amo master

amor *m.* love; —es love affairs

amoroso amorous, lover's

ampliar to widen, extend

amplio large, wide, broad

anacronismo anachronism

analogía analogy

anárquico anarchic, lawless

anarquismo anarchism

anarquista *m. & f.* anarchist

anatomía anatomy

anciano old person

ancho wide; a sus —as at their ease

anchuroso spread out, broad

Andalucía *the southern region of Spain*

andaluz *n. & adj.* Andalusian

andar to go, walk; al — on walking; *n.m.* walk, gait

andén *m.* platform (*of a station*)

andrajoso ragged

anécdota anecdote, story

anecdótico incidental, anecdotal

anejo adjacent

ángel *m.* angel; (*coll.*) charm

angelito (*dim. of* ángel) little angel

Angelus (*Lat.*) prayer

anglosajón *m.* Anglo-Saxon

angosto narrow

ángulo angle

anguloso angular

angustiado anguished

anillo ring

ánima soul

animación liveliness, animation, gaiety

animado animated, enlivened, encouraged

animar to enliven, animate, stimulate, encourage; —se to come to life, be enlivened

ánimo spirit

anís *m.* aniseed

aniversario anniversary

anochecer to grow dark; *n.m.* dusk, nightfall

ansia anxiety; con — anxiously

ansioso anxious, eager

antaño years ago, of yore

ante before, above; confronted with, in the face of; — todo especially, above all

antemano: de — beforehand

antepasado ancestor

anterior previous, preceding

antes (de) before, rather, first, formerly, earlier

antiaéreo *adj.* air raid

antídoto antidote

antieconómico uneconomic

antiguamente in the olden days

antiguo former, old, ancient

antipático unfriendly

antiquísimo (*sup. of* antiguo) very old

antro den

anualmente annually

anunciar to announce
anuncio advertisement, announcement
añadir to add
añejo old
año year
apacible pleasant
apaciblemente peacefully
apagar to put out; —**se** to go out
aparato apparatus
aparcamiento parking lot
aparcar to park
aparecer to appear, seem; —**se** to appear
aparentar to affect
aparición apparition
apariencia appearance
apartado remote, out of the way
aparte separate *n.m.* aside
apatía apathy
apático apathetic
apelotonarse to be crowded together
apenas scarcely, hardly
aperador *m.* foreman
apetito appetite
apetitoso tasty
apiñado clustered
apiñarse to be crowded together
aplastarse to smash
aplaudir to applaud
aplauso applause
aplazar to put off
aplicación application
aplicarse to be applied
aplomo assurance
apoderado agent
apodo nickname
apogeo height
apóstol *m.* apostle
apostolado apostolate
apoteosis *f.* glorification
apoyado leaning
apreciar to appreciate
aprender to learn
aprendiz *m.* apprentice
aprendizaje *m.* training
apresar to arrest, catch
apresurado hurrying
apresurarse (a) to hurry, hasten
apretado tight, close, close together, squeezed, nestled

apretar (ie) to press, hold, be oppressive, clutch; —**se** to press together, press with one's hand, crowd
apretura squeezing
aprobación approval
aprobar (ue) to approve, pass
aprovechar to profit, take advantage of, use
aprovisionarse to stock up
apuesta bet
apurarse to worry
aquel, aquella that; *pl.* those; *pron* the former; **aquello** that
aquí here; — **abajo** down here; **de** — hence; **he** — here is, this is
árabe *m.* Arab
arabesco arabesque
arado plough
arar to plough
arbitrariamente arbitrarily
árbitro arbiter, umpire
árbol *m.* tree
arbolillo (*dim. of* **árbol**) little tree
arca chest
arcada arcade, garland
arcaico archaic, antiquated
arco arch
arder to burn, smoulder
ardiente ardent, burning, steamy
ardor excitement
arena sand
arenoso sandy
Aribau, Buenaventura Carlos (*1798–1862*) *Spanish writer and pioneer in the revival of Catalan literature*
árido arid, dry
aristocracia aristocracy
arma weapon, arm; *pl.* army, arms
armado armed; *n.m.* man in armor, armed man
armamento munitions
armiño ermine
armonía harmony
armonizer to harmonize, fit in
arquitecto architect
arquitectónico architectural
arraigado deep-rooted
arrastrar to drag
arrastre *m.* dragging; **hacer el** — to drag away

arreglar to fix, adjust; **—se** to get along
arrellanado sitting at ease
arrendatario tenant
arriba above, up, upstairs; **por —** on top
arrimarse to go near
arrodillarse to kneel down
arrojar to throw, cast
arrollar to trample; **lo arrolla todo** routs everything
arroyo brook, stream
arroz *m.* rice
arrozal *m.* rice field
arrugado wrinkled
arruinar to ruin
arte *m., f. pl.* art
artefacto contraption
artesano craftsman, artisan
artículo article
asalariado wage-earning
asamblea assembly
asar to roast
ascendiente *m.* influence, sway
ascenso raise, increase, promotion
ascensor *m.* elevator
asediar to besiege
asegurar to assert, assure, ensure; **—se** to make sure
aseo neatness
asfalto asphalt
así thus, so, like this; **— como** as well as
asiento seat
asignatura subject
asimilación assimilation
asistir (a) to attend
asociación association
asociado *n. & adj.* associate; associated
asomar to appear, show; **—se a** to lean out from, stick out
aspa sail (*of a windmill*)
aspecto aspect, way
aspiración sounding
aspirante *m.* aspirant, seeker
aspirar to aspire, try
astilla splinter
astronomía astronomy
Asturias *province on the northern coast of Spain*
astuto astute

asustado frightened
asunto subject matter
atado tied
ataque *m.* attack
atar to tie
atardecer *m.* evening; **al —** in the evening, at the close of day
atareado busy
ataviado dressed up
atavío attire
atención attention
atender (ie) to attend, take care
atendido looked after
ateneo club (*of a cultural nature*)
atento polite, friendly
ateo atheist
atestado packed
atestiguar to testify
atildado well-groomed
atlético athletic
atmósfera atmosphere, air
atracarse to stuff oneself
atracción attraction
atractivo attractive; *n.* attractiveness
atraer to attract
atraído attracted
atrás ago, behind, back; **echado —** thrown back; **echarse —** to push back; **hacia —** backwards
atraso arrears
atravesar (ie) to cross; to pierce
atreverse to dare
aturdido dazed
aturuxo (*Gal.*) shout (*closing a song*)
augurar to predict
augusto august, venerable
aumentar to increase, heighten; **—se** to be increased
aumento increase, increasing; **cristal de —** magnifying glass
aun even; **aún** still, yet, as yet, even; **ni —** not even
aunque although, even if; **ni —** not even if
ausencia absence
ausente absent
austeridad austerity, severity
auténtico real
auto = **automóvil**
autobús *m.* bus
automóvil *m.* car, automobile

autor m. author
autoridad authority
autorizar to permit, license
auxiliado (por) with the help of
auxiliar auxiliary, assistant
auxilio aid, help
avanzar to advance
ave f. bird; —s **de corral** poultry
avellana hazelnut
avenida avenue
aventar (ie) to winnow
aventurero adventurer
ávido eager
aviejarse to age
avión m. airplane; — **de línea** airliner
avisar to call, warn
aviso warning, notice
ay alas, oh
ayer yesterday
ayuda help, assistance
ayudante m. assistant
ayudar to help; —**se** to help oneself
ayuntamiento town council; **secretario del —** town clerk
azadón m. large hoe
azafrán m. saffron
azahar m. orange blossom
azar m. chance, element of chance; **al —** at random
azotado, -a lashed
azotarse to whip oneself
azotea flat roof (*with floor-tiles and balustrade*)
azucarado, -a sugary
azul blue
azulado bluish
azulejo glazed tile

bacalao codfish
bache m. pothole, rut
bachillerato high school; high school certificate
bailador m. dancer
bailar to dance; *n.m.* dancing
baile m. dance, dancing
bajar to go down, bring down, take down
bajeza baseness, shame
bajito (*dim. of* **bajo**) quietly

bajo low, low-lying, under, beneath, below; in accordance with; in; poor; **por lo —** in a whisper
bala bullet
balcón m. balcony; balcony window
baldosa floor-tile
Baleares, Islas Balearic Islands (*in the Mediterranean*)
banasta big basket
banco bench
banda band
bandada band, flock, group
bandera banner, emblem
banderilla dart (*in bullfighting*)
banderillero bullfighter (*with darts*)
bando group
bandolerismo banditry
bandurria *a type of lute*
banquete m. banquet
banquillo (*dim. of* **banco**) small bench
bañar to bathe, water
baño bath, bathroom; — **de sol** sunbath
baque m. thud
baraja pack of cards, cards; **reyes de —** playing-card kings
barandilla (*dim. of* **baranda**) railing
barato cheap
barba beard
bárbaro barbaric, barbarous
barbecho untilled land
barbero barber
barbudo bearded
barca boat; — **de vela** sailboat
Barcelona *capital of Catalonia*
barcelonés *adj.* pertaining to Barcelona; *n.* inhabitant of Barcelona
barco ship
barómetro barometer
barquillera wafer barrel
barquillero wafer-man
barquillo crisp rolled wafer
barra bar
barraca booth; cabin
barrer to sweep
barrera barricade, barrier
barrio quarter, town, district; — **bajo** poorer district, slum
barro mud, earthenware, clay
barroco baroque
basarse to be based

base *f.* basis; **a — de** made with, consisting chiefly of
bastante quite, about enough, sufficient; **lo — público** public enough
bastar to be enough, be sufficient
bastón *m.* cane, stick
batalla battle
bautizo baptism
beata devotee, church worker
bebé *m.* baby
beber to drink; *n.m.* drinking
bebida drink, beverage
Belén Bethlehem
bélico warlike
belleza beauty
bello beautiful, handsome
bendición blessing; **echar la —** to give one's blessing
bendito holy
beneficio benefit
benéfico charitable
benemérito meritorious, deserving
benévolo benevolent, kind
bengala Bengal light (*type of fireworks*)
besar to kiss
beso kiss
betún *m.* shoe polish
bíblico biblical
biblioteca library
bicicleta bicycle
bicho *coll.* animal
bien well, very; **— . . . o** either
. . . or; **o —** or else
bigote *m.* moustache
Bilbao *largest of the Basque cities, in the province of Vizcaya*
billar *m.* billiards
billete *m.* ticket
blanco target; **tiro al —** target-shooting
blanco white
blancura whiteness
blanqueado whitened
blasfemar to swear
bloque *m.* block
blusa blouse
boca mouth, entrance; **de — en—** from mouth to mouth
bocacalle *f.* street entrance
bocadillo (*dim. of* **bocado**) sandwich

bocado bite, snack
bocanada blast
boda wedding; **— de sociedad** society wedding
boina beret
bola ball, marble
bolo ninepin; **jugar a los —s** to bowl
bolsillo pocket
bombilla electric bulb
bombo drum
bondad kindness, goodness
bonete *m.* cap
bonito pretty
Borbón Bourbon (*dynasty of French origin which ruled Spain from 1700–1931*)
borboteo bubbling
bordado embroidered; *n.* embroidery
bordar to embroider
borde *m.* edge
borracho drunk, drunkard
bosque *m.* woods, forest
bosquecillo (dim. of **bosque**) grove
bostezar to yawn
bota skin, boot; **— de vino** wineskin
bote pot, jar; **de — en —** full to the brim
botella bottle
boticario druggist
botijo earthen jar (*with handle and spout*)
bóveda vault
bracero laborer, farm hand
brasero brazier
bravo brave; **toro —** fighting bull
bravura fierceness
brazo arm
breve short, brief, small; **en —** soon
brillante brilliant
brillantez *f.* brilliance
brillar to shine, glisten
brincar to skip
brindar to offer
brisa breeze
brocado brocade
brocal *m.* curbstone (*of a well*)
broma joke
bromear to joke
bronca row, brawl
bronce *m.* bronze

bronco hoarse
bruscamente abruptly
brusco abrupt
bruto brute
bueno good
buey *m.* ox
bufete *m.* law office
bufón *m.* fool, clown, boor
bullicio noise, bustle
bullicioso noisy
buñolería fritter store
buñuelo fritter
burdo coarse, crude
burgués bourgeois
burla fun; derision
burlesco comic
burlón mocking, bantering
burocrático bureaucratic
burro donkey
busca search
buscar to seek, look for, get
butaca armchair

caballería mount
caballero gentleman
caballo horse; **a —** on horseback
cabaña flock of sheep
cabello hair
cabeza head; **en —** at the front
cabo end; **al —** finally; **al — de**
  after, after the lapse of, at the end of
cabra goat
cabrero goatherd
cabrío: macho — he-goat
cacahuete *m.* peanut
cacharro receptacle (*usually a pot*)
cada each, every; **— cual** each one
cadena chain
cadencia rhythm
cadencioso rhythmical
cadera hip
cadete *m.* cadet
Cádiz *seaport of southern Spain*
caer to fall; **—se de viejas** to drop
  with old age; **al — la tarde** late in
  the afternoon
café *m.* coffee, café; **mozo de —**
  waiter; **— solo** black coffee
caída fall, close
caído falling, drooping

caja box, case
cajetilla (*dim. of* **caja**) pack (*of ciga-
  rettes*)
cal *f.* lime
calabaza pumpkin
calambre *m.* cramp
calamidad calamity, misfortune
calar to soak through, permeate
calceta hose; **hacer —** to knit
calcular to calculate
caldera boiler
caldero large pot
Calderón de la Barca, Pedro (*1600–
  1681*) *Spanish dramatist of the
  Golden Age*
caldo broth
calefacción heating
calendario calendar
calentar (ie) to heat up; **—se** to
  warm oneself
calentito (*dim. of* **caliente**) piping
  hot
calidad quality
cálido, -a warm, hot
caliente hot
calma calm, calmness; **con —** calmly
calor *m.* heat, warmth
calurosamente warmly
Calvario Calvary (*biblical reference*)
callarse to shut up
calle *f.* street
callejero *adj.* street
callejuela (*dim. of* **calle**) lane, narrow street
cama bed
cámara storeroom
camaradería friendliness, sociability
camarero waiter
camarín *m.* closet behind the altar
camarista maid of honor (*to a holy
  image*)
camaron *m.* shrimp
cambiar to change
cambio change; exchange rate; **a —
  de** in exchange for; **en —** on the
  other hand
camilla: mesa — round table (*with
  floor-length woolen tablecloth*)
caminero *adj.* road
camino road, way, highway; travel;
  — adelante along the road; **— de**

on the way to; — de **vuelta** return trip

camión *m.* truck

camioneta small bus

camisa shirt

campana bell

campanario belfry

campeonato championship

campesino country, rural; *n.* peasant

campestre country, rural

campo country, countryside, field; — de **deportes** sports field; — de **fútbol** soccer field; —s **Elíseos** Elysian Fields (*abode of the blessed in Greek mythology*)

camposanto cemetery

canalizar to canalize

canario canary

canción song

candente red-hot

candidato candidate

cangilón *m.* bucket (*of a waterwheel*)

cangrejo crab

canícula dog days

cano gray

cansado tedious; tired

cansarse to grow tired, tire oneself out

cantador *m.* singer

cantaor = **cantador**

cantar to sing

cántaro pitcher

cante *m.* (*And.*) flamenco singing

cantidad amount, quantity

cantina restaurant, lunchroom

cantinela chant

canto singing, song

caña reed

caño pipe

capa cloak, layer

capataz *m.* foreman

capaz capable

capea amateur or rural bullfight

capear to wave a cape (at a bull)

capicúa *m.* palindrome

capilla chapel

capitalista *m. & f.* capitalist

capitán *m.* captain

capítulo chapter

capricho whim

capucha hood

cara face

carabina carbine (*short rifle*)

carabinero customs officer

caracol *m.* snail

caracola shell (*used as a horn*)

carácter *m.* character, characteristic

característico: lo — the characteristic thing

caracterizar to characterize

caramelo caramel

caravana file of vehicles

carbón *m.* coal

carbonilla soot

carcajada burst of laughter; **reír(se) a —(s)** to laugh out loud

cárcel *f.* jail

carecer to lack

carencia lack

carestía scarcity

carga care, burden, loading

cargado full, loaded, laden, teeming (with)

cargo charge

caridad charity

cariño affection

carmelita *m. & f.* carmelite (*friar or nun*)

cariñoso affectionate

carne *f.* meat; — de **vaca** beef

carnicería butcher-shop

carnosidad flesh

carnoso fleshy

caro expensive, dear

carrera race, career, route, rout; — de **caballos** horse racing; — de **galgos** dog racing

carreta cart

carretera road

carretilla wheelbarrow

carrizo reed

carro cart

carruaje *m.* carriage

carta letter, playing card

cartel *m.* bill; program; poster

cartelera billboard

cartelito (*dim. of* **cartel**) small notice

cartero postman

cartón *m.* cardboard

casa house, home; — de **campo** country home; — de la **Moneda** Mint; — de **pisos** apartment house;

—de vecindad tenement house; a
— home, at home, in the home; en
— at home
casaca dress coat
casadero marriageable
casado married
casarse to get married
cascabel *m.* jingle bell
cascada cascade
casco helmet; hoof
casero homelike
caserón *m. (aug. of* casa) large house
caseta booth, hut
casi almost
casilla (*dim. of* casa) little house
caso case; se dan —s there are cases
casta caste, class
castaña chestnut
castañada chestnut roasting
castaño chestnut tree
castañuela castanet
castellanizar to castilinize
castellano Castilian, Spanish
castidad chasity
castigar to punish, break down
Castilla Castile (*central region of Spain*)
castillo castle
castizo real, genuine, typical
casucha hovel
catalán *adj & n.m.* Catalan, native of Catalonia
catalanista *adj.* Catalanist
catalanizar to catalanize
Cataluña Catalonia (*northestern region of Spain, formed by the provinces of Barcelona, Tarragona, Lérida, and Gerona*)
cátedra professor's chair
catedral *f.* cathedral
catedrático professor; —de Instituto high-school teacher
categoría category, rank
catolicismo Catholicism
católico Catholic
caucásico Caucasian (*from plateau between the Black and Caspian Sea*)
causar to cause
cavar to dig, hoe
caverna cave
caza hunting

cazador *m.* hunter
cazar to hunt, chase
cazuela casserole
cebolla onion
ceceo lisping
ceder to yield, be inferior to
cegador blinding
celebración holding (a meeting, etc.)
celebrar to celebrate, perform, practise, hold; —se to be celebrated, be held
célebre famous
celo zeal
celoso jealous
cementerio cemetery
cemento cement
cena supper
cenar to have supper
cencerro bell
ceniza ash
censura censorship
censurar to censure, criticize
centenar *n.m.* hundred
centenario centenary
centeno rye
céntimo cent
centralista *adj.* centralizing
céntrico main, downtown
centro center, downtown area
ceñido tight-fitting
cepillado shine, brushing
cepillo brush
cera wax
cerámica ceramics, pottery
cerca near
cercanía(s) environs, outskirts
cercano nearby
cerciorarse (de) to make sure
cerdo pig
ceremonia ceremony; de — ceremonial
ceremonioso ceremonious
cerilla match
cerrar (ie) to shut, close; —se to be closed; —tratos to make deals
cerro hill
certero sure
Cervantes, Miguel de (*1547–1616*) *Spanish novelist and playwright, author of* Don Quixote
cerveza beer

cesar to cease, stop
cesta basket; a — with a ball-racket
cetrino sallow
ciego blind; *n.* blind man
cielo sky, heaven
ciencia science
científico scientific
ciento one hundred; por — percent
cierto true, certain, a certain, some; — que certainly
cierzo cold north wind
cifra figure
cigarra cicada (*an insect*)
cigarrillo cigarette
cigarro cigarette
cigüeña stork
cima top
cinco five
cine *m.* movies
cinematográfico *adj.* movie
cinta ribbon
cinto belt
cintura waist; meter en — to keep down
ciprés *m.* cypress tree
circulación circulation, traffic
circular to stroll, circulate
círculo circle
circunstancia circumstance
cirio large candle
cita date; — amorosa date
citado cited; antes — aforementioned
ciudad city
ciudadano citizen
cívico civic
civil civil, civilian; los —es the Civil Guards
claque *f.* (*Fr.*) hired applauders
claridad brightness
clarín *m.* bugle
claro clear, light, bright; of course; — está of course; — que of course; *n.* bald patch
clase *f.* type, class; — media middle class; — práctica lab, seminar
clásico classic, classical
cláusula clause
clavaíto = clavadito (*dim. of* clavado) nailed
clavar to drive in
clavel *m.* carnation

clérigo clergyman
cliente *m.* client
clima *m.* climate
cloqueo clucking
cobardía cowardice
cobrar to cash
cobre *m.* copper
cobrizo copper-colored
cocer (ue) to cook; —se to be cooked
cocido stew; *adj.* cooked
cocimiento stew
cocina kitchen, cooking
cóctel *m.* cocktail
coche *m.* car, bus, carriage; — de línea country bus
codearse to rub elbows
codicia greed
codiciado sought after
código code, law
cofradía brotherhood
coger to catch, take, pick, take in
cogida goring
cogido caught, clinging; —s del brazo arm-in-arm
coñac *m.* cognac, brandy
cohesión solidarity
cohete *m.* skyrocket
coincidir to coincide, concur
col *f.* cabbage
cola tail, line; hacer — to stand in line
colaborar to collaborate, work
colcha counterpane; bedspread
colección collection
colecta collection
colectivo collective
colegio college; — de internado boarding-school; — mayor residential college
coleta pigtail
colgado (de) hanging (on to)
colgadura hanging, drape
colgar (ue) to hang, hang out
colilla cigarette butt
colista *m. coll.* person in line
colocación employment
colocar to place, put; —se to place oneself; — el disco to start the record (*coll.* repeat oneself)
colonia colony; eau-de-cologne
colono farmer

color: de — colored; **de —es** colorful
colorete *m.* rouge, make-up
colorido color
columna column, pillar
columpio swing
collera collar
comadre *f.* gossip *coll.* (a woman)
comarca district
comba skipping rope
combatir to combat, fight, oppose
combativo combative, pugnacious
combinar to combine
comedia comedy, play
comentar to comment on
comentario remark, commentary, comment; accompaniment
comenzar (ie) to begin
comer to eat, have dinner
comercial commercial, utilitarian
comerciante *m.* business man
comercio commerce, business, trade;
viajante de — travelling salesman
comestibles *m.pl.* food
cómico actor; *adj.* comical, comic
comida meal, dinner, food
comienzo beginning; **dar —** to begin
comilona *coll.* feast
comisaría police station
comitiva party
como as, such as, like as if, since
cómo how
comodidad comfort
cómodo comfortable
compaña *(Gal.)* procession of ghosts
compañero comrade
compañía company
comparar to compare
compartir to share
compás *m.* measure; **a —** in rhythm
compasión pity, feeling
compasivo compassionate, sympathetic
compatriota *m.&f.* compatriot
compenetración understanding
compensarse to be compensated
competencia competition
competir (i) to compete
complacido pleased
complejo complex, complicated
completarse to be completed
completo complete, full-time; **por —** completely

complicar to complicate
compra shopping, purchase; **ir de —
(s)** to go shopping
comprador *m.* buyer, customer
comprar to buy
compraventa contract of buying and selling
comprender to understand, realize
comprometer to compromise; **—se** to commit oneself
común common; **por lo —** usually
comunal communal, common
comunicar(se) to communicate
comunidad community
con with, to
cóncavo hollow
concentrado concentrated
concéntrico concentric
concesión grant, granting; conferring
concesionario concessionaire
concienzudo conscientious
concluido finished
concreto *adj.* concrete
concurrencia gathering
concurrente *m.* person present
concurrido crowded
condal pertaining to an earl or count
conde *m.* count
condecoración decoration
condenar to condemn
condescendiente acquiescent
condición condition; *pl.* circumstances; **condiciones de vida** living conditions
condimentar to season
conducido directed
conducta conduct
conductor *m.* driver, motorman; **— de alquiler** cab driver
conejo rabbit
confección making, cooking
confianza confidence, intimacy; **hay — ** we are old friends
confiar to rely, trust, hope
confidencialmente confidentially
confites *m.pl.* sweetmeats
confitura confection
conflicto conflict, dispute
conforme as
confort *m.* comfort
cónico cone-shaped

conmemorarse to be commemorated
conjunción conjunction
conmovedor moving
conmovido moved, softened
conocedor *m.* expert, person who knows
conocer to know, meet; **darse a —** to make oneself known
conocido well known, known; *n.* acquaintance
conocimiento(s) information, knowledge
conquista conquest
conquistador *m.* conqueror
conquistar to conquer, win over
consabido customary
consagrado dedicated
consciente (class) conscious
consecuencia consequence
conseguir (i) to succeed in
consentir (ie, i) to permit
conservar to preserve, retain, keep; **—se** to be preserved
considerarse to consider oneself
consigna slogan
consigo with it; **traer —** to bring about
consiguiente consequent
consistente consisting
consistir to consist
consolador, -a consoling
constancia constancy
constituir to constitute
construir to construct, build; **—se** to be constructed
consuelo consolation
consulta doctor's office
consumido worn away
consumidor *m.* customer
consumo use
contabilidad bookkeeping
contagioso contagious
contaminado polluted
contar (ue) to tell, relate; count; **— con** to have
contemplación viewing, contemplation
contemplar to watch, look at, see, contemplate
contenido, -a restrained; *n.m.* content(s)
contentarse to content oneself

contento happy, content; *n.m.* happiness
contertulio fellow-member of a **tertulia**
contestar to answer
contigo with you
continente *m.* continent
continuarse to be continued
continuo continuous
contorno district
contra against
contrabandista *m.* smuggler
contraproducente self-defeating
contrario: lo — the opposite
contrarrestar to offset
contrastar to contrast
contrato contract
contribuir to contribute
contrición repentance
controlar to control
convaleciente *m.&f.* convalescent
convencerse to be convinced
conveniente proper, advisable
convenir to be convenient, be best
convento convent
conversar to converse
convertir (ie, i) to convert, change; **—se** to become, be converted
convidado guest
convidar to invite
cónyuge *m.&f.* spouse; **los —s** husband and wife
cooperar to cooperate
copa cup
copita (*dim. of* **copa**) small glass
copla song, folk song
coquetería vanity, flirting
corazón *m.* heart
corbata tie
cordillera mountain range
cordobés Cordovan; **sombrero —** *Andalusian hat with stiff wide brim*
cordón *m.* cord
corneta cornet
coro chorus, choir; **a —** in a chorus
corona crown, wreath
corporativo group
corpulento, -a fat
Corpus (Christi) (*Lat.*) *Feast of the body of Christ on the Thursday after Whitsuntide*

corral *m.* yard, courtyard
correaje *m.* leather straps, belting
corredor *m.* corridor
corregir to correct
correo mail train
correr to run; — **de su cuenta** to be one's business; **a todo** — at full speed
corresponder to correspond, belong
correspondiente corresponding, respective
corretear to run about
corrida (de toros) bullfight
corriente common, ordinary; running; **lo** — the usual thing; *n.f.* current, stream
corrientemente currently, nowadays
corrillo (*dim. of* **corro**) small group
corro group
corrompido corrupted
cortante cutting
cortar to cut; —**se** to be cut off
corte *m.* cut, cutting off
corte *f.* court
cortejar to court
cortejo procession
Cortes *f.pl. Spanish parliament*
cortesía courtesy, bow
cortijo farmhouse, farm
cortina curtain
corto short
cosa thing, feature; —**s de fuera** things of the outside world; **otra** — anything else
cosecha harvest, crop
coser to sew
cosita (*dim. of* **cosa**) little thing
cosmopolita *adj.* cosmopolitan
costa coast; cost, expense
costado side; **de los** —**s** flanking
costalero bearer
costar (ue) to cost; — **trabajo** to be difficult
coste *m.* cost
costear(se) to pay for
costumbre custom, habit; **de** — usual
costumbrista *adj.* custom, manners
costurera seamstress
cotidiano daily
creador creative

crear to create; —**se** to be created
crecer to grow
creciente increasing, growing, crescent
crecimiento growth
crédito credit
creencia belief
creer to believe, think
cremá *f.* (*Val.*) bonfire
crepuscular evening, setting; **penumbra** — twilight
creyente believing, devout; *n.m.* believer
cría breeding
criada maid
criado brought up
criarse to be bred
crisma(s) *m.* (*from Eng.*) Christmas card
cristal *m.* glass, windowpane; — **de aumento** magnifying glass
cristiano-demócrata *adj.* Christian democratic
Cristo Christ
criterio opinion
criticar to criticize
crítico critic
croar to croak
crucifijo crucifix
crudo crude
crueldad cruelty
crujir to squeak
cruz *f.* cross; **en** — in the form of a cross
cruzado across
cruzar to cross; —**se** to exchange
cuadrado square
cuadrar to square
cuadrilla team of bullfighters
cuadro picture, painting; scene
cual: el, la *etc.* —, **los** *etc.* —*es* who, whom, which; **cada** — each one; *adv.* as, like
cualidad quality
cualquier (a) any
cuando when, whenever
cuantioso substantial, valuable
cuanto all that; —**se** all those who; — **más** the more; **en** — as soon as; **en** — **a** as for; **unos** —**os** a few, some

cuánto how much; **—s** how many
cuarenta forty
Cuaresma Lent
cuartel *m.* barracks
cuartelero *adj.* barrack
cuarto quarter; **tres —as partes** three quarters
cuarto room; **— de baño** bathroom
cuatro four
cuba tank; **— de riego** watering tank
cubierto covered, jammed
cubrir to cover; **—se** to cover, be covered
cuclillas; en — squatting
cuclillo cuckoo
cuchara spoon
cucharilla (*dim. of* **cuchara**) teaspoon
cuchillo knife
cuello neck, throat
cuenta account, accounting; **correr de su —** to be one's business; **darse —** to realize; **de la —** than they should; **por su —** on his own
cuento story; **sin —** countless
cuerda rope, string; **mozo de —** porter
cuerno horn
cuero hide
cuerpecito (*dim. of* **cuerpo**) little body
cuerpo body; force
cuesta hill
cuestión matter, dispute, question
cuestionario questionnaire
cuidado tidy, neat, looked after; *n.* care
cuidar to care for, take care of
culminante culminating
culminar to culminate
cultivarse to be cultivated
cultivo cultivation
culto cultured *n.* cult, devotion
cultura culture
cumbre *f.* top
cumplido: de — formal
cumplir (con) to fulfill
cuota quota, dues
cura *m.* priest
curiosidad curiosity
curioso curious, strange; **lo más —** the strangest part; *n.* curious person, onlooker

cursi vulgar and pretentious; **lo —** the gaudy
cursilería pretentious gaudiness
curso course
curtido tanned
custodia custody, care
custodiar to guard, take care of
cuyo whose, of which; **a — alrededor** round which

chabacano tasteless
chalán *m.* horse-dealer
chaqueta coat
chaquetilla (*dim. of* **chaqueta**) short jacket
charca pool
charivari *m.* mock serenade
charla talk; **de — con** chatting with
charlar to chat
charol *m.* patent leather
Chesterton, G. K. (*1874–1936*) *English journalist and author*
chico *n.* little boy; *adj.* small, little
chillido shriek
chimenea chimney, fireplace, smoke-stack
chinesco Chinese
chiquillo (*dim. of* **chico**) child
chirrido chirping, creaking
chismorreo gossip
chiste *m.* joke
choque *m.* shock, collision
chorizo pork sausage
chorrear to run down; to drip
chorro stream; **a —** flowing
choza hut
chuleta chop
churro fritter (*shaped like an over-size pretzel*)
chusco loaf of army bread
chusquero *coll.* army officer risen from the ranks
chuzo stick

D. *abb. of* **don**
Dª *abb. of* **doña**
dama lady
danza dance

danzante *m.* dancer
dar to give, yield; —**se** to be given; —**a** to face, open on; —**comienzo** (a) to begin; —**con** to find; —**para vivir** to provide enough to live on; —**un paseo** to take a walk; —**vueltas** to go round and round; —**se cuenta de** to realize; —**se el caso** to be the case; —**se la mano** to shake hands; —**se a conocer** to make oneself known; **se dan casos** there are cases
dato datum; *pl.* data
de of, by, with, in, as, for, from
debajo under; **por —** underneath
deber (de) to be obliged, must; —**se** to be due
deber *m.* duty
debido due, proper
delibitar to weaken
década decade
decaído diminished
decidir to decide
decidor witty
decir to say, tell, mean; **es —** that is to say; **oír —** to hear it said; **suele —se** it is usually said
decisivo crucial, decisive
declamatorio declamatory
decorar to decorate; —**se** to be decorated
decorativo decorative
decoro decorum, self-control
decoroso decorous
dedicación dedication
dedicar to dedicate —**se** to devote; devote oneself; **el — se** dedicating oneself
dedo finger
defecto defect
defender (ie) to defend
defensa defence
defensor *n.* defender
deferencia *f.* deference
deficiencia deficiency
definidor *m.* definer
definitivo specific, definitive
degenerar to degenerate
dehesa pasture land
dejar to leave, let, allow; —**se** to leave behind; —**de** to fail, cease,

stop; **dejándose llevar** allowing himself to be carried
delante in front; **por — (de)** in front (of)
delantero front
delegar to delegate
delgdo thin
delicadeza delicacy
delicado delicate
delicia delight, pleasure
delicioso delicious, pleasant, wonderful
demanda demand
demás other, rest; **lo —** the rest everything else; **los —** the others
demasiado too, too much
demente *adj.* lunatic, crazy person
democracia democracy
demostrar (ue) to show, demonstrate
denso dense, heavy, deep
dentro within, inside, in; **por —** on the inside
denunciar to report
departamento compartment
dependiente *m.* sales clerk; —**a**, salesgirl
deporte *m.* sport
deportivo sport, sporting
depositar to place
depositario guardian
deprisa fast
depurar to purify
derecho right, straight; *n.* law, right
derivado derived; *n.* derivative
derramar to shed, bestow
derribar to knock down
desagradable unplesant
desahogo relaxation, unburdening
desahucio eviction
desaparecer to disappear
desaparición disappearance
desapercibido unnoticed
desarrollar(se) to develop
desarrollo development
desayuno breakfast
desbandado scattered; **salir —** to be scattered
descalzo barefoot, shoeless
descansado light
descansar to rest
descanso rest, leisure, relaxation

descarado impudent, bold
descargo unloading
descender (ie) to come down, go down
descendiente *m.* descendant
desconfiado distrustful
descontar (ue) to do without
descorrerse to be pulled back
descortesía discourtesy
describir to describe
descubierto open
descubrimiento discovery
descubrir to discover, find
descuidar to neglect; not to worry
descuido oversight, slip
desde from, since; — **hace tiempo** for some time — **luego** of course
desear to desire, wish
desempeñar to play
deseganchar to unhitch
desenvuelto easy
desértico desertlike
desesperación despair
desesperar to upset; —**se** to fret
desfilar to parade, go, pass by, proceed
desfile *m.* parade
desfollado *a type of Galician folk song*
desgarrón *m.* tear, ripping
desgracia misfortune, accident; **por —** unfortunately
desgraciado unfortunate
desierto deserted; *n.* desert
designar to indicate
desigual uneven
desilusión disillusionment
deslizarse glide; to slip by, be slipped
deslumbrado dazzling
deslumbrar to dazzle
desmantelar to dismantle
desmenuzado crumbled
desnudo naked, bare
desnutrición malnutrition
desocupado idle
desocuparse to be vacant
despacio slowly
despachar *coll.* to kill
despectivo derogatory
despedida *n.* good-bye

despedir (i) to dismiss, say good-bye; to emit, send out
despejado clear
desperdiciar to waste
despertar (ie) to awaken; —**se** to wake up
despiadado cruel
despierto awake
desplazar to displace, replace
desplegar (ie) to show, reveal, spread out; —**se** to unfold
desplumar to pluck
despoblado depopulated; *n.* open country
despreciar to scorn
desprecio scorn
desprovisto deprived
después after, afterwards
destacado outstanding, conspicuous
destacamento detachment
destacar to outline; —**se** to stand out
destartalado jumbled and shabby
destemplado out of tune
desterrar (ie) to banish
destinar to destine
destripamiento disemboweling
destruir to destroy
detalle *m.* detail
detenerse to stop
detenido stopped
determinado particular
detonación detonation
detrás behind; **por — de** behind
deuda debt
devoción devotion
devocionario prayer book
devolver (ue) to return
devoto religious, devout
di, dio *pret.* **dar**
día *m.* day; — **de Difuntos** All Souls' Day (*November 2*); — **de estreno** opening day; — **de fiesta** holiday; — **de labor** workday; **al rayar el —** at the break of day; **de —** by day; **el — menos pensado** unexpectedly; **todos los —s** every day; **hoy —** nowadays
dialecto dialect
diálogo dialogue

Diana *Roman goddess of hunting and of the moon*
diariamente daily
diario daily
dibujo drawing
dictador *m.* dictator
dictadura dictatorship
dicterio taunt, reproach
dicho *p.part.* **decir; mejor —** rather; *n.* saying
dichoso blessed
diecisiete seventeen
diera, diese *p.subj.* **dar**
diez ten
diferencia difference, distinction
diferencial *f.* differential
diferenciarse to differ
difícil difficult
difunto dead; *n.* dead person; *see* **día**
difusión diffusion, spreading
digestivo digestive
dignarse to deign
dignatario dignitary
dignidad dignity
digno worthy
dijera, dijese *p.subj.* **decir**
dijo *pret.* **decir**
diluir to dilute; to lose
diminuto very small
dimitir to resign
dinamita dynamite
dinastía dynasty
dinero money
Dios *m.* God; **con —** good-bye; **¡por —!** for heaven's sake!
diosa goddess
diplomacia diplomacy
diputado deputy
dirección direction
dirigido directed
dirigir to direct; **—se** to go
disciplina discipline; **— de cuartel** army discipline
disciplinante *m.* flagellant (*one who scourges himself*)
disco record
discretamente discreetly
discreto discreet, quiet
discurrir to run, travel
discurso speech
discusión discussion

discutir (**de**) to discuss, dispute, argue, question
diseminado spread
disentir (**ie, i**) to dissent, disagree
disfrutar (**de**) to enjoy; **—se** to be enjoyed
disminuir to decrease, lessen
disparar to shoot off
dispersarse to disperse
disponer (**de**) to have at one's disposal; **—se** to get ready
disposición disposal, disposition
dispuesto ready
disputa dispute, argument
distancia distance
distinción distinction, honor
distinguido famous, distinguished
distinguir to distinguish; **—se** to be distinguished; to differ, be different
distribuido distributed
diurno *n. & adj.* daytime
diversión amusement
diverso diverse, different, varied
divertir (**ie, i**) to amuse; **—se** to enjoy oneself, amuse oneself; **ser divertido** to be amusing
dividirse to be divided
divinidad divinity
divino divine
divisarse to be seen (*in the distance*)
divulgar to divulge, make known, broadcast
doblado dubbed
doblaje *m.* dubbing
doble double
doce twelve
docena dozen
doctrina belief, doctrine
documentación identification papers
dolor *m.* pain
Dolorosa, La The Lady of Sorrows
doméstico *adj.* domestic, household
domicilio house, home; **a —** at home, in the house
dominante dominating, predominate
dominar to dominate, control, prevail
domingo Sunday; **— de Ramos** Palm Sunday **— de Resurrección** Easter Sunday
dominguero, -a Sunday

dominical *adj.* Sunday
dominio control
dominó *m.* dominoes
don *a title used before a man's given name; n.m.* gift
donde where, in which; **¿dónde?** where?
doña *a title used before a woman's given name*
dorado golden
dormir (ue, u) to sleep,
dormitar to doze
dosis *f.* dose, portion
dotar to provide
dote *f.* quality, talent, gift
dramático, -a dramatic
dramaturgo playwright
duda doubt; **sin —** undoubtedly
dudar to doubt
dueña proprietress
dueño owner, proprietor
dulce sweet, soft; *n.m.* candy
dulzaina flageolet
duplicar to double
duración duration, length, term
durante during
durar to last
duro hard, firm, harsh, heavy

e *(used before* **i, hi***)* and
eclesiástico, -a church, ecclesiastic
eclipsar to eclipse; **—se** to wane, be eclipsed
eco echo
economato commissary
economía economy
económico, -a economical, economic, cheap
economizar to economize, save
echado, -a closed, down; **— atrás** thrown back
echar to throw, put, give; **—se atrás** to push back; **— un trago** to take a drink; *see* **piropo, siesta**
edad *f.* age; **la Edad Media** the Middle Ages
edificio building; **— escolar** school building
editorial *adj.* publishing
educación education, development
educador *m.* educator, teacher

educarse to educate oneself, be educated
educativo, -a teaching, educational
efecto effect; **en —** in fact; **—s de escritorio** stationery
eficaz, -ces efficacious, effective, efficient
efigie *f.* image, effigy
efímero, -a fleeting
efusivo, -a effusive, demonstrative
egipcio, -a Egyptian
ejecución performance
ejecutar to carry out
ejemplar exemplary
ejemplo example
ejercer to exercise, practice
ejercicio test, exercise
ejercitar to exercise
ejercito army
el, la, los, las the; **— de** that of, the one of; **— que** which, who, the one who, he who, anyone who, whoever, the one that
él he, him, it
elasticidad springiness
Elche *a town in eastern Spain (proince of Alicante) and main date-growing center*
eléctrico electric
electrizarse to be electrified
elegancia elegance
elegante elegant
elegido elected; *n.* chosen one
elemento element
elevar to raise
eliminar to eliminate
Elíseo Elysian; **campos —s** *Elysian Fields (abode of the blessed in Greek mythology)*
elogiar to praise
ello it, that; **por —** therefore; **todo — all of it
embargo: sin — however, nevertheless
embellecer to embellish
embestida charge
embestir (i) to charge, attack
embrutecido dulled
embutido salami
emigrante *m.* emigrant
emigrar to emigrate, go away

eminente eminent
emoción emotion, emotional appeal, thrill
emocionado emotional, moved
emotivo moving
emparrado vine arbor
empedrado paved; *n.* stone pavement
empero however
empezar (ie) to begin
empinado steep
empleado employed; *n.* employee
emplear to use, employ; —**se** to engage oneself
empleo job, employment
empleomanía craze for government jobs
empolvado covered with dust
emprendedor enterprising
emprender to begin
empresa enterprise, company
empresario producer, promoter
empuñar to seize, grasp
en in, on, upon, at, to, for; — **seguida** at once
enamorado lover
enano dwarf
encabezado led, headed
encabezar to lead
encaje *m.* lace
encalado whitewashed
encaminarse to set out
encantado delighted
encantar to charm, delight
encanto enchantment, charm
encapuchado hooded person
encarcelado imprisoned
encarecer to raise the cost of
encargar to charge, recommend, entrust; —**se** to take charge
encarnado red
encauzar to channel
encender (ie) to light
encima upon; — **de** over; **por** — above, overhead
encomendar (ie) to commend, entrust
encontrar(se) (ue) to meet, find; —**se a gusto** to find oneself at ease; —**se con** to meet
encorvado bent over
encuentro meeting; **al** — **de** to meet
encharcado filled with puddles

enderezar to straighten
enemigo enemy
energía energy
enérgico energetic
enero January
enfermedad illness
enfermo sick, ailing; *n.* sick person
enfrentamiento confrontation
enfurecido enraged
engalanar to decorate; —**se** to be decorated
enganchar to hitch up
engañar to deceive
engordar to fatten
engrasar to grease
enigma *m.* puzzle, enigma
enjalbegado whitewashed
enjuto lean
enojoso annoying
enorme great, enormous, huge
enriquecer to enrich; —**se** to become rich
enrollar to roll up
ensaimada coffeecake
ensalada salad
ensalzar to praise
ensayo attempt; essay
enseñanza teaching, education
enseñar to teach, show
entablar to start
entender (ie) to understand; **dándose por entendido** it being understood
enterarse to find out
entero whole, entire
enterrado buried
entierro burial
entonación intonation
entonces then, at that time
entornado half-closed, closed
entrada ticket; entrance
entrar to enter, go in; **hasta bien entrado** until well on
entre between, among, amid —**sí** from one another; **por** — from among, through
entregarse to devote oneself, abandon oneself to
entrenamiento training
entretanto meanwhile
entretener to entertain, make pleasant; —**se** to amuse oneself

entretenimiento entertainment
entrever(se) to glimpse, catch a glimpse of
entusiasmar to enthuse
entusiasmo enthusiasm
entusiasta *adj.* enthusiastic
enviar to send
envidia envy
envolver (ue) to wrap, envelop
envuelto wrapped
Epifanía Epiphany
epigrama *m.* epigram
episcopal episcopal, bishop's
episodio episode
época epoch, time
equipaje *m.* baggage
equipo team
equivalente *m.* equivalent
equivaler to be the same
equivocación mistake
equívoco misunderstanding
era threshing floor; age
erigir to erect
ermita chapel
erudito scholar
esbelto svelte, tall and graceful
escala scale
escalafón *m.* roster (*showing position, seniority, etc. of public servants*)
escalera stair, stairway
escalofrío chill, shiver
escalón *m.* step
escándalo scandal; de — scandalous
escaparate *m.* store window
escapulario scapulary
escardar to weed
escarnio mocking, derision
escarpado steep; por — que sea however steep it may be
escasez *f.* scarcity
escaso short, scanty, small, lacking
escayola plaster
escena scene, stage
escenario stage
esclavo slave
Escocia Scotland
escoger to choose
escolar scholastic, student's school
esconderse to hide
espectacular spectacular

espectáculo spectacle, sight
espectador *m.* spectator
espejo mirror
espera expectation, anticipation, waiting; en — de waiting for
esperanza hope
esperar to expect, wait (for), await
espeso heavy, thick, deep
espíritu *m.* spirit, sense; — de cuerpo esprit de corps, professional spirit
esplendidez *f.* splendor
espléndido splendid
esplendor *m.* splendor, magnificence
espliego lavender
espontaneidad spontaneity
espontáneo spontaneous
esposa wife
esposo husband
espuerta rush basket
esquina corner; las cuatro —s game of tag
esquivar to avoid, dodge
establo stable
estación station; season
estado state; Estado national state
estallido outbreak
estampa picture, picture card; feature
estampido bang
estanco cigar store
estar to be; — en su punto to be ready; por — because it is
estatal *adj.* state
estatua statue
Estébanez Calderón, Serafín (*1799–1867*) *Spanish author*
estepa plain
estera mat
estético aesthetic
estiércol *m.* manure
estigma *m.* stigma
estilo style
estimular to stimulate
estímulo stimulus, incentive
estío summer
Estirao *man's nickname*
esto *neuter pron.* this; por — for this reason
estocada sword thrust
estómago stomach
estoque *m.* rapier, bullfighter's sword

estornudar to sneeze
estratégicamente strategically
estrecho narrow, tight
estrella star
estrenar to wear (perform) for the first time
estreno first performance, new play; **día de** opening day
estrépito noise; **con —** noisily
estrepitoso noisy
estribar (en) to rest on, lie in
estribo running-board
estrictamente strictly
estridente strident, noisy, shrill
estropajo mat-weed rag (*for dishwashing*)
estropear (se) to spoil, ruin
estudiado deliberate
estudiante *m.&f.* student
estudiantil *adj.* student
estudiar to study
estudio study
estúpido stupid
estuviera, estuviese *p.subj.* estar
estuvo *pret.* estar
eterno external
europeo European
evitar to avoid
evocar to evoke
exactitud exactitude
exacto exact
exagerar to exaggerate
exaltación exaltation, ecstatic emotion
examen *m.* examination
examinador examining
examinar to examine; **—se** to be examined
exceder to exceed
excelencia excellence; **por —** par excellence
excepción exception
excepto except
excitación excitement
excitado excited
excitar to excite, stir up
excluido excluded
exclusivo exclusive
excusarse to apologize, excuse oneself
exento exempted; **los —s** those exempted
exhausto exhausted

exhibición exhibition
exhibir to exhibit; **—es** to be exhibited
exigir to demand, require
existencia existence, life
existente living
existir to exist
éxito success
éxodo exodus
expansión free play
expansionarse to let oneself go
expansivo expansive, effusive
expensas expenses; **a —de** at the expense of
experiencia experience
experimento experiment
explanada esplanade, level ground
explicación explanation, lecture
explicar to explain
explosión outburst
explotación exploitation
explotar to explode, exploit
exponer to put forward, expound, explain
exportar to export; **—se** to be exported
exposición exhibition
expresar to express; **—se** to be expressed
expresivo expressive
exquisito fancy, exquisite
éxtasis *m.* ecstasy
extender(se) (ie) to extend, spread, spread out, be extended
extenso extensive
exterior *m.* outside (world); *adj.* exterior, outward
extraerse to be mined
extranjero foreign, abroad; *n.* foreigner; **en el (al) —** abroad
extraño strange, unusual, rare, foreign; *n.* stranger
extraordinario extraordinary, special; **horas extraordinarias** overtime
extravagancia extravagance
extremo end, edge, extreme
exuberancia exuberance
exvoto *Lat.* votive offering
ezpatadantza *Basque* sword dance
Ezquioga *small town in the Basque province of Guipúzcoa*

fabada *dish of pork and beans*
fábrica factory
fabricación manufacture
fabricante *m.* maker
fácil easy; **tener la palabra —** to have a ready tongue
facilidad ease
facilitar to facilitate, provide
facha *coll.* appearance
fachada façade
faena job, task
faja strip, sash
falda slope; skirt; **— de volantes** flounced skirt
falso false
falta lack, need, fault; **a — de** in the absence of; **por — de** through lack of
faltar to lack, be lacking, miss
falla *Val.* bonfire
fama fame, reputation; **tener — to** be famous
familia family; **en —** at home
familiar familiar, intimate, family; *n.m.& f.* relative
familiaridad familiarity, intimacy
familiarizarse to become familiar
famoso famous
fantasia imagination
fantástico fantastic
farol *m.* street lamp, lantern
farolillo (*dim. of* **farol**) small lantern
farsa farce
fase *f.* phase
fastuoso sumptuous, showy, flashy
fatalista fatalistic
favorecido favored; **los —s** those favoted
favorito favorite
fe *f.* faith
fecundidad fertility
fecha issue, date; **—se de retraso** issues late
felicitación greeting
felicitar to congratulate, wish happiness to
feligrés *m.&f.* parishioner
Felipe II *king of Spain* (*1556–1598*)
feliz happy
femenino feminine
feminidad femininity

fenómeno phenomenon
feo ugly
féretro coffin
feria fair
feriante *m.* fair-trader
fermentado fermented
feroz fierce
ferrocarril *m.* railroad
fértil fertile
festín *m.* feast
festividad festivity
festivo festive
fiambre *m.* cold dish
fiar to credit; **—se de** to trust
ficha counter, piece; **—s de dominó** dominoes
fiel faithful; *n.m.* devotee
fiero fierce
fiesta festival, holiday, party; **día de — holiday**
figura figure, statue, appearance
figurado figurative
figurín *m.* fashion design
figurita (*dim. of* **figura**) little figure
fijado fixed
fijarse to notice, consider, be fixed
fijo fixed, permanent
fila rank, row, line
filete, *m.* steak
filigrana filigree, ornament
filología philology
filológico philological
filosófico philosophical
filtrarse to filter
fin *m.* end, aim, purpose; **a — de** in order that; **a —es de** at the end of; **al —** finally; **al — y al cabo** after all; **en —** in short; **por —** finally, at last
final *m.* end, last, ending; **al — at** the end
finalista *m.&f.* finalist
finca estate
fino fine, subtle
finura fineness
firmar to sign
firme firm; **de —** hard
físico physical
fisonomía features, appearance
flamante showy, brand-new

flamenco *coll.* gypsy-like; *n. a type of Andalusian music*
flamígero flaming
flanco side
flanqueado flanked
flaqueza weakness
fleco fringe
flecha arrow
flor *f.* flower
florecer to flourish
florecilla (*dim. of flor*) little flower
florido flower, ornate
flotar to float
flote *m.* floating; **a —** afloat
fogata bonfire
follaje *m.* foliage
fomentar to stir up
fonda inn
fondo background; fund; **a —** thoroughly; **al —** in the background, at the far end
forastero out-of-town; *n.* stranger
forma form, way, manner; **buenas —s** decorum
formalizar to formalize
formar to form; **—se** to be formed
formidable tremendous, loud
fórmula formula, phrase, form, principle
fornido strong
fortuna fortune, good luck, success
forzado forced
forzoso compulsory
foto *f. abb. of* **fotografía**
fotografía photograph, picture
fragmentación division
fragua forge
francés *n.&adj.* French
Francia France
franco frank, unreserved
Franco, Francisco (*1892–*) *general who became Head of State after winning the Spanish Civil War* (*1939*).
frase *f.* phrase, expression
fraterno brotherly
frecuencia frequency; **con —** frequently
frecuentar to frequent
frecuente frequent
fregar (**ie**) to wash, scrub
freír to fry; **—se** to be fried

frente *m.&f.* forehead, brow; front; **— a** in front of, in the face of, against, opposed to; **— a —** facing one another; **al —** in the front
fresco fresco; cool air; *adj.* cool, fresh, lush; **hacer —** to be cool
frescura freshness, coolness
frío cold; *n.* cold
friso frieze
frito fried
frontera frontier
frontón *m.* handball, *jai alai*
frotarse to be rubbed
frugalidad frugality
fruta fruit
fruto result; **—s** produce
frutal *adj.* fruit
fue *pret.* **ir, ser**
fuego fire; **—s artificiales** fireworks
fuelle *m.* bellows
fuente *f.* fountain, spring
fuera, fuese *p.subj.* **ir, ser**
fuera *adv. outside; cosas de —* things of the outside world; **por —** on the outside
fuerte strong, loud, sharp, substantial
fuerza strength, force
Fulanito (*dim. of* **Fulano**) so-and-so
Fulano so-and-so
fullero *coll.* trickster
fumador *m.* smoker
fumar to smoke
función function
funcionario official, public servant
fundador *m.* founder
fundar to found
fúnebre funereal
funesto fatal
furia fury
furioso furious
fusil *m.* gun, rifle
fútbol *m.* soccer
futbolista *m.* soccer player
futbolístico *adj.* soccer
futuro *adj.&n.* future

gafas *pl.* glasses
gaita bagpipe
galante gallant

galantería gallantry
galería gallery, balcony
Gales Wales
galgo greyhound; **carrera de —s**
dog racing
Galicia *region in the northwest cor-*
ner of Spain
galón *m.* stripe
gallego Galician
gallina hen, chicken
gallo rooster; **misa del —** midnight
mass (*on Christmas Eve*)
gana desire
ganadería livestock; cattle-raising; cattle ranch
ganadero stock breeder
ganado livestock, cattle, herd; *adj.*
won
ganar to gain, win, earn, be success-
ful; **—se** to win for oneself
ganga bargain
gañán *m.* laborer
garbanzo chickpea
garbo grace; garb; **reposado —** poise
garboso graceful
García Lorca, Federico (*1898–1936*)
Spanish poet, executed during the
Spanish Civil War
garganta throat
garito gambling den
gas *m.* fume
gastado worn (out), exhausted
gastar to spend, wear
gasto expense
gastronómico gastronomic
gaucho cowboy
gavilla sheaf (*of grain*)
gazpacho *Andalusian dish of bread,*
oil, vinegar, onions, and garlic
generalizarse to become general
generala female general (*honorary*)
generalmente generally
genérico generic, general
género form; genre
generoso fine, generous
genio nature, disposition
gente *f.* people; **— menuda** small
fry; **— baja** lower classes; **— del**
campo country folk
gentío people, crowd
geográfico geographical

gesticular to gesticulate, gesture
gestionar to attend to
gesto gesture, manner
Getsemaní Gethsemane (*the Mount*
of Olives, near Jerusalem)
Giner de los Ríos, Francisco (*1840–*
1915) *Spanish philosopher and edu-*
cator
Giralda, la *tower of the cathedral of*
Seville
girante turning
girar to spin; **hace —** spins
giratorio spinning
giro expression
gitano gypsy
gleba land, feudal estate
gloria glory
glorioso glorious
gobernante *m.* ruler
gobernar (ie) to govern
gobierno government, management;
— de turno government of the day
goce *m.* enjoyment
Gólgota Golgotha
golfo gulf
golosina candy; **puesto de —s** candy
booth
golpe *m.* blow, tap; *coll.* display;
labrado a —s knocked into shape
golpeado tapped
golpear to tap, beat down (on)
golpecito (*dim. of* **golpe**) tap
goma rubber ring
gordo fat, big; **premio —** first prize
(*in the lottery*)
gorra cap
gorrión *m.* sparrow
gota drop
gótico Gothic
Goya, Francisco de (*1746–1828*) *one*
of the greatest Spanish painters
gozar to enjoy
gozo joy
gracia grace, charm, wit; **—s** thanks;
hacer (tener) — to be funny
grácil slender
grado grade, rank
graduación rank
Granada *provincial capital in south-*
ern Spain
gran(de) big, large, great; *n.m.pl.*

grown-ups; grandees (*highest rank of Spanish nobility*)
grano grain
grasa grease, fat
gratificación gratuity
gratitud gratitude
grato pleasant
gratuito free
grave grave, serious, seriously
gravedad gravity, seriousness
greda clay
gremio guild, association
griego Greek
grieta crevice
grillo cricket
gris grey
gritar to shout
griterío shouting
grito shout, cry; **a —s** loudly
grosería rude remark, coarseness
grosero rude, coarse
grueso thick, fat, substantial
gruñir to grunt
grupo group
Guadarrama *m.* *mountain range north of Madrid*
guante *m.* glove
guapo handsome, pretty
guardacoches *m.* car watcher
guardapolvo duster
guardar to keep, keep up **—se** to be kept; **— silencio** to keep silent
guardia *m.* guard, policeman
guarnición garrison
guarnicionero harness-maker
gubernativo *adj.* government
guerra war
Guindalera, La *district of Madrid*
Guipúzcoa *one of the three Basque provinces*
guirnalda garland
guiso dish
guitarra guitar
gusanillo (*dim. of* **gusano**) little worm; **matar el —** to stop the feeling of hunger
gusano worm; **— de seda** silkworm
gustar to like, please
gusto pleasure, taste; **a —** comfortably, at will; **tanto —** I am pleased to meet you

haba bean
habano cigar
haber *aux.* to have; *imp.* to be; **hay** there is, there are; **había** there was, there were; **ha de —** there must be; **hay que** one must, one should; **he aquí** here is, this is
habilidad skill, ability
habitante *m.* inhabitant
hábito habit, custom, costume
habla speech
hablar to speak, talk; **—mal de** to criticize
hacer to make, do; **—se** to be done, become; **— buen tiempo** to be good weather; **— calceta** to knit; **— cola** to stand in line; **— el arrastre de** to drag away; **—falta** to need, be necessary; **—frente a** to withstnd; **— gracia** to be funny; **— la instrucción** to take instruction, drill; **—(pasar)** to have (come in); **— un papel** to play à role; **—se sombra** to shade oneself; **hace muchos años** many years ago; **hace tiempo** some time ago
hacia to, toward, towards, about
hacinamiento overcrowding
hacha *f.* axe
halagar to flatter
hallar to find; **—se** to be, find oneself; **por —se prestando** because they are rendering
hambre *f.* hunger
hartar to stuff
harto stuffed
hasta to, up to, until, even
hastío tedium, weariness of life
hay *see* haber
haya *pres. subj.* haber
hazaña deed
hebilla buckle
hectárea hectare (2.4 acres)
hecho *p. part.* *hacer;* used to made, accustomed; *n.* event; deed; fact; **de —** in fact, actually
helado ice cream
helarse (ie) to freeze
heredar to inherit
herir to wound
hermana sister

hermandad brotherhood, guild
hermano brother; —s brothers and sisters
hermético closed in
hermoso beautiful
hermosura beauty
héroe *m.* hero
heroico heroic
heroína heroine
herrador *m.* horseshoer
herradura horseshoe
herramienta tool
herrero blacksmith
hiciera, hiciese *p.subj.* **hacer**
hidalgo gentleman, noble
hidroeléctrico hydroelectric
hierba grass
hierbajo weed
hierro iron; **mineral de —** iron ore
higo fig
hija daughter; my dear
hijo son; —s children
hilar to spin
hilera line, row
hilo line
himno hymn
hiperbólico exaggerating
hipocondríaco melancholy
hispánico Spanish
hispano Spanish
Hispanoamérica Spanish America
histérico hysterical
histólogo histologist (*specialist in organic tissues*)
historia history, story
historiador *m.* historian
histórico historical
hizo *pret.* **hacer**
hogar *m.* home, hearth
hoguera bonfire
hoja leaf, blade
hojalata tin plate
holandés Dutch
hombre man; my dear fellow; **— de mundo** man of the world; **— de negocios** businessman
hombrecillo (*dim. of* **hombre**) little man
hombría manliness
hombro shoulder; **a —s** on the shoulders; **al —** on the shoulder

homenaje *m.* homage
hondo deep
hondonada glen, dale
honrado honest, worthy
honroso honorable
hora hour, time; **— punta** rush hour
horca pitchfork
horizonte *m.* horizon
hormiga ant
hornillo (*dim. of* **horno**) kitchen stove; **— de asar** oven for roasting
horno oven
hórreo small granary (*on pillars*)
hortaliza vegetable
hospicio orphanage
hospitalario hospitable
hoy today, now; **— día** nowadays
hoz *f.* sickle
hubiera, hubiese *p.subj.* **haber**
hubo *pret.* **haber**
huelga strike
huelguista *m.* striker
huella trace, effect
huerta fruit and vegetable garden; **La —** *irrigated land near Valencia*
huertano person of La Huerta
huerto orchard
hueso bone
huésped *m.* guest; **casa de —es** boarding house
hueste *f.* procession of ghosts (*in Asturias*)
huevo egg
huida flight
huir to flee
humanitario humanitarian
humanizarse to become human
humano human, humane
humedecido moistened
húmedo wet, moistened
humildad humility
humilde humble, modest
humo smoke
humor *m.* humor, mood
humorismo humor
humorístico humorous
húngaro *coll.* gypsy
hurgar to poke

idealista *m. & f.* idealist

idéntico identical
identidad identity
identificarse to be identified
idílico idyllic
idioma *m.* language, speech
ídolo idol
iglesia church
Ignacio de Loyola, San *St. Ignatius, (1491–1556) Basque nobleman and founder of the Jesuit order*
ignorancia ignorance
igual equal, the same; — que the same as; por — equally
igualado made equal
igualarse (con) to equal
igualitario levelling
igualador levelling
iluminación illumination, lights
iluminar to illuminate, light
ilusión illusion, dream
ilustración illustration
ilustrar to illustrate
ilustre famous
imagen *f.* image; imágenes imagery
imaginario imaginary
imaginero sculptor of religious images
imitar to imitate
impaciente impatient
impávido fearlessly
impecable impeccable, spotless
impedir (i) to prevent, stop
imperio empire
impetuoso rushing
implorante imploring, begging
imponente imposing
imponer to impose; —se to be imposed
impopularidad unpopularity
importado imported
importancia importance
importante: lo — the important thing
importar to be important; no os importa you don't mind
impotente powerless
impráctico impractical
impresión impression
impresionante impressive
impresionar to impress, make an impression

imprevisto unforeseen; lo — the unforeseen (part)
improvisarse to be improvised
impuesto *p. part. of* imponer
impulso impulse
inagotable inexhaustible
inapelable without appeal.
inaugurar to open
incansable tireless
incendio fire, burning; — premeditado arson
incentivo incentive, motive
incesante unending, incessant
incidente *m.* incident
incienso incense
inclinar to incline
incluso even
incomodidad discomfort
incómodo uncomfortable
inconcreto vague
inconveniente *m.* drawback
incrementar to increase
indecoroso unbecoming, improper
indefinible indefinable
indefinido indefinite
independiente independent
indescriptible indescribable
indeseable undesirable
indicado indicated, timely, called for
indicador *n.m.* indicator; *adj.* indicating
indicar to indicate, show
índice *m.* table of contents
indicio indication
indiferencia indifference
indio Indian
indisciplinado undisciplined person
indispensable: lo — as much as he has to
individuo individual, person
indulgencia indulgence
indumentaria costume, way of dressing
industria industry
industrializarse to be industrialized
inefable ineffable, indescribable
ineludible unavoidable
inequívoco unmistakable
inesperado unexpected
inevitablemente inevitably
inexorablemente inexorably

infancia infancy; children
infanta princess
infantil childish
infatigable indefatigable
infierno hell
ínfimo lowest
inflación inflation
influencia influence
influido influenced
influir to influence, have influence
informe *m.* information; *adj.* irregular, uneven
infracción infraction
infractor *m.* violator
infranqueable impassable, impenetrable
ingeniería engineering
ingeniero engineer
ingenio wit, talent, genius, mind
ingenioso ingenious, clever, witty
ingenuo ingenuous
inglés English
ingobernable unruly
ingrediente *m.* ingredient
ingresar to enter
ingreso entrance; —s income
inicial initial
iniciar to start
iniciativa initiative
inicuo iniquitous, evil, wicked
injusticia injustice
inmediaciones *f.pl.* environs
inmediatamente immediately
inmóvil motionless
innovación innovation
inocente innocent
inofensivo inoffensive, harmless
inolvidable unforgettable; lo — the unforgettable part
inquieto restless, anxious
inquietud anxiety
insensible unnoticed, unfelt
insigne famous
insignia badge
insistir to insist
inspirar to inspire
instalación (es) *f.pl.* facilities
instalar to set up; —se to be installed, be set up
instante *m.* instant
instintivamente instinctively

instinto instinct
Instituto (de Enseñanza Media) high school
instrucción instruction, education
instruir to educate; sin — without education
instrumento instrument, implement
insuficiente insufficient
insultante insulting
insulto insult
íntegro whole, complete
intelectual intellectual
inteligencia intelligence
intención intention; mala — ill will
intensamente immensely
intensivo uninterrupted
intenso intense, deep; busy; copious
intento attempt
intercesión intercession
intercesor intermediary
interés *m.* interest
interesado interested; *n.* interested party
interesante interesting; lo — the interesting part
interesar to interest; —se to take interest
interior inside, inner; *n.m.* inside, interior
intermedio intermediate
interminable unending
internacional international
internado: colegio de — boarding-school
interpretarse to be interpreted
interrumpir to interrupt; —se to be interrupted
intervalo interval; a —s at intervals
intervenir to interrupt, intervene
intimidad intimacy
íntimo intimate
intolerancia intolerance
intriga plot
introducirse to be introduced
inundado jammed, filled
inundar to inundate, flood
invadir to invade
inventar(se) to invent
inverosímil unlikely
invertir (ie, i) to invert; —se to be reversed

investigación research
investigar to investigate
inveterado long-established
invierno winter
invitado guest
inyección injection
ir to go; — **andando** to walk; —**se a** to go and, go to; — **de compras** to go shopping; — **metido en** to be fitted in; **el** — **de tiendas** going shopping; **no le va** doesn't suit him; **vaya** come
irónico ironical
irradiar to give off; to send forth
irrespetuoso disrespectful
irreverencia irreverence
irrintzi *Basque* hurrah
irritante irritating
Isidro Labrador, San St. Isidore the Peasant (*patron saint of Madrid; he died in 1130 and was canonized in 1622*)
isla island; **Islas Baleares** Balearic Islands (*in the Mediterranean*)
italiano Italian
izquierdo left; **de mi izquierda** on my left

jactancioso swaggering
jaleo *coll.* merrymaking
jamón *m.* ham
jardín *m.* garden
jarra jar
jarro pitcher, jug
jaspe *m.* jasper (*a type of quartz*)
jaula cage
jaulita (*dim. of* **jaula**) little cage
jazmín *m.* jasmine
jefe *m.* chief, leader
Jerez *town in southwestern Spain, famous for its sherry wine*
Jerusalén Jerusalem
Jesucristo Jesus Christ
Jesús Jesus; ¡—! heavens!
jinete *m.* horseman
jira picnic; **de** — picnicking
jondo *And. for* **hondo** deep; **cante** — *a type of flamenco singing*
jornada day's work
jornal *m.* daily wage

jornalero day laborer
jorobado hunchback
joven young; *n.m.&f.* young man, young woman
joya jewel
Juan John
jubiloso joyous
judío Jew
juego game, play, gambling; **sala de** — gambling room; **sala de** —**s** games room
jueves *m.* Thursday
juez *m.* judge
jugada play, game; — **sucia** foul play
jugador *m.* player
jugar (**ue**) to play, gamble; —**se** to be played; — **a** to play; **el** — **a** taking a chance at
jugo juice
jugoso juicy
juguete *m.* toy
juguetear to play about
junio June
junta meeting
juntarse to join, assemble
junto near, beside, right, together; — **a** besides, as well as
jurídico legal
justicia justice, court of justice
justificar to justify
justo fair, right
juvenil youthful
juventud youth, young people
juzgar to decide

kilo kilogram (2.2 *lbs.*)
kilómetro kilometer (0.62 *mile*)

labia loquacity
labio lip
labor *f.* work, campaign, effort; **día de** — workday
laboratorio laboratory
labrado worked, wrought; — **a golpes** knocked into shape
labrador *m.* farmer, peasant
labriego farm hand
ladera slope
lado side; **por todos** —**s** everywhere

ladrillo brick
ladrón *m.* thief
lagartija little lizard
lágrima tear
laico secular
lamentar to lament
lamento lament, complaint
lana wool
lanzar to throw; —se to go at (it)
lar *m.* home; *Lat.* lar *household god*
largo long; a lo — de along
lástima pity
lata tin plate; dar la — to bother, bore
lateral side, one to the side
latifundio large estate
latín *m.* Latin
lavado washing
lavadero laundry
lavandera laundress
lavar to wash
lazo bow
leal loyal
lebrillo glazed earthenware tub
lección lesson
lectura reading
leche *f.* milk
lechero milkman
lecho bed
lechuga lettuce
leer to read
legalmente legally
lego lay
lejano distant
lejos afar, far, in the distance
lema *m.* motto
lengua language
lentamente slowly
lenteja lentil
lentejuela spangle
lento slow, leisurely
leña wood
lesionado injured
letra letter; —s literature
letrero sign
levantar to raise; lift; —se to get up
Levante *m.* East
levantino eastern; *n.* easterner
levita frockcoat
ley *f.* law

leyenda legend
liar to roll
libertad liberty, freedom
librarse to free oneself
libre free, open
libro book; — de texto textbook
licenciado graduate
licor *m.* liquor
lidia bullfight; toro de — fighting bull
lienzo linen, canvas
liga league
ligero light
limitarse to limit oneself, confine oneself
límite *m.* end, limit
limonada lemonade
limonero lemon tree
limosna alms
limpia *m. abb. of* limpiabotas
limpiabotas *m. sing.* shoeshine boy
limpiar to wipe, clean, clear
limpieza cleanliness
limpio clean
linde *f.* border, boundary
línea line; avión de — airliner
lino flax
lírico lyric
lista list
listo ready
literario literary
literato literary person, writer
literatura literature
litigante *m. & f.* party (*in legal dispute*)
litoral *m.* coast
liviandad laxity (*in morals*)
lo it; — de the business of; — que that, which, what, that which
loa praise
loable commendable
localidad district
loco mad
locomoción transportation
locomotora locomotive
locuaz talkative, loquacious
lógica logic
lógico logical
lograr to achieve, attain, realize
loma hill
Lope de Vega, Félix (*1562–1635*) *play-*

*wright and poet who contributed
most to the creation of a national
drama in Spain*
lote *m.* lot
lotería lottery, lottery tickets
Loyola *manor house where St. Ignatius was born, today a sanctuary*
loza dishes
lozano luxuriant
lucir to show off
lucro profit
lucha struggle
luchar to struggle, strive
luego then, after later; **— de** after;
desde — of course
lugar *m.* place, town; **en — de** instead of; **tener —** to take place
lujo luxury
lujoso luxurious, rich, showy
luminaria festival lighting
luminoso bright
luna moon; **media —** crescent moon;
noche de — moonlit night
luto mourning
luz *f.* light

llama flame
llamada call
llamar to call; **—se** to be called;
llamados a filas drafted; **los llamados** what are called
llano plain
llanura plain
llave *f.* key
llegada coming, arrival
llegado arrival; **recién —** newcomer
llegar to come, arrive, reach, become,
succeed; **— a las manos** to come to
blows; **—a ser** to become; **—a viejo**
to become old
llenar to fill; **—se** to be filled; **se va
llenando** gradually fills
lleno full
llevar to carry, carry on, lead, bear,
wear, lead, afford, charge, have; **—se**
to take (carry) off; **— consigo** to
entail; **— el paso** to set the pace
llorar to weep, cry
llorón mournful

llover (ue) to rain
lluvia rain shower

maceta (de flores) flowerpot
Machado, Antonio *(1875–1939) one of
the most distinguished poets of
modern Spain*
macho male; **— cabrío** he-goat
madera wood, board
madre mother
madreselva honeysuckle
Madrid *the capital of Spain*
madrileño native of Madrid
madrugada small hours of the morning; **de —** in the small hours of the
morning
maduro older; ripe
maestría skill
maestro teacher, master; **obra maestra**
masterpiece
magnificencia magnificence
magnífico magnificent
magosto chestnut roasting
maíz *m.* maize, corn
maizal *m.* maize field
majestuoso majestic
mal badly, ill, poorly; **lo —** how
bad; **quedar —** to make a bad impression; *n.m.* trouble
Málaga *malaga wine*
maleta suitcase
malicioso malicious; mischievous
malo bad, poor, evil, inopportune
mallorquín *m.* Majorcan
mamá mamma
manada herd
Mancha, La *southern part of Castile*
manchado stained
manchita *(dim. of* **mancha**) little
spot
mandar to send, order
mandíbula jaw
manejo handling, use
manera manner, way
manga sleeve; **—s de camisa** shirt
sleeves
manifestación demonstration
manifestar(se) to manifest
Manila *type of cloth made in Manila
in the Philippines*

mano *f.* hand; — **a** — two alone; **a** —
by hand; **a las** —**s** to blows; **darse**
la — to shake hands; **de** — **en** —
from hand to hand
manojo bundle
Manolito *familiar form of* **Manuel**
mansión mansion
manso tame
manta blanket
mantener to maintain, sustain, keep;
—**se** to remain, be maintained
mantequilla butter
mantilla headdress (*worn over the*
head and shoulders)
manto mantle
mantón *m.* shawl
mantoncillo (*dim. of* **mantón**) short
shawl
manzanilla *a dry white wine*
mañana *adv.* tomorrow; *n.* morning;
— **de sol** sunny morning; **de la** —
in the morning; **por la**— in the
morning
máquina machinery, machine
maquinaria machinery
maquinista *m.* engineer
mar *m. & f.* sea
marcar to mark, indicate
marco framework
marcha march, walk
marchar to walk, go; —**se** to go off
Margarita Margaret
margen *m.* border; **al** — **de** outside
of
María Mary
Mariana, Juan de (*1536–1624*) *a*
Spanish Jesuit and historian
marido husband
marinero sailor
marisma marsh
marital marital, of the husband
marítimo maritime
mármol *m.* marble
marqués *m.* marquis
martillear to hammer
martillo hammer
Martínez Montañés, Juan (*1580–1649*)
Spanish sculptor and painter
Maruja *form of* **María** Mary
Maruxiña *Gal. dim. of* **Maruja** Mary
más more, most, better; — **bien**

rather; — **que** except; **a lo más** at
(the) most
mas but
masa mass, mob
masculino masculine
masticar to chew
mata shrub
matador *m.* bullfighter (*who kills the*
bull)
matar to kill; —**el gusanillo** to stop
the feeling of hunger
mate dull, rough, leathery
materno maternal
matinal *adj.* morning
matriarcal matriarchal
matrimonial *adj.* marriage
matrimonio marriage
máxima rule
máximo maximum, highest
mayo May
mayor bigger, greater, older, elder,
greatest, eldest; *n.m.* older people
mayoría majority
mazapán *m.* marzipan (*almond paste*)
mecánico mechanical; *n.* mechanic,
machinist
mecanización mechanization
mecedora rocking-chair
mechero cigarette lighter; **piedras de**
— flints
medalla medal
medianoche *f.* midnight
mediante by means of
medicina medicine
médico doctor
medida measure; **a** — **que** as
medio half, middle, average; **en** —
in the midst; **por** — **de** through;
por en— in the middle; **media**
luna crescent moon; **a media tarde**
in mid-afternoon; *n.m.* means, manner, medium, environment
mediocridad mediocrity, vulgarity
mediodía *m.* midday, noon
Mediterráneo Mediterranean
Méjico Mexico
mejilla cheek
mejor better, best; — **dicho** rather;
a lo— perhaps; **lo**— the best
thing
mejora(s) betterment

mejorar to improve, better
melancolía sadness, melancholy
melancólico melancholy
melodía melody
melodioso melodious
memoria memory, memorizing; **se sabe de —** knows by heart
mendigar to beg
mendigo beggar
menester *m.* necessity; **ser —** to be necessary
menesteroso needy
Menganito (*dim of* **Mengano**) so-and-so
menina lady-in-waiting
menor lesser, smaller, least, smallest, slightest; *n.m.* minor
menos less, least, except; **al —** at least; **al — que** unless; **por lo —** at least
mensaje *m.* message
mentalidad mentality
mentir (ie, i) to lie
menudencia minor ingredient
menudo small, minor; **a —** often
mercado market; **plaza del —** marketplace
mercancía(s) merchandise, freight
mercantil *adj.* business
merced *f.* mercy
mercería haberdashery
merecer to deserve
meridional southern
merienda afternoon snack, picnic
mérito merit, quality
merluza hake (*a fish*)
mero mere
mes *m.* month
mesa table; **— camilla** round table (*with floor-length woolen tablecloth*)
meseta plateau
Mesta, la *medieval union of Spanish stock-breeders*
metafísica metaphysics
metáfora metaphor
metálico metallic
metalurgia metallurgy
meter to put; **—se** to meddle; to go; **— en cintura** (*coll.*) to hold in check; **va metido en** he is fitted in

método method
metro meter; *abb. of* **metropolitano** subway
mezcla mixture
mezclar to mix; **—se** to mingle, be mixed
mezquita mosque
miembro member
mientras while, as long as; **— tanto** meanwhile
mies *f.* unthreshed grain
miga crumb; **—s** fried crumbs
mil (one) thousand
milagro miracle
milagroso miraculous
militar military; *n.m.* soldier; **—es** military men, army
militarmente in a military way
millón *m.* million
milloncejo (*dim. of* **millón**) mere million
mimbre *m.* wicker
mina mine
minarete *m.* minaret
minero miner
miniatura miniature
mínimo minimum, least
ministerio ministry (*of government*)
ministro minister (*of government*)
minoría minority
minuto minute
mirada glance, stare, expression
mirar to look at; **—se** to look at one another; **mire** *imperative* look
mirilla peephole
mirra myrrh
misa mass; **— del gallo** midnight mass (*on Christmas Eve*)
misal *m.* missal (book of mass service)
miseria misery, poverty
mísero wretched, miserable
misión mission, purpose
misionero missionary
mismo own, same, very, self, himself, *etc.;* **lo —** the same, the same thing; **lo — . . . que** both . . . and; **lo — si . . . que** whether . . . or; **por lo —** because of this, just the same
místico *n. & adj.* mystic
mitad *f.* half

mítin (*from Eng.*) political meeting
Miura *famous breed of fighting bulls*
mixto mixed
mocetón *m.* (*aug. of* **mozo**) big lad
moda style, fashion, mode; **muy a la** — very fashionable; **pasado de** — out of fashion
modelo model, style
modernamente in modern times
modernidad modernity
modernizar(se) to modernize, become modern; **se está modernizando** is becoming modernized
moderno: lo — modern times
modesto modest, small
modista dressmaker
modo manner, way, means; **de este** — in this way
modulante modulating
mojar to dip, wet; —**se** to be dipped, be moistened
mole *f.* mass, bulk
molestarse to bother oneself, take the trouble
molino mill; —**de viento** windmill
momento moment, minute, occasion; **de** — for the time being
monaguillo acolyte, altar boy
monarca *m.* king
monasterio monastery
monástico monastic, convent
moneda money, coin; **casa de la Moneda** mint
monja nun
mono monkey
monólogo monologue
monopolio monopoly
monotonía monotony
monótono monotonous
montaña mountain, mountains; — **abajo** down the mountains
montañés *m.* mountaineer
montañoso mountainous
montar to stage, perform, mount, ride; **traje de** — riding costume
monte *m.* mountain, woods
montículo mound
montón *m.* pile
montura saddle
monumento monument, statue
morado purple

moral inward
moralmente morally
morcilla blood pudding
mordaz biting
moreno dark-skinned; **morena** brunette
morir(se) (**ue, u**) to die
moro Moorish; **a usanza mora** in Moorish fashion
mortal: salto — somersault
mosca fly
mostrar (**ue**) to show, display
moteado dotted
motivo motive, motif; **con** — **de** on the occasion of
moto (*abb. of* **motocicleta**) motorcycle
mover (**ue**) to move, stir; —**se** to move, move about
movilidad mobility, liveliness
movilizar to mobilize, concentrate
movimiento movement, activity
moza lass, young woman; servant
mozalbete *m.* young boy, youngster
mozo young man; —**s** young people; — **de café** waiter; — **de cuerda** porter
muchacha girl
muchacho boy
muchedumbre *f.* crowd
muchísimos (*sup. of* **muchos**) very many
mucho much, great, a great deal; *adv.* a great deal; **por** — **que** however much
mueble *m.* piece of furniture
mueca grimace
muelle *m.* spring
muerte *f.* death
muerto dead; **caerse** — to fall down dead
muestra display, sign, example, manifestation
mujer *f.* woman, wife; *interjection* dear
mula mule
muleta red cloth (*for bullfighting*)
mulilla (*dim. of* **mula**) mule (*of a team that drags dead bull from the arena*)
multa fine, penalty
multicolor many-colored

multiplicarse to be multiplied
multitud crowd
mundano worldly
mundial *adj.* world
mundo world; **tener algo de —** to be worldly wise; **todo el —** everybody
municipal municipal, civic
municipio city council
muñeca wrist; doll
muñeira *a type of Galician folk dance and song*
muralla wall
Murcia *Spanish city and province on the Mediterranean*
murmullo murmur
muro (*outside*) wall
museo museum
música music
mustio withered
musulmán *m.* Moslem
mutuo mutual
muy very, well

nácar *m.* mother-of-pearl
nacer to be born
nacimiento birth; Nativity scene
nación nation
nacionalista nationalist
nada nothing, not at all
nadie nobody, no one
Napoleón (*1769–1821*) *Napoleon Bonaparte*
naranjo orange tree
nardo spikenard, tuberose
natalicio birthday
natural natural, life
naturaleza nature
naturalidad naturalness
navaja knife
nave *f.* nave (*of a church*)
Navidad Christmas
navideño *adj.* Christmas
nazareno penitent, Nazarene
necesario necessary; **lo —** what they need
necesidad necessity, need
necesitado needy
necesitar to need; **—se** to be needed
negar (ie) to deny; **—se a** to refuse

negocio business; **hombre de —s** businessman
negro black, dark; **de —** in black
neoclásico neoclassical
neoyorkino of New York
nervio nerve
nervioso nervous
nevera icebox, refrigerator
ni nor, even; **— aun** not even; **— siquiera** even
nido nest
nieve *f.* snow
ninguno no, none, no one, any
niña girl
niño child, childhood
nitidez *f.* brightness
nítido bright
nivel *m.* level; **— de vida** living standard
no no, not
nobiliario nobiliary
nocturno *adj.* at night, night-time, evening
noche *f.* night; **de —** at night, dark; **por la —** at night
Nochebuena Christmas Eve
nogal *m.* walnut tree
nombre *m.* name
noria draw-well
normalidad normalcy
norte *m.* north
norteamericano North American
norteño northern, of the north
nostálgico nostalgic
nota note, feature
notable noted, notable
notar to note, notice; **—se** to be noticed
noticia(s) news
notorio notorious, famous
novedad novelty, newness
novela novel
novelista *m. & f.* novelist
novia fiancée, bride
noviazgo engagement, courtship
noviembre *m.* November
novillo young bull
novio fiancé, groom, suitor
nube *f.* cloud
nubecilla (*dim. of* **nube**) small cloud

nueve nine
nuevo new, additional, next; **de —** again; **lo —** the new
número number; **— de la suerte** lucky number
numeroso numerous, full, large
nunca never, ever
nupcial nuptial, bridal
nutrir to nourish
nutritivo nutritious

o either, or; **— bien** or else
obedecer to obey, follow
obelisco obelisk (*monument*)
objeto object, purpose
obligación obligation, duty
obligado necessary, forced; **sitios —s** expected places
obligar to oblige, force; **—se** to bind oneself
obligatorio obligatory, compulsory
obra work, play; **— maestra** masterpiece
obrar to work, act
obrero worker, working, working-class; *n.m.* workman
observar to see, look at, observe; **—se** to look at one another
obstáculo obstacle
obstante: no — nevertheless, in spite of
obstinación obstinacy
obtener to obtain, get
ocasión occasion, opportunity
Occidente *m.* West
ocre ochre
ocultar to hide; **—se** to be hidden
oculto hidden
ocupación occupation
ocupante *n.m.&f.* occupant
ocupar to occupy
ocurrir to occur, happen
ocho eight
oda ode
odio hatred
oeste *m.* west
ofender to offend
ofensa offence
oferta offer

oficial *adj.* official, public; *n.m.* officer, official
oficina office
oficinista *m.* office worker
oficio office, trade, profession, occupation
ofrecer to offer
ofrenda offering
oír to hear; **—se** to be heard; **— decir** to hear it said
ojalá would that, if only
ojo eye
ojuelo (*dim. of* **ojo**) little eye
ola wave
ole (olé) hurrah, bravo
oleada wave
oler (hue) to smell; **—se** to be smelled
olivar *m.* olive-grove
olivo olive tree
olor *m.* odor, smell
oloroso sweet-smelling, scented
olvidado forgotten
once eleven
ondulado waved
opio opium
oponerse to be opposed
oportunidad opportunity, chance
oportuno opportune, timely
oposición opposition, competitive examination
opositor *m.* candidate
optimista optimistic
opuesto opposite
oquedad hollow, hollowness
oración prayer
orador *m.* orator, speaker
orar to pray
orden *m.* order (arrangement); *f.* order, command
ordenado orderly
ordeñar to milk
ordinario ordinary, usual, regular
oreja ear
organillo (*dim. of* **órgano**) hand organ
organizar to organize; **—se** to be organized, organize oneself
órgano organ
orgullo pride
orgulloso proud

oriente *m.* east
oriflama streamer
origen *m.* origin, beginning, rise
orilla bank (*of a river*)
oro gold
oscurantismo darkness
oscuridad darkness
oscuro obscure, dark
oso bear
ostentosamente gaudily
otro other, another; — tanto as much; — tiempo former times; otra cosa anything else
ovación ovation
oveja sheep
oxigenado bleached
oyente *m.* listener

pabellón *m.* building (*forming part of barracks, etc.*)
paciencia patience
paciente *n.&adj.* patient
pacífico, -a peaceful
Paco *familiar form of* Francisco
padre *m.* father; —s parents
padrino best man; godfather
paella rice dish
paga pay
pagadero payable
paganismo paganism
pagano pagan; público — (*coll.*) low-brow public
pagar to pay, reward; —se cara to be paid for dearly
pago payment, return
país *m.* country
paisaje *m.* landscape, countryside
paisano civilian
paja straw
pájaro bird
palabra word, speech; tener la — fácil to have a ready tongue
palabrero verbose
palacio palace
palco box
palidez paleness, pallor
palma palm; *pl.* hand-clapping
palmada clap
palmera palm tree
palmo plot, small tract

palmoteo hand-clapping
palo stick, pole, wood, blow
palpitar to beat, throb
pámpano vine-leaf
pan *m.* bread, loaf of bread
pana corduroy
pancarta banner
pandereta small tambourine
pandero tambourine
panecillo (*dim. of* pan) roll
pantalón *m.* trousers
pantalla screen
pantano dam
Panza, Sancho *Don Quixote's squire in the novel of Cervantes*
paño cloth, garment
pañuelo handkerchief, head scarf
Papa Pope
papel *m.* paper; role
papeleo red tape
Paquita *familiar form of* Francisca
par *m.* pair, couple; de — en — wide; sin — matchless, incomparable; un — de a few, a couple of
para to, for, in order to, by
parada stop
paraguas *m.sing.* umbrella
paraje *m.* place
paralizar to paralyze; —se a to be paralyzed
páramo wilderness
parar(se) to stop
parcela plot (*of land*)
parcelario pertaining to plots of land
parche *m.* drum-head
pardo brown, dark
parecer to seem, appear; —se a to be like
parecido like, similar
pared *f.* wall
pareja pair, couple
pariente *m.* relative
París Paris, France
paro unemployment
parque *m.* park
parra grapevine arbor
parroquia parish
parroquiano customer
parte *f.* part; a (en, por) todas —s everywhere; por — de on the part of; por —s piecemeal

participación share
participar to participate, take part
particular private, particular
partida game (*of chess, cards, etc.*)
partidario supporter
partido marriage, match; party; game
partir to set out
parva threshed grain before winnowing
pasado past; last, after; — **de moda** out of fashion
pasajero passenger
pasar(se) to pass, spend, go, happen, suffer, take; **—se sin** to get along without; **—lo bien** to have a good time; — **por alto** to ignore
pasatiempo pastime
Pascua Easter; **—s** Christmas
pase *m.* pass
paseante *m.* walker, stroller
pasear(se) to walk, go for a walk, stroll, promenade; *n.m.* walking about; **salir a —** to go out for a walk
pasillo corridor
paso step, way, passage, road, crossing; sacred float; — **elevado** elevated expressway; **al —** at the rate, at the same time; **de —** at the same time; **llevar el —** to set the pace; **salir al —** to confront
pasodoble *m.* quickstep (*march and dance*)
pasta pasteboard
pastar to graze
pasto pasture
pastor *m.* shepherd
pastoril pastoral
pata foot (*of an animal*)
patata potato
patena medallion
paterno paternal
patético pathetic
patetismo pathos
patio patio, courtyard
pato duck
patria country, motherland; — **chica** native heath
patriota *m. & f.* patriot
patriotismo patriotism
patrono patron

pavimento pavement, road
pavo turkey; **pelar la pava** to court
paz *f.* peace
peatón *m.* pedestrian
pecado sin
pecar to sin; — **de** to offend through; — **de** + *adj.* to be too
peculiar special; **lo —** the peculiar thing
pechera shirt front
pecho chest, breast
pedacito (*dim. of* **pedazo**) small piece
pedante pedantic
pedazo bit
pedir (i) to ask (for), order; — **de comer** to ask for something to eat
pedregoso stony
pegado close, clinging, tied
pegarse to cling, press against
peinado coiffure, hairdo
peinadora hairdresser
peineta ornamental shell comb
peladilla sugar almond
pelado bare
pelar to pluck; — **la pava** to court
película film
peligro danger
peligroso dangerous
pelo hair
pelota ball, handball
pelotari *Basque* professional jai alai player
pellejo skin
pena grief, trouble, penalty; **en —** in Purgatory; **valer la —** be worth while
pender to hang
pendiente pending
penetrar to penetrate, pierce
penitencia penitence
penitente *m.* penitent
penoso painful, difficult
pensar (ie) to think, expect; — **en** to think of
pensioncita (*dim of* **pensión**) small pension
Pentecostés *m.* Pentecost (Whitsunday)
penumbra darkness; — **crepuscular** twilight
peón m. laborer; assistant bullfighter

peor worse, worst
Pepe *familiar form of* **José** Joseph;
 tío — old Joe
pequeñez *f.* small article
pequeño small, little; **en —** on a
 small scale
percibir to perceive
perder (ie) to lose; **—se** to be lost,
 fade away
pérdida dropping; loss, waste
perdiz *f.* partridge
perdonar to pardon, forgive
perdurar to endure, last
peregrinación pilgrimage
peregrino pilgrim
pereza laziness
perezoso lazy; *n.* lazy man
perfeccionar to perfect
perfecto perfect
perfil *m.* outline, profile
perfumado fragrant
periódico regular; *n.* newspaper
período period
perjudicar to harm
perla pearl
permanecer to remain, stay
permanente constant, permanent
permitir to permit, allow; **—se** to
 permit oneself
pero but
perrillo (*dim. of* **perro**) little dog
perro dog
perseguido persecuted, chased
perseguir (i) to pursue
perseverancia perseverance
perseverante persevering
persiana Venetian blind
persistir to persist
persona person
personaje *m.* personage, character
persuadir to persuade
pertenecer to belong
perteneciente belonging
pesa weight
pesadilla nightmare
pesado heavy
pesar: a — de in spite of
pesca fishing
pescadera fisherwoman
pescado fish (*as food*)
pescador *m.* fisherman

pescar to fish
pescuezo neck
peseta *monetary unit of Spain* (*worth
 about 1½¢ in 1970*)
peso weight; **cuestión de —** important matter
pesquero *adj.* fishing
peste *f.* plague, pest
petaca tobacco pouch
petitorio petitionary
petróleo petroleum
peyorativo pejorative
piadoso pious
piafar to stamp (*of horses*)
pianista *m.* pianist
piara herd (*of swine*)
pica pike
picado *adj.* cut
picador *m.* pikeman (*in bullfighting*)
picante piquant
picatoste *m.* fried bread
pico sharp point; **de tres —s** three-
 cornered
pídola leapfrog
pie *m.* foot; **a —** on foot; **en —**
 standing
piedad mercy
piedra stone
piel *f.* skin
pierna leg
pilar *m.* pillar
pimiento pepper
pinar *m.* pine-grove
pinchazo prick, stab
pincho goad
pino pine
pintar to paint
pintor *m.* painter
pintoresco picturesque
Pirineos Pyrenees (*the mountain
 range between Spain and France*)
piropo compliment; **echar un —** to
 pay a compliment
pisar to enter, step on
piscina swimming pool
piso apartment, floor, story; **— bajo**
 ground floor
pista track, racetrack
pistola pistol, revolver
pitanza pittance
pizarra slate, blackboard

placa badge
placentero pleasant
placer *m.* pleasure
plaga plague, blight
plana page
planchadora ironer
planicie *f.* plain
planta plant; floor
plantar to plant
plata silver
plataforma platform
plateado silver, silvery
plateresco plateresque (*a Renaissance style of architecture*)
plato plate, dish
plaza square; bullring; — de toros bullring; —del mercado market-place
plebe *f.* people
plebeyez *f.* brutishness
pleito lawsuit
pleno full, open, mid-; en — campo in the open country; en — día in broad daylight; en plena siesta in the rest period; en — verano in the dog days
pluma feather
pluriempleo moonlighting
plutocrático plutocratic
población people, population, town
poblado town, populated area
pobre poor; salir de— to cease being poor; *n.m.* poor man
pobrecito (*dim. of* pobre) poor little thing
pobreza poverty, lack
poco little; *pl.* some, few; a — de soon after; un — a bit of a; *adv.* little, shortly
poder (ue) to be able; — más to mean more, be stronger; *n.m.* power, strength
poderoso powerful
poesía poetry, poem
poeta *m.* poet
poético poetic
policía police
policíaco *adj.* police
política politics
político political; *n.* politician
polvo dust, powder

pólvora gunpowder, fireworks
polvoriento dusty
pollo chicken
pompa pomp, splendor
pomposidad pompousness
pomposo pompous
ponche *m.* punch
ponderación praise
poner to put, place, set, furnish; —se to become; to put on; — inyecciones to give injections; —se a to begin; —se de calle to dress up for going out
popularizar to popularize
por to, for, by, as, through, by force of, in, along, over, because of, across; — entre through, from among; — eso so that; — estar because it is; — igual equally; — lo menos at least; —lo mismo because of this, just the same; — lo que because of which; — mucho que however much —parte de on the part of; — qué why; — si in case; — si acaso just in case; — sí solo in itself; — supuesto of course; — tanto consequently; — turno in turn
pordiosero beggar
porque because
porquero swineherd
porrón *m.* long-spout bottle
portada doorway
portátil portable
portero janitor, doorman, gatekeeper
pórtico door, entrance, doorway
portón *m.* yard door
pos after; en — de in pursuit of
posada inn
poseedor *m.* owner
poseer to possess, have, own
posibilidad possibility
postal *f.* postcard
poste *m.* post
posteridad posterity
posteriormente later on
postigo shutter
postín *m. coll.* airs; de — smart
postre *m.* dessert; de— as dessert
potable drinkable
pote *m.* a type of stew

potencia power
potencial *adj. & n.m.* potential
potro colt
pozo well
práctica practice
practicado played
practicar to practice; —se to be played
práctico practical, experimental; clase práctica lab, seminar
Prado *avenue and art gallery in Madrid*
prado field, meadow
precaución precaution
precavido forewarned
preceder to precede
precio price, cost
preciso precise, necessary
predominante predominant
predominar to predominate
preferible preferable
preferir (ie, i) to prefer
pregón *m.* call, cry (*of town crier*)
pregunta question; hacer —s to ask questions
preguntar to ask; —se to ask onself
prehistórico prehistoric
prejuicio prejudice
premeditado deliberate; incendio — arson
premiado winning
premiar to award a prize
premio prize; — gordo first prize (*in the lottery*)
prenda article (*of clothing or jewelry*)
preocuparse to worry, be preoccupied; — de to be concerned with
preparar to prepare, get ready; —se to prepare oneself
preparativo preparation
preparatorio preparatory, tutoring
presagio omen
prescribir to prescribe
presencia presence
presenciar to be present at
presentar to introduce; —se to present oneself
presente present; *n.m.* present; person present
presidente *m.* president
presidir to preside over; to envelop

presión pressure
preso prisoner
prestamista *m.* moneylender
prestar to lend, give
prestigio prestige
presuponer to presuppose
presupuesto budget
pretendiente *m.* suitor
pretensión presumption
pretexto pretext
pretil *m.* parapet
prevalecer to prevail
previsión foresight; en — de provident, foresighted
previsor foreseeing
primacía primacy
primario primary
primavera spring
primer *apocopated form of* primero
primero first; a —s at the beginning; primero derecha third floor, right hand side; en primer lugar in the first place
primogénito oldest son
principal principal, main, important; lo — the main thing
principiante *m.* beginner
principio beginning, principle; desde —s from the beginning
prisa haste, hurry; de — quickly; tener — to be in a hurry
prisionero prisoner
privado private; deprived
privilegio privilege
probabilidad probability, chance
probable: lo — what is probable
probar (ue) to test, try, taste
procedente coming
procesión procession
proceso process
procurar to procure, try
prodigarse to abound
producción production, product
producir to produce; —se to produce, be produced, arise
producto product
profano profane, secular, lay
profesión profession
profesor *m.* professor, teacher
profesorado teaching profession
programa *m.* program

progresar to progress
progreso progress
prohibir to forbid, ban; **se prohibe**
it is forbidden
prole *f.* offspring
proletariado proletariat
proletario proletarian
prolongación extension
prolongado prolonged
prometer to hold promise, be promising
prometida fiancée
pronombre *m.* pronoun
pronto soon, quickly, early; **al —** at
first; **de —** suddenly
pronunciar to pronounce; **—se** to
be pronounced
propenso addicted to, prone to
propiciar to propitiate
propicio propitious
propiedad property
propietario landowner, owner
propina tip
propio of one's own, own, distinct,
individual, same, fit, characteristic
proporcionar to provide, give
propósito object, purpose; **a — de**
speaking of
prosaico prosaic
próspero prosperous
protector protective; *n.m.* protector
proteger to protect
protesta protest
protestante *m.* Protestant
provecho profit, advantage
provechoso profitable
provenir to derive
Provenzal Provençal *(in southeast
France)*
proverbio proverb
Providencia Providence
provincia province; **en —s** in the
provinces, in provincial towns
provinciano provincial
provisión provision, supply; *pl.* food
provisto provided
provocado *(por)* brought about
provocar to cause, provoke
próximo near, nearby, next; **la
próxima** the next time
proyectar to show *(a film)*

prudencia prudence
prudente prudent, wise; **lo más —**
the wisest thing
prueba proof, test, token, fitting,
sign; **en — de** as a proof of
psicológico psychological
publicar to publish; **—se** to be published
publicidad publicity
público public; **lo bastante —** public enough
puchero stew pot
pudiera, pudiese *p. subj.* poder
pudo *pret.* poder
pueblecito *(dim. of* pueblo) little
town
pueblerino *adj.* town
pueblo people, town
puente *m.* bridge
puentecillo *(dim. of* puente) little
bridge
puerta door, gate; **—s adentro** of
the home
pues then, since, for, well
puestecillo *(dim. of* puesto) small
stall
puesto booth, stall; position; **— de
flores** flower stall
puesto set out; **— que** since
púlpito pulpit
pulso steadiness of hand
punta point, tip
puntilla lace edging
punto point; **estar en su —** to be
ready
puntualmente punctually
puñado handful
puñetazo blow; **a —s** in blows
pureza purity
purgatorio purgatory
purificar to purify
purísimo *(aug. of* puro) very pure
puro pure; *n.* cigar
pusiera, pusiese *p.subj.* poner
puso *pret.* poner

que *relative pro.* who, whom, which,
that; *conjunction* that, for, than
qué *adj & pron.* what, which, how
quedar(se) to remain, stay, be, be

(have) left; — de to remain as; — bien (mal) to make a good (bad) impression
quehacer *m.* duty, task, business
queja complaint
quema fire
quemar(se) to burn, set on fire
querella quarrel
querer to want, love
querida dear
queso cheese
quien who, whom, one who, he who, the one who, one
quietud quiet, tranquillity, calm
Quijote, Don *hero of novel by Cervantes*
químico chemical
quinela(s) soccer pool
quinta country home
quinto fifth
quitar to take away; — se to take off
quizá(s) perhaps

rabo tail
racimo bunch
radiante radiant
raído threadbare, shabby
rama branch
Ramblas, Las *a main street of Barcelona*
ramillete *m.* corsage
ramo branch, sprig
Ramón y Cajal, Santiago (*1852–1934*) *Spanish histologist who won the Nobel prize for medicine in 1906*
ramplón vulgar
rana frog
rango rank
rapado shaved, close cut
rapidez speed
rápido rapid, quick
rapto fit, rupture
raqueta racket
raquítico scrawny
raro rare, strange; rara vez rarely
rascacielo skyscraper
rasgo feature, trait
rasguear to strum
rasgueo strumming
rato period, while, time

rayar to begin; al — el día at the break of day
rayo ray, lightning
raza race; de — racial
razón *f.* reason; con — quite rightly; tener — to be right
reaccionario reactionary
reacio reluctant, stubborn
real royal; main
realismo realism
realista realistic
realzar to enhance
reanudar to resume; — se to be resumed
rebaño flock
rebosar to overflow, teem
rebuzno bray
recalcar to emphasize
recamado embroidered (*with raised work*)
recargado overloaded
recargo surcharge; — de precio surcharge
recato modesty
recelar to suspect
receloso suspicious
recibir to receive; to meet
recién recent, recently
recio thick; loud
reclamar to claim
reclamo advertisement
reclinatorio prayer-desk
recluta *m.* recruit; — forzoso conscript
reclutamiento recruiting
recobrar to recover
recoger to pick up, gather up, take in; — se to retire, seek seclusion, be caught
recogida harvesting
recolección harvest
recompensa reward
recompensado paid
reconquista reconquest
reconstrucción renewal
recordar (ue) to remind, recall, remember
recorrer to traverse, walk (travel) about, tour, go over (through)
recortarse to be clipped
recreativo recreational

recto straight
recuerdo regard, memory, remembrance
recurso resource
rechazar to refuse, reject
red *f.* net
redacción editorial office (*of newspaper*)
redistribuir to redistribute
redondear to round out
redondo round
reducción reduced number
reducir to reduce
reducto domain
reemplazar to replace
refinado, -a refined, high-sounding
refinamiento refinement
reflejar to reflect
reforzarse (ue) to be strengthened
refrán *m.* proverb
refrescar to freshen up, refresh, cool off
refrigerador *m.* refrigerator
refugiarse to take refuge
refugio shelter, refuge
regadío irrigation
regalo gift
regañina (*dim. of* **regaño**) scolding
regar (ie) to irrigate, sprinkle
regido run, ruled
régimen *m.* diet; regime
registrar to search
regla rule; **en —** in order
reglamento regulations
regocijado gay
regocijo rejoicing
regordete plump
regresar to come back, return
reguero trickle
regular to direct; *adj.* regular, permanent
regularidad: con — regularly
rehusar to refuse
reina queen
reinar to reign
reino kingdom
reír(se) to laugh
reivindicación grievance
reja bar, window grating
relacionado related
relacionarse to be connected

relatar to tell
relativo relative, related
relicario reliquary (*locket for relics*)
religiosidad religiosity
religioso religious; *n.* person in religious life
reliquia relic
reloj *m.* watch, clock; **— de pared** wall-clock
reluciente glossy, shiny, glistening
relumbrar to glisten
remedio remedy, relief, safeguard; **no hay más — que** there is nothing to do but
remendón *m.* patcher; **zapatero —** cobbler
remoto remote, distant
remover (ue) to loosen
renacer to be born again
renacimiento renaissance
rendimiento devotion
rendir to yield
renovar (ue) to renovate; **—se** to be modernized, be renewed
renta rent, income
rentero lessee; rural tenant
renuncia renunciation
reñir (i) to quarrel
reojo: de — askance, over one's shoulder
reparar to repair
repartir to distribute
repertorio repertory
repetir (i) to repeat; **—se** to be repeated
repicar to ring out
repique *m.* ringing
repisa mantelshelf
repleto full
replicar to reply
reposado calm, leisurely, quiet; **— garbo** poise
reposo repose, rest; **en —** resting
representante *m.* representative
representarse to be presented (*on stage*)
represión repression
reprimir to repress, hold back
repugnancia dislike, repugnance
requemado sun-parched
requerir to require

requesón *m.* curds
resaltar to stand out
resbalar to slip
rescoldo embers
reserva reserve
reservado reserved
residencia residence
residuo trace, residue
resignado resigned
resistencia resistance
resolver (ue) to decide, resolve, settle
resonar (ue) to resound
resoplido puff, snort
respectivo respective
respetable respectable
respetablemente respectfully, decently
respetar to respect
respeto respect, deferential esteem
respetuoso respectful; *adv.* respectfully
respirar to breathe
resplandecer to glitter
resplandeciente resplendent
resplandor *m.* radiance, brightness
responder to reply, answer
respuesta answer, reply, retort
restablecer to restore
resto rest, remainder, remains
restricción restriction
restringir to hold back
resucitar to revive
resultado result
resultar to turn out, become
resumen *m.* summary; en — in short
resurgimiento renaissance
resurgir to revive
retener to retain
retirada departure
retirarse to go away
Retiro *park in Madrid*
retorcido winding
retornar to return
retrasado late-comer
retraso delay; de — late
retrato picture
retribución pay, recompense
retribuido paid
reunido collected
reunión *f.* reunion, meeting — familiar family gathering
reunirse to meet

revelar to reveal
revendedor *m.* scalper; — de entradas ticket-scalper
reventa resale
reverberar to reverberate; hover
reverenciar to venerate
revés *m.* reverse; al — on the contrary
revisor *m.* train conductor
revista magazine; revue *(musical show)*
revivir to revive
revocar to revoke
revoltoso troublemaker
revolucionario revolutionary
rey *m.* king; *pl.* king and queen; —es de baraja playing-card kings
rezar to pray, say; —se to be said
rezo prayer
riachuelo *(dim. of río)* rivulet, stream
ribera river bank
ricachón *m.* *(aug. of rico)* wealthy
rico rich; *n.* rich man
ridiculización mocking, ridiculing
ridículo ridiculous
riego irrigation, watering; cuba de — watering-tank
rígido rigid, strict
rincón *m.* corner, nook, lonely spot
riña quarrel, fight
río river
riqueza(s) wealth, riches, richness
risa(s) laughter
risotada guffaw
ristra string *(of onions, etc.)*
risueño cheerful
rítmico rhythmical
ritmo rhythm
rito rite, ceremony
rivalidad rivalry
robar to steal
robusto heavy, strong
roca rock
Rocío, El *village in the southern province of Huelva*
rocío dew
rodear to surround
rodeo roundabout way
rodilla knee; de —s on their knees
rogar (ue) to ask, pray
rojo red

romano Roman
romántico romantic
romería pilgrimage; de — on a pilgrimage
romero rosemary; pilgrim
romper to break; —se to be broken
ronco hoarse
rondar to walk along
ropa clothing, clothes
ropaje *m.* robe, garb, trappings, drapery
roquero built on rocks
rosa rose; color de — rose-colored
rosáceo rose-colored
Rosario *woman's name*
Rosarito *dim. of* Rosario
rosario rosary
roscón *m.* cake
rosquilla doughnut
rostro face
rotundo rounded; resounding
rozar to graze
rubio blond
rudimentario rudimentary, simple
rueda wheel
ruedo circuit, arena
ruego prayer, request
ruido noise
ruidoso noisy
ruina ruin
ruinoso ruinous
ruleta wheel of fortune, roulette
rumiar to ruminate, chew the cud
rumor *m.* buzz, noise
rústico rustic
rutina routine
rutinario routine

sábado Saturday; — de Gloria Holy Saturday
saber to know (how); por — because one knows; se sabe de memoria knows by heart
sabiduría knowledge
sabio scholar
sable *m.* saber
sabor *m.* flavor, enjoyment
sacacuartos money-drawing device
sacar to get out, bring out, take out, draw out, derive

sacerdote *m.* priest
saco sack
sacramento sacrament
sacrificar to sacrifice
sacrificio sacrifice
sacristía sacristy
sacrosanto sacrosanct, sacred
saeta religious song; arrow
sagrado sacred
sainete *m.* one-act farce
sal *f.* salt; *coll.* wit, charm
sala drawing-room; — de juego gambling room
Salamanca *Castilian town famous for its university, oldest in Spain (early 13th c.)*
salao = salado *coll.* darling
salario wages, pay
salero salt-cellar; *coll.* charm
salida exit, limit, departure, remark
saliente dominant
salir to leave, go out, come out, come up; — a paseo to go out for a walk; — al paso to confront; — de pobre to cease being poor; — desbandado to be scattered
salita (*dim. of* sala) small room
salón *m.* hall, salon, lounge
salpicado dotted
salsa sauce
saltar to jump, leap, break; — a la comba to skip rope
salto leap; — mortal somersault; de un — with a jump
salud *f.* health
saludable healthful, beneficial
saludar to greet; —se to greet one another
saludo greeting
salvado saved
salvaje wild
salvar to save
san *apocopated form of* santo
San Antonio de la Florida St. Anthony of Florida (*church in Madrid*)
sandía watermelon
sangrar to bleed
San José St. Joseph
San Juan St. John
sano healthy

San Sebastián *a Spanish city on the Bay of Biscay*
Santiago de Compostela *archiepiscopal and university city of Galicia, once famous as a center of pilgrimages*
santiguarse to cross oneself
santiño (*dim. of* santo) saint
Santísimo Host (*Holy Sacrament of Eucharist*)
santo saint; *adj.* holy; saintly
santuario shrine
sarampión *m.* measles
sardina sardine
sardónico sardonic, mocking
sarmiento twig (*of grapevine*)
sartén *f.* frying pan
sátira satire
satírico satirical
satisfacer to satisfy
satisfecho satisfied
sayón *m.* executioner
sé *pres. indic.* saber
sea *pres. sub.* ser
secano dry; tierra de — dry land
secar to dry; —se to be dried
seco dry, impassive
secretario secretary; — del ayuntamiento town clerk
secreto secret; *n.* secret
secundario secondary
seda silk
sedentario sedentary, sitting
sediento thirsty; parched
seducir to enchant, seduce
segador mowing
seglar secular, lay
Segovia *provincial capital in Old Castile*
segregado separated
segregar to segregate
seguidilla *type of flamenco song*
seguido; en —a at once
seguir (i) to follow, go on, remain, continue; sigue siendo continues to be
según as, according to
segundo second, secondary
seguramente probably
seguridad security, safety, assurance
seguro certain, sure, unerring

seis six
seleccionarse to select, be selected
sello stamp
semana week; por — a week
semanal weekly, a week
sembrado cultivated field
sembrar (ie) to sow
semejante similar
semejanza similarity
semicírculo semicircle
seminario seminar, study group; seminary
seminarista *m.* seminary student
semipermanente semipermanent
sempiterno eternal, constant
sencillez simplicity
sencillo simple
senda path
sendos, -as respective; one each
sensación sensation
sentarse (ie) to sit, sit down
sentido sense, meaning, regard
sentimiento feeling, sentiment
sentir (ie, i) to regret; —se to be moved, feel; to resent; —se bien to feel well; *n.m.* feeling
seña sign
señal *f.* sign, signal; en — de as a sign of
señalar to point (out); sin — without pointing out
señor *m.* man, gentleman; el Señor the Lord
señora mistress, lady, Mrs.; la — de Mrs.
señorial lordly, stately
señorita young lady, miss; — bien refined young lady
señorito young man, master of the house, sir
separado: por — separately
separar to separate
septiembre *m.* September
sequía drought
ser to be; a no — que unless; o sea that is to say; sea el que sea whatever it may be
ser *m.* being
serenata serenade
sereno calm, fair; *n.* night-watchman
seriamente seriously

serie *f.* series
seriedad seriousness
serio serious
serón *m.* rush-basket
servicial helpful
servicio service
servilleta table napkin
servir (i) to serve
sesenta sixty
seseo *pronunciation of Spanish* c *and* z *like* s
sesión session, sitting, performance
severo severe, stern
Sevilla *provincial capital in Andalusia*
sevillano Sevillian; **sevillanas** *f.pl Sevillian* seguidillas
sexo sex
si if; — **acaso** if any; just in case
sí yes, indeed, certainly; *pron.* **por** — **sólo** alone, by himself, in itself; **entre** — from one another
sidra cider
sidrería cider store
siega reaping
siempre always; — **que** whenever, provided that; **el de** — the same as always
sien *f.* temple
sierra mountain range, mountain
siervo serf
siesta afternoon nap; **echar la** — to have a nap
siete seven
siglo century; — **de Oro** Golden Age (*of Spanish art and letters, 16th and 17th centuries*)
significado significance
significar to mean, signify
significativo significant
signo sign
siguiente following, next
sílaba syllable
silbar to whistle
silbido whistle
silencio silence; **guardar** — to keep silent
silencioso silent, quiet
silueta outline
silvestre wild
silla chair

sillería choir stalls
sillita (*dim. of* silla) little chair
sillón *m.* armchair
simbólico symbolical, symbolic
simbolizar to symbolize
símbolo symbol
simetría symmetry
simpatía charm, attractiveness, likeable personality, liking, sympathy
simplemente simply
simpleza silly thing
simplificarse to be simplified
simular to simulate, resemble
sin without; — **faltar** including
sindical *f.* labor union
sindicato union, syndicate
sino but
sinónimo synonymous
sintaxis *f.* syntax
siquiera even; **ni** — not even, even
sirviente *m.* domestic servant
sistema *m.* system
sitio place, room; — **de paso** crossing place
situado situated, located
soberbio proud, haughty, superb
sobrar to have (enough) to spare
sobre on, upon, above, over, about; — **todo** especially, mainly, above all; *n.m.* envelope
sobremanera especially
sobrenatural supernatural
sobresueldo extra salary
sobriedad sobriety
sobrio sober, austere
socialista socialistic; *n.m.&f.* socialist
sociedad society, association
socio member
socorrido handy, useful
socorro help
sofocación suffocation
sofocado suffocated
sol *m.* sun; **al** — in the sun
solapa lapel
soldado soldier
soledad solitude
solemne solemn
soler (ue) to be accustomed; — **ser** to be usually; — **decirse** it is usually said
solidaridad unity, solidarity

solidez substantialness, solidity
sólido solid
solitario solitary, lonely
solo alone, single; **a solas** alone
sólo only
soltar (ue) to drop
soltero unmarried, single; *n.* bachelor
sombra shadow, shade; **hacerse —** to shade oneself
sombrero hat; **— cordobés** *Andalusian hat with stiff, wide brim*
sombrío somber, gloomy
someterse to submit oneself
son *m.* sound, tune
sonar (ue) to sound
sonido sound
sonreír (i) to smile
sonriente smiling
sonrisa smile
soñoliento sleepy
sopa soup
soportal *m.* arcade
sordo stifled, subdued
sorprendente surprising; **lo más —** the most surprising thing
sorprender to surprise
sorpresa surprise
sortear (se) to draw lots for
sorteo draw, drawing, casting lots; **—de quintas** casting of lots for drafting soldiers
sosegado calm
soso dull
sostén *m.* maintenance
sostener to keep, support, maintain; **—se** to keep oneself, maintain oneself
sotana cassock
suave soft, mellow, subdued
suavidad gentleness; **con —** gently
subalterno inferior, subordinate
subasta auction
subida raise
subir to go up, come up, get in; **—se a** to go to
súbito sudden; **de —** suddenly
subjuntivo subjunctive
subordinado subordinate
subsistir to subsist, continue
subterráneo underground
subvención subsidy

suceder to happen; **—se** to follow one another
sucesión succession
sucesivamente successively; **y así —** and so
suceso event
sucesor *m.* successor
sucio dirty
suculento tasty
Sudamérica South America
sudado sweaty
sudar to sweat, perspire
sudoroso sweaty
suegra mother-in-law
suela sole
sueldo pay, salary; **a —** for a salary
suelo floor, soil, ground
suelto separated
sueño sleep
suerte *f.* luck, bit of luck, type; **— de banderillas** dart phase (*in bullfighting*); **— de capa** cape phase (*idem*); **— de muleta** red cloth phase (*idem*); **— de varas** pike phase (*idem*); **de — que** so that; **número de la —** lucky number; **tener —** to be lucky
suficiente sufficient, enough
sufragista suffragette
sufrir to suffer
sugerir (ie, i) to suggest
Suiza Switzerland
sujeto tied
suma sum
sumido plunged
sumiso submissive
suntuoso sumptuous
superior superior, upper
supersticioso superstitious
supiera, supiese *p.subj.* saber
suplementar to supplement
suplemento additional charge
supo *pret.* saber
suponer to suppose, indicate, mean; **es de —** it is to be supposed
supremacía supremacy
supremo supreme
suprimir to suppress, do away with, do without
supuesto: por — of course
sur *m.* south

surco furrow
surgir to rise, emerge, be formed
suspenderse to be stopped
suspendido hung
suspirar to sigh
suspiro sigh
sustantivo noun
sustitución replacement
sustituir to replace

Tabacalera *the tobacco company of Spain (a monopoly)*
tabaco tobacco
taberna tavern
tabernario tavern
tabernero tavern keeper
taburete *m.* stool
taciturno silent
tajada slice
tajo working place (*line reached by gang of laborers*)
tal such, such a; —es those
talento talent
tallado carved
talle *m.* waist; sin — straight-cut
taller *m.* factory, workshop
tallo shoot
tamaño size
también also, too
tambor *m.* drum
tamboril *m.* small drum
tampoco neither
tan so, so much; — . . . como as . . . as, as much . . . as
tanto so, so much; — . . . como both . . . and, as much . . . as; — como de as much as for; — que so much so that; otro — as much; por — therefore; un — a little, somewhat
tapa lid
tapado covered
tapete *m.* tablecloth
tapia wall
tapiz *m.* tapestry
taquilla box office, ticket window
taquimeca *abb. for* taquimecanógrafa
taquimecanógrafa stenographer
tardanza delay

tardar to be late; — en to be long in
tarde *f.* afternoon, evening; de la — in the afternoon; de — en — now and then; por la — during the afternoon; late; al caer la — late in the afternoon
tarea task
tarjeta card; — de visita visiting card
tasca *coll.* tavern
taurino *adj.* bullfighting
taza cup
té *m.* tea
teatral theater, theatrical
teatro theater, drama
técnica technique, method
técnico technical
techo ceiling, roof
teja tile
tejado roof
tejedor *m.* weaver
tejer to weave
tejera tile factory
telegráfico telegraph
televisor television set
tema *m.* theme
temblar (ie) to tremble
temer to fear
temido feared
temor *m.* fear
templadísimo (*aug. of* templado) very mild
templado mild, temperate
templo church
temporada season; trabajo por —s seasonal work
temprano early
tenaz tenacious
tendencia tendency
tendencioso tendentious, biased
tender (ie) to tend; to hang out
tendero storekeeper
tendido stretched out
tener to have; —se por to be considered as; — que to have to; *see* fama, lugar, palabra, prisa, razón, suerte; no — dónde caerse muerto to be penniless
Tenorio *surname of Don Juan*
tensión excitement, tension

tentador tempting
teñido dyed
teoría theory
tercero third
terminación ending
terminado: después de — after finish-ing
terminante clear-cut, uncompromising
terminar to finish, end
término term; **por — medio** on the average
Terranova Newfoundland
terrateniente *m.* landowner
terraza terrace
terreno field, piece of land, ground, area
territorio territory
terroso bare
terruño soil
terso smooth, terse
tersura smoothness
tertulia conversational gathering, group of friends
testamento will
testigo witness
testimonio sign, token
textil *adj.* textile
texto text
tez *f.* complexion
ti you
tiempo time, weather; **en otor —** in former times; **en —s de** in the days of; **hacer buen —** to be good weather; **hace —** some time ago; **un —** once
tienda store
tienta bull testing
tierra world, region, soil, land; **— adentro** inland
timba *coll.* gambling party
timbre *m.* bell
tinto red (*wine*)
tío uncle; **— Pepe** Old Joe
tíovivo merry-go-round
típico typical; **lo—** the typical part
tiple *f.* soprano
tipo type
tira strip
tirar to throw, pull, draw; **—se** to throw (fling) oneself; **— a** to shoot at

tiro firing; **— al blanco** target-shooting
Tirso de Molina (Fray Gabriel Téllez) (*1584–1648*) *one of the outstanding dramatists of Spain*
titiritero tumbler, juggler
titular *m.* holder
título title, degree; **a — de** as a
tobillo ankle
tobogán *m.* roller-coaster
tocadiscos *m. s.&pl.* record player
tocado attire; hair-do
tocador *m.* player
tocar to touch, win, get, come, play, be the turn; **— a vuelo** to ring a full peal
tocino bacon
todavía still, yet
todo all, whole, every, any, complete; **— el que** everyone who; **a toda voz** in a loud voice; *n.* everything, anything
toldo awning
Toledo *provincial capital in New Castile*
tolerancia tolerance
tomar to take; to assume; **—se** to be eaten
tomate *m.* tomato
tomillo thyme
tonelada ton
tono tone; **de buen —** smart set
toque *m.* touch; sounding; blow, tap, call
toquilla short woollen shawl
torcer (ue) to twist
torcido crooked
toreo bullfighting
torero bullfighter; *adj.* bullfight
toril *m.* bull-pen
torillo (*dim. of* **toro**) young bull
tornar to return; **—se** to become
torneo contest
torno lathe; **en — a** about, around
toro bull; **— bravo** fighting bull; **— de lidia** fighting bull
torpeza clumsiness
torrado toasted chick-pea
torre *f.* tower, steeple
torrencial torrential
torta cake

tortilla omelette
torturar to torture
tostada toast; **media —** half a toasted roll
tostado tanned
tostarse to be browned, be roasted
total total, complete; *n.m.* total, result
trabajador worker
trabajar to work
trabajo work, job; **costar —** to be difficult; **— por temporadas** seasonal work
trabajosamente laboriously
traca fireworks; trace
tradición tradition
traducción translation
traducirse to be translated
traer to bring; **— consigo** to bring about
tráfico traffic
tragedia tragedy
trágico tragic
trago drink; **echar un —** to take a drink
traición treason
traído brought
traje *m.* dress, suit; **— de luces** bullfighter's costume; **— de montar** riding costume
trajín *m.* bustle
tramo grade
trampa trap
trance *m.* peril; **a todo —** at all costs
tranco long step
tranquilo tranquil, peaceful
transcurrir to pass
transeúnte *m.&f.* passerby
transformarse to be transformed
transición transition, change
transmitirse to be transmitted
transparencia transparency
transplantar to transplant
transportar to carry
transporte *m.* transportation
tranvía *m.* streetcar
trapo rag
traqueteo jolting
tras (*de*) after, behind
trashumante nomadic (*of flocks*)
trasnochador *n.* one who is out late

trasto piece of furniture
tratar to treat; **— de** to try; **—se de** to be a question of
trato treatment, deal
través *m.* reverse; **a — de** through
travesura mischief; **—s** mischievous acts
travieso mischievous
trébedes *f.pl.* trivet
trébol *m.* clover
trece thirteen
trecho space, stretch; **de — en —** at intervals
tren *m.* train
tres three
tribu *f.* tribe
tricornio three-cornered hat
trigal *m.* wheat field
trigo wheat
trillador threshing
trillo thresher
triste sad, wretched
tristeza sadness
triunfal triumphant
triunfo triumph
trocito (*dim. of* **trozo**) bit
trofeo trophy
tronco log
tropa troop(s), group
tropezar (ie) to stumble; **—se con** to come upon
trotar to trot
trovador *m.* trobadour
trozo piece
trucha trout
tuerto one-eyed
tumulto tumult
túnica tunic
turista *m.&f.* tourist
turístico *adj.* tourist
turnarse to take turns
turno turn; **por —** in turn, taking turns
turrón *m.* almond paste, nougat
tuteo *use of familiar form of address*
tuviera, tuviese *p.subj.* **tener**
tuvo *pret.* **tener**

u (*used before* **o, ho**) or
Ud. *abb. of* **usted** you

último last, latter, latest, most recent, ultimate, furthest; **por última vez** for the last time

único unique, single, only; *n.* the only one

unido united, joined, together; — **a** together with

unificador unifying

uniformado in uniform

uniforme *m.* uniform

unirse to join

universidad university

universitario *adj.* university

uno a, an, one, about; **la —a** one o'clock; — **a** — one by one; *pl.* some, a few

uranio uranium

urbano urban, city

usanza fashion

usar to use; **—se** to be used

uso use

usté *common pronunciation of* **usted** you

utensilio utensil

útil useful; *n.m.* tool

utilidad usefulness

utilizar to use

uva grape

va *pres. ind.* **ir**

vaca cow

vacilante hesitating

vacilar to sway

vacío empty; *n.* emptiness

vadear to ford

vago vague

vagón *m.* car

vaho vapor

vaivén *m.* swinging back and forth

Valencia *eastern province and city of Spain*

valencianista defender of the Valencian dialect

valenciano Valencian

valentía courage

valer to be worth; — **la pena** be worth while

valioso worthy

valor *m.* courage, value

vals *m.* waltz

válvula value

Valladolid *provincial capital in Old Castile*

valle *m.* valley

vanguardia vanguard

vanidad vanity

vano vain

vara stick, shaft, pike

variable varying

variación variation

variadísimo (*aug. of* **variado**) extremely varied

variado various

variar to vary, change

variedad variety

varilla (*dim. of* **vara**) rib (*of a fan*)

vario various; *pl.* several

vasco Basque; *n.* Basque

vascuence *m.* Basque language

vaso glass

vasto vast

vaya *pres. subj.* **ir**; well, come

vecindad neighborhood; **casa de —** tenement house

vecino neighboring; *n.* neighbor, resident

vega plain

vegetariano vegetarian

vehemencia vehemence, zeal

vehículo vehicle, car

veinte twenty

veintena a score

veinticinco twenty-five

vejez *f.* old age

vela sail, candle

velado veiled

Velázquez, Diego (*1599–1660*) *one of the most famous of Spanish painters*

velo veil

velocidad speed

vena vein

venado deer

vencedor *m.* winner, champion; *adj.* winning

vencejo swift (*a bird*)

vencer to win out, beat

vendedor *m.* seller, salesman, vendor

vender to sell; **—se** to be sold

vendimia grape harvest

veneración veneration, esteem

venganza vengeance

venir to come; **que viene** next
venta sale; **de —** on sale
ventaja advantage
ventana window
ventanal *m.* large window
ventanilla (*dim. of* **ventana**) window (*of a vehicle*)
ventilarse to be aired, be ventilated
ver to see, regard; **—se** to be seen; **—se unos a otros** to see one another
veraneante *m.* summer vacationer
veraneo summer vacation
veraniego summer
verano summer
verbalmente orally
verbena night festival (*starting on the eve of a Saint's day*)
verbo verb
verdad truth; **¿—?** do you?, isn't it? **de —** really, actually
verdadero real, true, veritable
verde green
verdoso greenish
verdura green vegetable, verdure
vereda path
vergel *m.* garden
vergüenza shame
verja grille, grating, screen
verso line of verse
verter (ie) to spill
vertiginoso amazing, tremendous
vestido dressed; **— de negro** dressed in black; **— de paisano** in plain clothes; *n.* dress
vestigio vestige
vestimenta clothes, vestments
vestir (i) to wear; dress, adorn; **—se** to dress, get dressed
vetusto very old
vez *f.* time; **a la —** at the same time; **a la — que** as well as; **alguna —** sometimes; **a su —** in its turn; **cada — más** more and more; **de — en cuando** from time to time; **en — de** instead of; **por última —** for the last time; **rara —** seldom, rarely; **tal —** perhaps; **a veces** at times; **unas veces** sometimes
vía way

viajante *m.* traveller; **— de comercio** travelling salesman
viajar to travel
viaje *m.* trip; **de —** on a trip
viajero traveller
vibrante vibrant
vicario deputy
vicio vice, bad habit
víctima victim
vid *f.* grapevine
vida life; **— de noche** night-life; **en —** in one's lifetime
vidente *m. & f.* seer
vidiña (*dim. of* **vida**) darling
viejo old; **lo —** the old; *n.* old man
viento wind; *see* **molino**
viernes *m.* Friday; **— Santo** Good Friday
vigilancia vigilance
vigilante *m.* guard
vigilar to watch, guard
vigilia vigil, fast (*on the eve of a festival*)
vigorizador invigorating
vigorosamente vigorously
villancico Christmas carol
vinagre *m.* vinegar
vinillo (*dim. of* **vino**) light wine
vino wine
viña vineyard
viñedo vineyard
violencia violence
violento violent
violeta violet
virgen *f.* virgin
virtud *f.* virtue
virtuoso master (*of a fine art*)
visita visit; **de —** visiting
visitado person visited
visitante *m.* visitor
visitar to visit
visiteo frequent visiting
víspera eve
vista view, vision; **hasta la —** I'll be seeing you
visto seen; **bien —** looked on with favor
vistosamente beautifully
vistosidad display, showiness
vistoso showy, bright
vitalidad energy, vitality

vitícola grape-growing
Vitoria *capital of Alava, one of the three Basque provinces*
viudo widower
vivaracho lively, gay
vivaz lively
viveza liveliness, keenness
vivienda home, dwelling, housing
viviente living
vivir to live
vivo bright, vivid, alive, living
vizcaíno Biscayan; **a la vizcaína** Biscayan style
vizcaitarra *m.&f. Basque nationalist*
Vizcaya Biscay (*a Basque province*)
vocal *f.* vowel
vocear to call out, shout
vocerío shouting
volante *m.* flounce; **falda de —s** flounced skirt
volar (ue) to fly
Voltaire (*1694–1778*) *French writer*
voltereta tumble, tossing
voluminoso huge, large
voluntad will; **la —** whatever you like
voluntario voluntary; *n.* volunteer
voluptuoso voluptuous
volver(se) (ue) to return, come back, turn, turn around; **— a +** *inf.* to . . . again; **— a casa** to return home; **— en sí** to come to; **al —** on returning
votar to vote
voto vote
voz *f.* voice, shout; **a toda —** at the top of one's voice; **a — en cuello** at the top of their voices; **a — voces** in shouting; **en — alta** aloud
vuelo flight
vuelta turn, return, ride; **a la — de** around; **camino de —** return trip; **dar (una) —** walk, go for a stroll, go for a ride; **dar —s** to go round and round; **de —** back; **de — de** on the way back from
vuestro your
vulgaridad vulgarity

y and
ya now, already, yet; **no . . . —,** (**— no**) no longer
yermo wilderness
yunta yoke (*pair of draft animals*)

zaguán *m.* vestibule, entry
zahones *m.pl.* leather chaps
zambomba *rustic drum-like instrument sounded by rubbing a stick inserted through the parchment.*
zapatero shoemaker; **— remendón** cobbler
zapato shoe
Zaragoza *city and province of Aragon*
zarzuela *type of Spanish musical play*
zócalo dado (*lower wall trim*)
zona zone, belt
Zorrilla, José (*1817–93*) *a popular Spanish playwright and poet*
zueco clog, wooden shoe
zumbido drone, buzzing